全本全注全译丛书

中华经典名著

汤 化◎译注

晏子春秋

中华书局

图书在版编目（CIP）数据

晏子春秋/汤化译注. —2 版. —北京：中华书局，2015.5
（2025.9 重印）
（中华经典名著全本全注全译丛书）
ISBN 978-7-101-10966-5

Ⅰ.晏…　Ⅱ.汤…　Ⅲ.①先秦哲学②《晏子春秋》-译文
③《晏子春秋》-注释　Ⅳ.B22

中国版本图书馆 CIP 数据核字（2015）第 093884 号

书　　名	晏子春秋
译 注 者	汤　化
丛 书 名	中华经典名著全本全注全译丛书
责任编辑	刘胜利
装帧设计	毛　淳
责任印制	管　斌
出版发行	中华书局
	（北京市丰台区太平桥西里 38 号　100073）
	http://www.zhbc.com.cn
	E-mail：zhbc@zhbc.com.cn
印　　刷	北京盛通印刷股份有限公司
版　　次	2011 年 5 月第 1 版
	2015 年 5 月第 2 版
	2025 年 9 月第 15 次印刷
规　　格	开本/880×1230 毫米　1/32
	印张 18¾　字数 250 千字
印　　数	67001-70000 册
国际书号	ISBN 978-7-101-10966-5
定　　价	45.00 元

目　录

前　言

晏子,名婴,字平仲,一说字仲,谥平,春秋后期齐国人。《史记·管晏列传》:"晏平仲婴者,莱之夷维人也。"夷维即今山东高密。晏子之父名晏弱,谥桓子,为齐卿。公元前556年晏弱卒,此后晏子继任齐卿。《史记·齐太公世家》:"[齐景公]四十八年,与鲁定公好会夹谷,……是岁,晏婴卒。"据此,则晏子卒于公元前500年,先后相齐灵公、庄公、景公三君,长达半个多世纪,其中主要在景公时。以当时齐国局势,大夫专权,田氏势强,景公以昏庸之君,能维持近六十年的统治,齐国还能处于相对强势地位,完全是有赖于晏子这位杰出的政治家的辅佐。他的事迹或传说,除了这部《晏子春秋》外,在先秦两汉其他典籍如《左传》、《墨子》、《吕氏春秋》、《韩非子》、《荀子》、《列子》、《韩诗外传》、《淮南子》、《史记》、《说苑》、《新序》、《论衡》、《孔子家语》、《孔丛子》等中也有大量生动的记载,所以司马迁曰:"假令晏子而在,余虽为之执鞭,所忻慕焉。"其崇敬之情,溢于言表。

《晏子春秋》这部书,司马迁就看过。他在《史记·管晏列传》的"太史公曰"中说:"吾读管氏《牧民》……及《晏子春秋》,详哉其言之也。……至其书,世多有之。"西汉成帝时,刘向奉旨领校"中秘书",即对当时皇家内府的藏书进行整理。刘向校书,并作《叙录》,其中就有《晏子》。他在《晏子叙录》中说:"臣向言:所校中书《晏子》十一篇,臣向谨与长社尉臣参校雠，太史书五篇，臣向书一篇，参书十三篇。凡中外书三十篇，为八百三十八章，除复重二十二篇六百三十八章，定著八篇二百一十五章。”《叙录》是刘向向皇帝汇报他校书情况的奏章，这里就是汇报了当时他所见到的《晏子春秋》的各种版本和他整理校定的过程和结果。从中可见，当时刘向所见到的关于晏子的书，就有多种版本，黄以周认为，所谓“中书”，当即皇家禁中秘书；所谓“外书”，即有别于“中书”的其他藏书。司马迁所看到的，可能就是汉太史所藏的五篇“太史书”。这些版本，篇章或多或少，内容文字或同或异。此外，可能还有许多散藏在私人手中尚未进入秘府而刘向所未见到的。1972年，在山东临沂银雀山一号汉墓中发掘出近五千枚西汉武帝时期的竹简，经专家整理，其中就有《晏子》十六章（一百零二枚竹简），这个本子是否也在刘向所见的“中外书三十篇”之列，不得而知。由此可见，此书至少在西汉初就已流传，司马迁“世多有之”之说是可信的。刘向的《叙录》由其子刘歆汇为《别录》，并在此基础上作《七略》；东汉班固以《七略》为蓝本，作《汉书·艺文志》，在其中“诸子略”的儒家类之首著录了这本书：“《晏子》八篇。”此后，历代目录学著作《隋书·经籍志》、《唐书·经籍志》、《宋史·艺文志》、《崇文总目》、《郡斋读书志》、《中兴书目》、《直斋书录解题》、《四库全书总目提要》、《四库全书简明目录》等均有著录，书名均为“晏子春秋”，有的明言“晏婴撰”，有的不题撰人，卷（篇）数则或七或十二。

于是就出现了许多令人关注的问题：书名到底是《晏子》还是《晏子春秋》？共有几篇？属于哪一家？作者是谁？成书于什么时候？等等。对于这些问题，前贤今人作了大量的研究，这里无暇备述，只能简要谈谈笔者在这些研究成果启发下的一管之见。

先秦典籍的编撰成书，并不像我们今天这样，由明确的一人或数人编写，然后杀青定稿、署名出版。战国之前，私人著述尚未形成风气，古书的形成，往往有个复杂的过程。先是有些原始记录素材，积累渐多，逐渐流传，流传中有人略加整理润色，还会不断有所增加或丢失，如此几经增损编订，逐渐形成，因此许多典籍难以确定编撰者。比如《论语》，在孔子生前，"时人弟子各有所记"，孔子殁后，再传弟子后学门人也还有许多间接记录，如此积累多了，慢慢汇集成书。有些书还由于流传途径、传授流派多种，会出现各种版本，到最后，各种版本逐渐汇集，才慢慢形成我们今天所见到的样子。《晏子春秋》的形成，当亦如此。我国自古有史官传统，所谓"左史记言，右史记事"。晏子作为一代名相，其言行齐国史官必有记录，民间也必然广为传颂，更有好事者踵事增华，"小说家者流"添枝加叶，所以书中所记，常有与史实不合之处，只是类似于后代的包拯、海瑞式的半是历史传记半是故事传说的东西，可当故事看，难作史料信。由于传播广泛，就可能甲地流传五十则，乙地流传八十则，而丙地则流传二百则，分别有人搜集汇编，于是就出现刘向所见到的各种版本。从其中的思想内容以及好对称、多排比等行文风格看，这些过程多半在战国时期。蒋伯潜说："按此书非晏子自著，乃后人采其行事，记其言论，纂辑而成，其成书实在战国之世。"指的就是这些。但这些还不算是真正意义上的"成书"。秦火之后，汉初废除"挟书律"，文禁开放，民间献书，各种私藏禁书重见天日，汇集到朝廷秘府，但版本纷繁简牍错乱，所以才有刘向校书之举。《晏子春秋》经刘向集其大成，校核修订，这才算是"成书"了。

如果上述情况大致无误的话，那么前面提出的那些问题就不难解决了。关于作者，已如前论，至于有些著录称"晏婴撰"，这显然是不对的。书中始终称"晏子"、"景公"，而我们知道，"晏子"是别人对他的尊称，晏子不会自称"子"；"景公"是谥号，晏子死于景公之前，他根本不知道有此称呼。更何况，书中还记有若干晏子死后之事。这些都证明该书不是晏子本人所撰写。关于书名，古人著书，于书名素不甚讲究。例如《诗经》，原无定名，或称"诗"，或称"三百篇"；司马迁忍辱著书，精思巧构，意欲"藏之名山，传之其人"，却没想到为这部呕心沥血的传世巨著起个吸引眼球的书名，故世人通称"太史公书"。《晏子》一书，在当时就不大可能有统一固定的名称，既记载晏子言行，人们或将它类同诸子如《老子》、《庄子》、《管子》、《荀子》等姑以"晏子"称之。至于"春秋"，原为编年史的通名，但也不尽然，如《吕氏春秋》、《李氏春秋》、《虞氏春秋》等等，均为记载个人言行之书，也称"春秋"，《晏子春秋》当属此类。所以司马迁谓之"晏子春秋"，而刘向、班固则谓之"晏子"。至于篇数，刘向整理为八篇，认为其中六篇合于六经之义，"又有复重，文辞颇异，不复遗失，复列以为一篇；又有颇不合经术，似非晏子言，疑后世辩士所为者，亦不敢失，复以为一篇"。后人在传抄中，或根据个人理解，将这些篇目或合并删减，或拆分上下，遂有多种篇目版本。我们现在所见到的本子，就是八篇（卷）二百一十五章，与刘向所言相同。

但有人认为，司马迁、刘向、班固所见的《晏子春秋》（或《晏子》），早已亡佚，现有的《晏子春秋》，是后人采掇晏子的事迹，依照刘向《叙录》所言体例伪作的，甚至怀疑是六朝人所为。持这种观点的，主要从书中所载之事推断。如讥讽晏子"三心"问题，今本《晏子春秋》的《问下》第二十九章记为梁丘据，《重而异者》第十九章记为高子，而《不合经术者》第三、四章又记为孔子。又如关于齐景公修路寝占人墓地问题，《谏下》第二十章记为逢于何，而《重而异者》第十一章则记为盆成适。再如今本《不合经术者》第四章记孔子到齐国，晏子讥孔子遭桓魋追杀、困于陈蔡之事，而史载此事发生在孔子周游列国时，此时晏子已死。还有一条根据是，司马迁在《管晏列传》中说："其书，世多有之，是以不论，论其轶事"，所以在管仲的本传中载了一条《管子》中所没有的管仲论与鲍叔牙之交的"轶事"；以此推断，在晏子的本传中所载的关于赎越石父和荐御者为大夫的"轶事"，应当也是《晏子春秋》中所没有的，可是在今本《晏子春秋》中，这两条"轶事"都有，可见今本《晏子春秋》是司马迁所没见到的。这些问题，其实也不难理解。从上述该书产生、传播的情况看，既然有各种不同版本，同一件事情，出现事实有出入、人物各不同的现象,就都是极为正常的。这种现象即便在传播十分先进发达的现代社会,也还经常发生。且不说《晏子春秋》不是正式的史书,即使如《史记》这样的权威典籍,同一部书中,同一件事情,人物、地点、时间等有出入,也不乏其例。如关于孔子离鲁适卫的时间,《史记》中就有三说:《鲁世家》与《十二诸侯年表·鲁》为鲁定公十二年,《卫世家》与《十二诸侯年表·卫》为鲁定公十三年,而《孔子世家》则为鲁定公十四年。出自同一人之手的权威史著尚且如此,又何必计较传说版本众多的《晏子春秋》呢?再说,即使真有三个人都讥讽过晏子有"三心"、齐景公修宫殿占了两个人的墓地,也不是不可能的。相反,这种同一事件"版本"不同的情况,正可证明是当时各种传说所记;如果是后人伪作,反倒不会出现这种情况了。尤其是关于孔子陈蔡之事,早有史书明确记载,后人如要伪作,更不可能记成在晏子生前。而关于司马迁的"轶事"问题,如前所论,他所看到的只是众多版本中的一种,其中可能就没有赎越石父和荐御者为大夫之事,所以他视为"轶事"。当然也可能这两则是后人增补的。《晏子春秋》虽经刘向整理修订,但是当时既没有如今天这样的印刷术,也没有像"石经"那样不可改动的官定权威版本,《晏子春秋》即便成书,此后也依然全靠手抄转写流传,其间附益删改、分合挪动,也在所难免,但基本上大局已定,断不至于面目全非。依据法律"无罪推定"原理,若无确凿证据,仅凭个别内容有出入,就断定原书已佚、今本为后人伪作,缺乏说服力,难以成论。至于认为作伪者为六朝人的说法,更不见任何根据,只凭"词气"不如、"其文浅薄过甚"之类随便怀疑,更是浅薄之论,不足为信。

班固《汉书·艺文志》将《晏子春秋》列为儒家之首,则认为此书体现的是儒家思想。唐代柳宗元则认为当属墨家。他在《辩〈晏子春秋〉》中说:"吾疑其墨子之徒有齐人者为之。墨好俭,晏子以俭名于世,故墨子之徒尊著其事以增高为己术者。且其旨多尚同、兼爱、非乐、节用、非厚葬久丧者,是皆出墨子,又非孔子,好言鬼事,非儒、明鬼,又出墨子,其言问枣及古冶子等,尤怪诞,又往往言墨子闻其道而称之,此甚显白者。……盖非齐人不能具其事,非墨子之徒则其言不若是。后之录诸子之书者,宜列之墨家。非晏子为墨也,为是书者,墨之道也。"此后,属儒属墨,争辩不休。还有人主张列入小说家,《四库全书总目提要》则将其列入史部传记类。这些说法固然都有一定道理,但也都有片面性。我们先说历史上的晏子。关于先秦学术"九流十家"之说,是汉代司马谈、刘歆的总结,刘歆、班固在著录先秦典籍时,遂将各书分别纳入既定的"九流十家"框架中。其实,这些诸子流派,在先秦并非骤然形成、壁垒分明。晏子生活在春秋后期,比孔子还略早些,那时,各家思想都只是开始萌芽,尚未形成明显的界限,有些主张,各家共有,有些差别之处,也往往互相影响,互相渗透。所以那时人们的一些言论主张,同时带有后来各家的色彩,是很正常的。而晏子,从他的生平活动看,一生相齐,从事的是十分具体的辅佐君王、治理齐国的政治、外交活动,是个杰出的政治家。政治家与思想家不同。思想家如孔子孟子,不事实务,毕生追求远大的理想,"知其不可为而为之",所以他们在政治上往往失败,思想则成为政治家的工具;而政治家,讲求实际、崇尚功利,善于把思想家的思想主张化为治国安邦解决实际问题的工具,而工具,是不拘一格的,不管哪家哪派,有利则用,无利则否,杂各家之道而用之,那么他们某些主张或行为与各家思想有共同之处,也就不足为奇了。再说《晏子春秋》。书中的晏子,又不等同于历史上真实的晏子。书中的晏子,如主张爱护百姓,重视民心,廉洁节俭,减赋省刑,任贤用能等等,应当说是各家共有的,也反映了当时社会上开明进步的人们的共同愿望。战国之时,儒、墨两家同为"显学",势力较强。对于晏子这样一位人人称颂的贤相名臣,谁都乐于和他"沾亲带故",因此在传颂时也自然会有意无意地强化其本学派的色彩,于是有些篇章中就带有较为明显的儒家或墨家倾向,引用孔子或墨子称颂的话,这正是本书的形成过程与性质使然,不宜单凭某些内容就认为属于哪一家。

今本《晏子春秋》一书，共八卷，分为内篇和外篇两个部分。内篇即刘向所谓"合于六经之义"者，有六卷：谏上、谏下、问上、问下、杂上、杂下；外篇即刘向所谓"颇不合经术，似非晏子言，疑后世辩士所为者"，共两卷：重而异者、不合经术者。全书共二百一十五章，各章长者数百字，短者几十字。这些篇章，既有历史上真实的晏子的言论事迹，又杂合了大量民间传说，记载了人们心目中的晏子的思想言行，塑造了晏子这位正直贤明、堪称楷模的杰出政治家的形象。

书中晏子表达的政治主张主要有：

重民爱民。自商末周初以来，人们就逐渐认识到"民"对于"天下"的重要性。所谓"民惟邦本，本固邦宁"（《尚书·五子之歌》），"防民之口，甚于防川"（《国语·周语上》），乃至孟子的千古名言"民为贵，社稷次之，君为轻"（《孟子·尽心下》），这种"民本"思想越来越成为进步思想家、政治家的共识。这种思想贯穿在《晏子春秋》整部书中，不但体现在绝大部分篇幅里，而且还是其他思想内容的出发点。他和晋国的叔向交谈中，说道："意莫高于爱民，行莫厚于乐民。""意莫下于刻民，行莫贱于害身也。"（问下第二十二）因此他主张"先民而后身"（问下第四）。当一位老人祝愿"使君无得罪于民"而引起齐景公不快时，晏子谏道：如果君主有罪于百姓，将有谁来治呢？我斗胆问一句，夏桀、商纣王，是被君主杀的呢？还是被百姓杀的呢？（谏上第十三）

先秦民本思想，还有一个重要特征，即把"民心"与"天意"联系起来，即所谓"天视自我民视，天听自我民听"（《尚书·秦誓中》），"民之所欲，天必从之"（《尚书·秦誓下》）。当然，这个"民"的概念是有特定的时代政治内涵的，但随着社会的变革，民本思想的逐渐深入人心，到了晏子的时代，它基本上是指广大的平民百姓了。《晏子春秋》有几处记载齐景公想通过祭祀祈祷去祸消灾，晏子都劝谏他要重在得人心，鬼神才保佑，否则祈祷是无用的。如有一次，景公久病不愈，怪罪于祝祷者，想杀了他们以取悦上帝，晏子借题发挥，指出如果祝祷有益，那么诅咒也必然有损,景公的一贯昏庸残暴行为,已招致天怒人怨,如今举国上下,"此其人民众矣,百姓之咎怨诽谤、诅君于上帝者多矣。一国诅,两人祝,虽善祝者不能胜也。……上帝神,则不可欺;上帝不神,祝亦无益"(谏上第十二)。说得合情合理,令景公心悦诚服。当然这并不是说晏子完全不信天命鬼神,而是他能把民心放在天意之上,规劝统治者重视民心,这就已经是难能可贵的了。

作为政治家,这种重民爱民思想当然要体现在具体措施上。春秋末世,统治者为穷奢极欲而横征暴敛、征役无度,是普遍的现象。齐景公生活奢华,宴饮无度,还多次大兴土木,修建豪华宫室,沉重的赋税徭役,使老百姓不堪重负,更逢天灾,野有饿莩,道有乞儿。晏子经常对景公直言劝谏,告诫他:"不以饮食之辟害民之财,不以宫室之侈劳人之力;节取于民,而普施之;府无藏,仓无粟。"(问上第七)并警告景公:如果"厚藉敛于百姓,而不以分馈民",最终会导致"百姓必进自分也"。(谏下第十九)有一年,齐国连日大雨成灾,"百姓老弱,冻寒不得短褐,饥饿不得糟糠,散撒无走,四顾无告"。而景公却只顾个人享乐,到处招募歌手,不体恤百姓。晏子一方面拿出自己家中的粮食车具捐助百姓,一方面对景公语重心长,陈情劝谏,并揽过自责。说服了景公后,又细致具体地安排、落实赈灾事宜。(谏上第五)晏子还主张轻罚省刑,反对滥杀无辜。齐景公好施刑罚,动辄杀人,他心爱的槐树被人碰伤了,竹子被人砍了,捉的鸟被人吓飞了,工程未能如期完成,等等,他都要杀人,以至于"拘者满圄,怨者满朝"(谏下第一),晏子每每极力劝谏,指出:"穷民财力以供嗜欲谓之暴,崇玩好、威严拟乎君谓之逆,刑杀不称谓之贼。此三者,守国之大殃也。"(谏下第二)告诫景公应当"刻上而饶下,赦过而救穷;不因喜以加赏,不因怒以加罚"(问上第十七)。有一次,他与景公因换房问题谈到市场物价,借题发挥,针对景公滥施酷刑,许多人被砍了脚的情况,告诉景公,现在市面上鞋子便宜,而假腿很贵,于是"晏子一言,而齐侯省刑"(杂下第二十一)。

以礼治国。古人的所谓"礼"，简单说来，就是用以调节社会矛盾，维护宗法制度、社会秩序的伦理规范、典章制度。任何一个社会，都需要有相对稳定的秩序，因此也就需要有一套相对稳定的伦理规范、典章制度来维护社会的稳定，否则社会就会混乱无序，治理成本就要大大增加。但由于其稳定性，也必然在某些问题上显示出不合理，尤其是在社会变革时，它的稳定性就会制约甚至阻碍社会的发展，于是这个"礼"就需要随着时代社会的发展而作相应的调整。所以孔子说："殷因于夏礼，所损益可知也；周因于殷礼，所损益可知也。其或继周者，虽百世，可知也。"（《论语·为政》）可见他对于传统礼制，既主张继承，反对彻底砸烂；也主张发展，反对一成不变。而他与晏子生活的时代，正是"礼崩乐坏"的大变革时期。这是社会发展的必然，其进步性毋庸置疑。但也因此带来了新的社会失衡，新的矛盾激化，造成一定程度的混乱。从春秋到战国，列国兼并愈演愈烈，把百姓拖进深重的战争苦难中，这也是不争的事实。至于那些以变革为名，摆脱传统礼制的约束，制造混乱，为所欲为，祸国殃民，则在任何时代都是逆流，与变革毫不沾边。所以孔子对"礼崩乐坏"痛心疾首，向往礼治仁政，固然有一定的保守性，但并非要"开历史倒车"，回到西周时代；而是强调稳定有序，把"仁"的精神体现在"礼"的制度中，推广到天下百姓身上。这虽然在当时无法实现，但体现了一种崇高博大的仁者胸怀。晏子是政治家，不能与孔子相比，但他的以礼治国的主张，与孔子思想是相通的。他经常以齐国的前辈明君贤相齐桓公、管仲的事迹教育景公，但对他们的某些行为也每有微词。当时齐国正面临"田氏代齐"的局面，但他并未对田氏大张挞伐，而是冷静理智地分析了田氏施惠于民、深得人心和公室骄横暴虐、民怨沸腾的事实，指出："今公室骄暴，而田氏慈惠，其爱之如父母，而归之如流水，欲无获民，将焉避之？"（问下第十七）由此可见，他对于田氏的所作所为，理智上还是赞许的。当然，以其大夫的贵族身份和相国的职业道德，他也希望姜氏公室不被取代，因此当景公问他"奈何"时，他说：

"维礼可以已之。"并说:"礼之可以为国也久矣,与天地并立。君令臣忠,父慈子孝,兄爱弟敬,夫和妻柔,姑慈妇听,礼之经也。君令而不违,臣忠而不二,父慈而教,子孝而箴,兄爱而友,弟敬而顺,夫和而义,妻柔而贞,姑慈而从,妇听而婉,礼之质也。"(重而异第十五)似乎他在维护旧礼制,想以礼来限制田氏,以维护公室统治,但这是有前提的。他希望景公能重民爱民,减少赋税,轻罚省刑,施惠于民,田氏能做到的,景公也做到了,苟如是,对于齐国、百姓来说,于姜氏田氏何择焉?如果再加上这些礼治措施和结果,岂不是比田氏更高明吗?当然,他深知这些不能实现,所以他多次明确表示,田氏代齐,已是大势所趋,无可挽回。这正是他作为政治家的开明进步之处。即便如此,他还是以政治家的务实执著精神,处处坚持以礼治事,以礼治国。齐庄公崇尚勇力,不行礼义,导致勇力之士,横行无忌,晏子则指出,勇力必须以礼义为前提,否则将导致国家衰败灭亡。(谏上第一)齐景公豢养了三位勇士,但他们勇力无比却不知礼义,晏子认为这种人是国家的祸害,必须设计除掉。(谏下第二十四)齐景公厌倦了礼的约束,想在饮酒时放松一下,让群臣不拘礼节;而晏子则视礼为大事,劝谏景公:"君之言过矣!群臣固欲君之无礼也。力多足以胜其长,勇多足以弑其君,而礼不使也。禽兽以力为政,强者犯弱,故日易主,今君去礼,则是禽兽也。……礼,不可无也。"可是景公不听,于是晏子有意对景公无礼,让景公亲自体验一下君臣无礼的后果。(谏上第二)甚至在行为细节上,如景公在打猎休息时,直接坐在地上,晏子则拔草为席,并劝谏景公不可直接坐地,其实是教育景公,哪怕是在随便的场合、日常小事上,也要依礼而行,不可轻慢忽略。(谏下第九)

任贤去佞。在齐国,当年齐桓公置射钩而以管仲为相,遂成霸业,成为千古佳话。晏子经常以此教育景公,要重用贤人,不要偏爱谀佞之徒。齐景公的宠妾死了,他连日厮守,不让安葬,晏子以"昔吾先君桓公用管仲而霸,嬖乎竖刀而灭"为训,批评景公不该"薄于贤人之礼,而厚

嬖妾之哀"(谏下第二十一)。景公认为桓公也有穷奢极欲、纵酒好色等
毛病,晏子告诉他:"昔吾先君桓公,变俗以政,下贤以身。管仲,君之贼
也,知其能足以安国济功,故迎之于鲁郊,自御,礼之于庙。异日,君过
于康庄,闻宁戚歌,止车而听之,则贤人之风也,举以为大田。先君见贤
不留,使能不息,是以内政则民怀之,征伐则诸侯畏之。"(问下第二)景
公打猎看到了虎和蛇,以为不祥,晏子告诉他,国家最大的不祥是:"有
贤而不知,一不祥;知而不用,二不祥;用而不任,三不祥也。"(谏下第
十)而对于人材,还要善于使用,"地不同生,而任之以一种,责其俱生不
可得;人不同能,而任之以一事,不可责遍成",就是说,对人不能求全责
备,而要"任人之长,不强其短,任人之工,不强其拙"。(问上第二十四)
一个贤明的国君,"诌谀不谗乎左右,阿党不治乎本朝"(同上),而昏君
最常犯的毛病,恰恰就是偏爱小人,信任谗佞。《晏子春秋》中就有一个
经常出现的人物梁丘据,景公认为他对自己有求必应,就是"忠且爱
我",因此对他最为宠爱;晏子分析指出,梁丘据的所谓忠和爱,其实是
阻塞群臣、蒙蔽君王的小人行为。(谏下第二十二)景公认为梁丘据与
自己最"和",晏子指出,像梁丘据那样,只是"同",而不是"和"。所谓
"和",就好比是烹调和音乐,不同的味道、不同的声音,相互和谐,才能
有美味的食物、美妙的音乐。君臣之间也是这样,求同存异,取长补短,
和谐共处。而像梁丘据那样,对景公阿谀奉承,附和苟同,那就是毫无
原则的"同",是不可取的。(重而异第五)对于这样的谗佞小人,晏子形
象地比喻为"社鼠猛狗"。土地庙中的老鼠,作恶为祸,人们想要除掉
它,但它寄居在神像里,人们投鼠忌器;酒店的酒虽好,但主人家的狗守
在门外,谁也不敢靠近。这些谗佞小人就是这样,仗势弄权,为非作歹,
蒙蔽君王,但因为有君王的庇护,谁也奈何不得,因此是国家最大的祸
患。(重而异者第十四)

　　值得重视的是,晏子对国君的批评讽谏,提出的许多主张,自己就
是身体力行者。他主张爱民,轻赋省刑,反对穷奢极欲,横征暴敛,自己

也清廉节俭、克己奉公。书中多处描写他饮食粗劣,衣着简朴,车马破旧。景公多次要给他封赏,他表示不以贫困为憾,而以贫困为师,谢绝了景公的封赏;(杂下十七)为乱的大夫庆封逃亡后,人们瓜分了他的财产,也分给晏子一些食邑,晏子不肯接受,他说,人的欲求不能充分满足,富贵要有限度,过于充分、超过限度,就要走向反面,导致灭亡。(杂下十五)他家住房低小潮湿嘈杂,景公要把它换了,他却借题发挥,谈到"踊贵而屦贱"问题,劝谏景公不要滥施酷刑;(杂下二十一)齐景公趁晏子出使时,把他邻居的房子拆了以扩大他的住宅。晏子认为这是侵犯了邻居的利益,坚决不居住,并要求恢复邻居的住宅。(杂下二十二)景公见他上朝时乘坐的是破车劣马,便派梁丘据给他送去豪华的车马。晏子几番推辞,告诉景公,自己是百官之长,如果带头奢侈,就无法禁止下属和百姓中的奢靡现象了。(杂下二十四)当他告老时,坚持要把封邑车马退还朝廷。(杂下二十八)而当齐国连日大雨,百姓饥寒交迫时,他一方面拿出自己家中的粮食车具捐助百姓,一方面对景公陈情劝谏,并揽过自责,又细致具体地安排、落实赈灾事宜。(谏上第五)他身为大国之相,却谦虚谨慎,善于反躬自省。景公要把伤了槐树的平民治罪,民女以甘为小妾为名求见晏子,晏子却从"老而见奔"中觉得其中必有冤屈,亲自过问,劝谏景公宽赦伤槐者。(谏下第二)还有个女子想做晏子的小妾,晏子以此反省,认为自己身负治国重任为民做主,却有女人前来私奔,说明自己一定有好色的表现,行为上有不廉正之处。(不合经术者第十一)至于他日常的举止态度,总是"志念深矣,常有以自下者",使自以为得志而趾高气扬的车夫也变得谦虚自制。(杂上第二十五)他主张以礼治国,强调君臣大义,任人唯贤,和而不同,在行为上也堪称贤相良臣的楷模。他先后侍奉齐灵公、庄公、景公,"以一心事三君",忠心耿耿,但他始终坚持道义原则,不苟合阿从,不愚忠。整部《晏子春秋》,记录的多是他对君王的劝谏告诫、面折廷争的故事,有时甚至一日三谏;即使被罢辞官,"东耕海滨,堂下生藜藋,门外生荆棘"(重而异者第二十二），也在所不顾。他认为，作为人臣，"君顺怀之，政治归之；不怀暴君之禄，不居乱国之位。君子见兆则退，不与乱国俱灭，不与暴君偕亡"（重而异者第十六）。齐庄公荒淫，为大夫崔杼所杀，晏子认为他不是为国家，而是为私事而死，所以他既不陪死，也不逃亡，也不回家，但还是以礼吊唁了庄公而去。（杂上第二）崔杼杀了庄公后，与另一大夫庆封共同拥立景公，并劫持了齐国的将军大夫，胁迫他们结盟。晏子不畏强暴，宁死不从。（杂上第三）至于他自己用人，也要求对方也和自己一样正直不阿。他有个管家，因为三年从未批评纠正过他的过失，他就把这个管家辞退了。（杂下第二十三）在这方面，书中个别篇章则有些败笔。如《谏下第五》写齐景公趁晏子出使时，大兴土木修建高台。晏子回来后，饮酒悲歌，劝谏景公停止工程；然后故意鞭打责骂民工，把百姓的怨恨引到自己身上，把停止工程之事完全归功于景公，以此树立和维护景公的威望。这就有点"过"了，似乎不像是晏子该有的行为。再如《杂下第七》写晏子为景公抚摩毒疮，并回答景公的问话，说毒疮热得像太阳，颜色像青玉，大小像玉璧，裂开像玉版。作者的意图可能是为了体现晏子的善于应对，言辞美妙，但其内容本身，却活画出一副谀臣的嘴脸，令人作呕。

晏子讽谏应对，善序事理，抓住关键，逻辑严密，分析透彻，故往往使对方唯有称善。如景公说，人要是不死多快乐，晏子说如果这样，那快乐也是古人的，根本轮不到您。（重而异第四）士人逢于何想让亡母与早死的亡父合葬，但亡父之墓在景公殿墙下。景公以自古没有把死人葬在国君宫殿之下为理由，拒绝逢于何的请求；而晏子讽谏景公，那是因为古代君王宫殿很简朴，不侵占百姓的坟地，并趁机批评了景公大兴土木侵害百姓的行为。（谏下第二十）齐国大旱，齐景公想祭祀山神河神以求雨。晏子说，大旱之时，山、河自身更想得到水，祭祀它们有什么用呢？（谏上第十五）还有上文提到的"一心三君"、祝祷无益，等等。他还善于因势利导，借题发挥。齐景公想伐宋，途中梦见两个人，晏子就趁机把话题扯到宋国的祖先、商代贤君良相商汤和伊尹上去,劝谏景公不要伐宋。(谏上第二十二)景公要给他换房子,他却从房子引到市场,谈到"踊贵而屦贱",劝景公不要滥施酷刑。(杂下第二十一)晏子有时还善于逆向推理,正话反说。景公饮酒无度,大臣弦章劝谏不听,晏子说:"幸矣!章遇君也。令章遇桀、纣者,章死久矣。"(谏上第四)景公的爱马死了,景公要杀养马人,晏子数落了养马人的三大"罪状",批评景公重马轻人的不仁之心,并指出这种行为的严重后果。(谏上第二十五)在外交场合,晏子更是从容应对,机智善辩。晏子使楚,楚人欺他矮小,让他从狗洞进去,他说:出使狗国,才从狗洞进出;楚王问他,齐国怎么派您这样的人出使,他答道:因为我最不肖,所以只能出使楚国。(杂下第七)楚王佯称捉到一个在楚国为盗贼的齐国人,想以此羞辱晏子和齐国。晏子以橘、枳为喻,推出"楚之水土使民善盗"的结论,回敬了楚王。(杂下第八)这些应对,不但机智,而且幽默。其他诸如与景公游牛山以许愿娱乐(不合经术者第八)、与景公关于东海之枣的佯问佯答(不合经术者第十三),等等,虽在内容上"不合经术",但也饶有趣味。

在先秦诸子散文中,《晏子春秋》可谓别具一格。虽然多为对话问答形式,但也略有故事情节,其中晏子和齐景公的形象,尤为鲜明。晏子的廉洁奉公、善序事理、机智幽默,已如上文所言。而齐景公,骄奢淫逸,好大喜功,亲近小人,愚蠢昏庸,但他心地还算善良,又能纳谏,与其他昏君又有所不同;对于晏子的批评讽谏,他每每言听计从又屡教屡犯,就像是一个无知任性的老顽童,令人觉得可恨可悲之余,又有几分可爱之处。书中有些篇章,描写生动,情节性强,人物形象也较鲜明。如著名的"二桃杀三士",写晏子要除掉三位勇士,便利用他们好强自负又爱面子的弱点,让景公用两个桃子让他们论功吃桃,使他们先后自杀。三勇士论功时,又突出古冶子河中杀鼋的夸耀,绘声绘色,十分精彩。(谏下第二十四)崔杼之祸,先写晏子被齐庄公收回爵禄,他先叹气后笑;崔杼杀了庄公,他先后与随从、崔杼关于死、逃、归的对话;最后写他吊唁庄公的过程，以及崔杼对他的评价，故事情节完整，人物个性鲜明。（杂上第二）下面一篇写崔杼逼晏子结盟（杂上第三），也是这样。此外还有为触槐之民伸冤（谏下第二）、北郭骚之死（杂上第二十七）、赎越石父（杂上第二十四）、荐御者为大夫（杂上第二十五）、景公半夜饮酒三家（杂上第十二）、晏子两治东阿（杂上第四），以及上文提及的智对楚王等等，都很有故事性，从中也可见这些故事有很强的民间传说色彩，具有小说的特性。

《晏子春秋》元代有刻本，八卷，二百一十五章，为明代活字本的祖本，但已亡佚。现可见到的最早版本，有明代活字本，如《四部丛刊》影印本，标明"上海涵芬楼借江南图书馆藏明活字本景印"。此外，明、清还有许多刻本、抄本。由于翻刻、传抄，文字多有出入，清代以后，有许多学者进行校注，如孙星衍《晏子春秋音义》、苏舆《晏子春秋校注本》、刘师培《晏子春秋斠补定本》等等。张纯一《晏子春秋校注》，"以元本为主，辅以孙本，参考孙、卢、黄藏诸本，并江南图书馆藏明活字本，料简短长，凡一字可疑者，必反复审校，宜求其安而后已"（《晏子春秋校注凡例》），并兼采前人校注，本人又加按语评注，十分精到。此书被收入中华书局《诸子集成》。吴则虞《晏子春秋集释》，正文沿用湖南思贤书局苏舆校本，繁体直排，新式标点。所参考的版本和前人的校注近七十种，并出校记，又加本人按语。书前有《序言》，对《晏子春秋》的成书年代和编写者、思想内容及学派、艺术特征等作了全面介绍并提出自己观点，还有《晏子春秋版本及笺校书目》；书后有《附录》，包括《晏子春秋佚文》、《晏子集语》、《晏子事迹》、《有关晏子学说学派讨论》、《有关晏子春秋考辨》、《晏子春秋重言重意篇目表》等六种，资料完备，见解独到，被收入中华书局《新编诸子集成》。张、吴二书，是研究《晏子春秋》最重要的著作。此外，1972年，山东银雀山汉墓出土了大量竹简，有关部门组织专家进行整理，由文物出版社出版了《银雀山汉墓竹简》。此后，参加这项工作的骈宇骞先生"据简本《晏子》与四部丛刊影印明活字本进行详细校勘，并参校了其他有关文献，对于其中不同之处，笔者尽量指出它们的得失，对于简本中的古字难字也力争加以诠释，撰为《（银雀山汉墓竹简）晏子春秋校释》十八章"。该书由书目文献出版社 1988 年出版。

　　本书原文全采用张纯一《晏子春秋校注》文字，但改繁体为简体。断句大体沿用，但有些地方根据本人理解略有调整。注释部分，参考前人今贤的大量研究成果，力求精要准确；同一词目，前文已注，但若间隔较远，考虑到读者的实际阅读情况，也酌情重复注释。今译部分，尽量直译，以免去原书本意太远；后求通顺，让读者能大体看懂。以上事务，均由本人承担。由于本人学疏才浅，孤陋寡闻，定有不少谬误不当之处，恳望专家读者批评指正。

汤　化

2011 年 3 月

卷一　内篇谏上第一

庄公矜勇力不顾行义晏子谏第一

【题解】

齐庄公崇尚勇力,不行礼义;晏子则指出,勇力必须以礼义为前提,否则将导致国家衰败灭亡,并以历史上商汤、周武王的正面事例和夏桀、商纣王的反面教训说明了这个道理。庄公:齐庄公,姓姜,名光,公元前553至547年在位,后为大夫崔杼所杀,谥"庄"。矜:注重,崇尚。

庄公奋乎勇力①,不顾于行义。勇力之士,无忌于国,贵戚不荐善②,逼迩不引过③,故晏子见公。

【注释】

①奋:振作,倡导。乎:于。

②贵戚:指王室中地位尊贵的公卿贵族。荐:进言。

③逼、迩(ěr):二字同义,近。这里指国君的近臣。引:称引,指出。

以上两句当为互文。

【译文】

齐庄公倡导勇力,无心实行仁义。国内那些勇力之士,横行无忌,贵族公卿不进言美德善道,左右近臣也不指陈过错失误,于是晏子进见庄公。

公曰：“古者亦有徒以勇力立于世者乎？”

晏子对曰：“婴闻之，轻死以行礼谓之勇①，诛暴不避强谓之力。故勇力之立也，以行其礼义也。汤、武用兵而不为逆②，并国而不为贪，仁义之理也；诛暴不避强，替罪不避众③，勇力之行也。古之为勇力者，行礼义也；今上无仁义之理，下无替罪诛暴之行，而徒以勇力立于世，则诸侯行之以国危，匹夫行之以家残。昔夏之衰也，有推侈、大戏④；殷之衰也⑤，有费仲、恶来。足走千里，手裂兕虎⑥，任之以力，凌轹天下⑦，威戮无罪，崇尚勇力，不顾义理，是以桀、纣以灭，殷、夏以衰。今公自奋乎勇力，不顾乎行义，勇力之士，无忌于国，身立威强，行本淫暴，贵戚不荐善，逼迩不引过，反圣王之德，而循灭君之行，用此存者，婴未闻有也。”

【注释】

①轻死：以死为轻，意为不怕死。

②汤、武：指商、周两代的开国君王商汤、周武王。逆：叛逆。商汤、周武王起兵讨伐夏桀、商纣王时，他们是臣，而对方是君，从君臣伦理上说，臣子造反，即为叛逆；但桀、纣暴虐无道，推翻他们是正义行为，顺应天理民心，所以又不算叛逆。

③替：灭，推翻。

④推侈、大戏：与下句的费仲、恶来，均为人名，在当时以勇力著称。

⑤殷：商代。商的第十代君王盘庚迁都于殷（今河南安阳小屯），故又称商为“殷”。

⑥兕(sì)：古代猛兽名，犀牛类。

⑦凌、轹(lì)：二字同义，欺凌。

【译文】

庄公问:"古时候也有仅凭勇力就能在世上立足的吗?"

晏子回答说:"我听人说,为实行礼义而不怕死,这叫做勇;除灭暴虐而不畏强大,这叫做力。所以建立勇力,是为了实行礼义的。商汤、周武王起兵不算叛逆,兼并天下也不算贪欲,就是因为符合仁义之理;他们讨伐暴虐之君而不畏强大,推翻罪恶王朝而无惧人多,这才是勇敢有力的行为。古代那些勇力之人,是实行礼义的。如今上不讲仁义的大道理,下不见除恶去暴的行为,而仅仅凭勇力立足于世上,那么诸侯这么做就会使国家危险,百姓这么做就会使家庭衰败。从前夏朝衰微时,有推侈、大戏等人;商代衰微时,有费仲、恶来之辈。他们能徒步奔走千里之地,徒手撕裂犀牛猛虎,凭着一身力气被任用,欺凌天下诸侯,杀戮无罪百姓,崇尚勇力,不顾道义天理,因此夏桀、商纣被灭,殷商、夏代衰亡。如今君王您亲自倡导勇力,无意于实行仁义,那些勇力之士,在国内横行无忌,以威猛强悍立身于世,以淫邪暴虐为行为之本,贵族公卿不进言美德善道,左右近臣不指陈过错失误,违背贤圣之王的品德,而遵循灭国之君的行为,这样做而能保存国家的,我没有听说过。"

景公饮酒酣愿诸大夫无为礼晏子谏第二

【题解】

齐景公厌倦了礼的约束，想在饮酒时放松一下，让群臣不拘礼节；而晏子则视礼为大事，须臾不可放松，就晓之以理，正面劝谏，可是景公不听。于是晏子使用"归谬法"，顺着景公的思路，对景公无礼，让景公亲自体验一下君臣无礼的后果，教育了景公。景公：齐景公，庄公异母弟，姓姜，名杵臼，公元前547至490年在位，谥"景"。酣：饮酒尽量，畅饮。

景公饮酒酣，曰："今日愿与诸大夫为乐饮，请无为礼。"晏子蹴然改容曰①："君之言过矣！群臣固欲君之无礼也②。力多足以胜其长③，勇多足以弑其君④，而礼不使也。禽兽以力为政⑤，强者犯弱，故日易主。今君去礼，则是禽兽也。群臣以力为政，强者犯弱，而日易主，君将安立矣！凡人之所以贵于禽兽者，以有礼也。故《诗》曰：'人而无礼，胡不遄死？'⑥礼，不可无也。"公湎而不听⑦。

【注释】

①蹴(cù)然：脸色陡变的样子。

②固：本来。

③长(zhǎng)：尊长，辈分大或地位高的人。

④弑(shì)：卑者杀尊者叫"弑"，含贬义。

⑤为政：主宰事务，统治。

⑥"人而无礼"两句：引自《诗经》的《鄘风·相鼠》。胡，何，为何。遄(chuán)，快速。

⑦湎(miǎn)：沉湎，执迷。

【译文】

齐景公开怀畅饮，说："今天我要与诸位大夫喝个高兴，请大家就不要拘礼了。"晏子脸色陡变，说："您这话不对啊！大臣们本来就希望您不拘礼。力气大的人足以打败他的尊长，勇气多的人足以杀死君王，可正是礼的约束才使他们做不到。禽兽凭力气来主宰它们的世界，强者侵犯弱者，所以才时常更换主宰者。如今您去掉了礼，那就等同于禽兽了。大臣们以勇力主宰一切，强者侵犯弱者，于是天天更换主宰者，那么您将怎么立于君王之位呢？大凡人类之所以高贵于禽兽之处，就是因为有礼。所以《诗》中说：'做人没礼仪，为何不早死？'礼，是不能没有的。"可是景公沉湎执迷，听不进去。

　　少间，公出，晏子不起①；公入，不起；交举则先饮②。公怒，色变，抑手疾视曰③："向者夫子之教寡人无礼之不可也④，寡人出入不起，交举则先饮，礼也？"晏子避席⑤，再拜稽首而请曰⑥："婴敢与君言而忘之乎？臣以致无礼之实也⑦。君若欲无礼，此是已！"

　　公曰："若是，孤之罪也。夫子就席，寡人闻命矣。"觞三行⑧，遂罢酒。

【注释】

①起：起身。依礼，众人席地而坐，尊者进出，卑者应起身，表示
　恭敬。

②交举：相互举杯敬酒。依礼，相互举杯，尊者先饮。

③抑：按。当指发怒时，手按几案的动作。疾视：目光严厉地看着。

④向者：先前，刚才。

⑤避席：古人席地而坐，离座起立，表示敬意。

⑥再：两次。稽（qǐ）首：叩头至地，并停留多时。这是古人最恭敬的
　一种跪拜礼。请：请求。这里有请罪、请求申辩之意。

⑦致：使成为事实。

⑧觞（shāng）：斟酒劝饮。三行：三遍。古代礼节，在一般场合（小
　宴），臣子陪侍国君饮酒，以三次敬酒为度。

【译文】

过了不久，景公出去，晏子不起身致意；景公进来，晏子也不起身致
意；大家举杯敬酒后，晏子又抢先饮酒。景公大怒，脸色改变，手按着几
案，目光严厉地看着晏子说："刚才您还教育寡人说没有礼是不行的，可
是寡人出去进来时您都不起身，大家举杯敬酒时您抢先饮酒，这是礼
吗？"晏子离席，两拜，叩头至地，恭敬地申辩道："我岂敢和您说过又忘
了呢？为臣我只是以此来造成一个无礼的实际情况而已。您如果想无
礼，就会是这样的。"

景公说："如果这样，是寡人的罪过了。先生您入席吧，寡人听从您
的教导了。"敬酒三遍，就停止了饮酒。

　　盖是后也，饬法修礼以治国政①，而百姓肃也②。

【注释】

①饬(chì)：整顿。

②肃：恭敬。

【译文】

此后，景公以整顿法度修习礼制来治理国家政事，百姓们也都恭敬有礼了。

景公饮酒醒三日而后发晏子谏第三

【题解】

齐景公饮酒无度，晏子陈说古代贤王饮酒有节的良好行为，指出景公当前行为的弊端恶果，对景公进行了劝谏。醒（chéng）：饮酒醉后神志不清的状态。发：起。这里指起床。

景公饮酒，醒，三日而后发。晏子见曰："君病酒乎？"公曰："然。"

晏子曰："古之饮酒也，足以通气合好而已矣①。故男不群乐以妨事，女不群乐以妨功②。男女群乐者，周觞五献③，过之者诛④。君身服之⑤，故外无怨治⑥，内无乱行。今一日饮酒，而三日寝之，国治怨乎外，左右乱乎内。以刑罚自防者，劝乎为非⑦；以赏誉自劝者，惰乎为善。上离德行，民轻赏罚，失所以为国矣。愿君节之也！"

【注释】

①通气合好：意为气血畅通交会。

②功：女功。指妇女所做的诸如纺织、刺绣、缝纫等事。

③周觞(shāng)五献：意为大家举杯敬酒五遍。

④诛：惩罚。

⑤服：实行。

⑥外：指宫廷外。下句的"内"则指宫廷内。怨(yùn)：通"蕴"，郁积，纠结。

⑦劝：努力，激励。

【译文】

齐景公饮酒，醉得昏昏沉沉的，三天后才起来。晏子见了他，说："您喝醉了吧?"景公说："是的。"

晏子说："古人饮酒，只要能充分地使气血畅通交会就可以了。所以男人不聚众行乐而妨碍正事，女人不聚众行乐而妨碍女功。男女聚众行乐，举杯敬酒五遍，超过了就要受惩罚。君王亲身这么实行，所以宫廷外没有纠结不清的政事，宫廷内没有昏乱无礼的行为。如今您饮一天酒，睡三天觉，宫廷外国家事务纠结不清，宫廷内左右臣子昏乱无礼。那些原来以刑罚自我约束的人，就放肆地为非作歹；以奖赏自我勉励的人，就懒得做好事了。在上的背离德行，民众轻视赏罚，就失去治国之道了。但愿您能节制饮酒。"

景公饮酒七日不纳弦章之言晏子谏第四

【题解】

　　景公饮酒无度，大臣弦章以死相谏，景公则死要面子，左右为难。晏子抓住景公的心理，正话反说，达到了讽谏的目的。弦章：人名，齐国大臣。

　　景公饮酒，七日七夜不止。弦章谏曰："君饮酒七日七夜，章愿君废酒也①！不然，章赐死。"

　　晏子入见，公曰："章谏吾曰：'愿君之废酒也！不然，章赐死。'如是而听之，则臣为制也②；不听，又爱其死③。"

　　晏子曰："幸矣！章遇君也。令章遇桀、纣者④，章死久矣。"

　　于是公遂废酒。

【注释】

　　①废：停止。

　　②臣为制：为臣所制。制，制约，控制。

　　③爱：怜惜，舍不得。

④令：假使。

【译文】

　　齐景公饮酒，七天七夜了还不停止。大臣弦章劝谏道："您都喝了七天七夜了，我希望您停止饮酒！不然的话，我请您赐我一死。"

　　晏子进来见景公，景公说："弦章劝谏我说：'我希望您停止饮酒！不然的话，我请您赐我一死。'如果这样就听从，我就成了被臣子所制约了；如果不听从，又怜惜他的死。"

　　晏子说："弦章遇见您真是太幸运了！如果他遇见夏桀、商纣王那样的暴君，早就死了。"

　　于是景公停止了饮酒。

景公饮酒不恤天灾致能歌者晏子谏第五

【题解】

　　齐国连日大雨成灾，景公却只顾个人享乐，到处招募歌手，不体恤百姓。晏子一方面拿出自己家中的粮食车具捐助百姓，一方面对景公语重心长，陈情劝谏，并揽过自责。说服了景公后，又细致具体地安排、落实赈灾事宜。

　　景公之时，霖雨十有七日①。公饮酒，日夜相继。晏子请发粟于民②，三请③，不见许④。公命柏遽巡国⑤，致能歌者。

【注释】

①霖雨：连续三天以上不停的雨。有：通"又"。文言习惯，用于整数与零数之间。

②粟：谷子(小米)。这里当泛指粮食。

③三：表示多次，并非确指。

④见：被。表示被动。

⑤柏遽：人名，齐景公臣。一说，柏通"伯"，官名。遽，急速。亦通。

【译文】

　　齐景公时,连绵阴雨下了十七天。景公饮酒,夜以继日。晏子请求发放些粮食给百姓,多次请求,都没得到允许。景公还派柏遽巡行全国各地,招集善于唱歌的人。

　　晏子闻之,不说①,遂分家粟于氓②,致任器于陌③,徒行见公曰④:"霖雨十有七日矣!坏室乡有数十⑤,饥氓里有数家⑥,百姓老弱,冻寒不得短褐⑦,饥饿不得糟糠,敝撤无走⑧,四顾无告。而君不恤,日夜饮酒,令国致乐不已,马食府粟⑨,狗餍刍豢⑩,三保之妾⑪,俱足粱肉⑫。狗马保妾,不已厚乎?民氓百姓,不亦薄乎?故里穷而无告⑬,无乐有上矣;饥饿而无告,无乐有君矣。婴奉数之策⑭,以随百官⑮,使民饥饿穷约而无告,使上淫湎失本而不恤⑯,婴之罪大矣。"再拜稽首⑰,请身而去⑱,遂走而出。

【注释】

　①说(yuè):同"悦",高兴。

　②家粟:大夫领地曰"家",家粟指晏子禄田所收的粮食。氓(méng):外来的民众。这里泛指百姓。

　③任器:这里指用以装载搬运粮食的器具。陌:道路。

　④徒行:徒步。这里强调"徒行",意为晏子把自己的车马都借给饥民搬运粮食了,所以只能徒步去见景公。

　⑤乡:古代行政区域单位。据《管子·小匡》,春秋时齐国,郊内以五家为轨,十轨为里,四里为连,十连为乡;郊外以五家为轨,六轨为邑,十邑为率,十率为乡。如此则每乡大约为二至三千家。

　⑥里:古代行政区域单位。

⑦褐(hè)：以粗毛、麻制成的短衣，古代贫贱人所穿。

⑧敝撒：通"蹩躠"，行走艰难的样子。

⑨府：府库，国家收藏财物或文书档案的地方。这里指粮库。

⑩餍(yàn)：吃饱。刍豢(chúhuàn)：泛指家畜。食草的(如牛羊)叫"刍"，食谷的(如猪狗)叫"豢"。

⑪三保："保"字当原作"室"，因形似而被误作"宝"，又因音同被误作"保"。三保即"三室"(孙诒让《札迻》)。室，宫，后宫。妾：国君的嫔妃宫女们。

⑫梁肉：泛指精美的膳食。

⑬里：乡里。穷：处于困境，走投无路。

⑭奉数之策：意为掌管国家政务。数，当指钱粮户口之类的数目。策，简册，簿籍。

⑮随：跟随，充数。是自谦之词。

⑯淫：过度。湎：沉湎。失本：意为荒废国政。本：本职。君王以治理国政为本职。

⑰再：两次。稽(qǐ)首：叩头至地，并停留多时。这是古人最恭敬的一种跪拜礼。

⑱请身：辞官。古人做官，认为是把自身交与国君，所以辞官就是请求国君把自身还给自己。

【译文】

晏子听说这事，很不高兴，于是就把自己禄田的粮食分给百姓，还把装载搬运粮食的器具送到道路上，自己徒步去见景公说："连绵阴雨已经十七天了啊！每乡有数十家房屋被毁，每里有好几家人没有饭吃，百姓年老体弱，挨冻受寒穿不上粗布短衣，忍饥挨饿吃不到酒糟谷糠，举步艰难，求告无门。而您却不体恤救济，日夜不停地饮酒，还不停地命令全国各地进献歌舞乐人，马吃着国库里的粮食，狗吃着牛羊猪肉，三宫里的姬妾们，都有充足的精粮细肉。您对这些狗马姬妾，不是太优厚了吗？对那些黎民百姓，不是太苛刻了吗？所以乡里百姓走投无路而求告无门，就不乐意有主上了；忍饥挨饿而求告无门，就不乐意有君王了。晏婴我手捧钱粮簿籍，跟随在百官行列中，却让百姓饥饿而无处求告，使君王过度沉湎酒乐荒废国政而不体恤百姓，我的罪过太大了。"两拜叩头，请求辞官回家，便跑出了宫门。

公从之，兼于涂而不能逮①，令趣驾追晏子②，其家，不及。粟米尽于氓，任器存于陌。公驱及之康内③。公下车从晏子曰："寡人有罪，夫子倍弃不援④，寡人不足以有约也⑤，夫子不顾社稷百姓乎？愿夫子之幸存寡人⑥，寡人请奉齐国之粟米财货，委之百姓⑦，多寡轻重，惟夫子之令。"遂拜于涂⑧。

【注释】

①兼：通"溓"(nián)，粘。意为道路泥泞粘脚难行。逮：及，赶上。

②趣(cù)：急促，赶快。驾：驾车。晏子徒步而来，必徒步而去；景公急忙追出，匆忙中来不及驾车，也是徒步追赶。只因道路泥泞难走，这才命令手下人赶快驾车。

③康：四通八达的道路。

④倍：通"背"。

⑤约：委屈。

⑥幸：荣幸。谦词，意谓自己将感到荣幸。存：保全。

⑦委：弃，交付。

⑧拜：致敬行礼。古人从打恭作揖到下跪叩头都可称为"拜"。这里因为是君对臣，当然不会是下跪叩头，但也应当是较为郑重的行礼。涂："同"途"。

【译文】

　　景公随后跟出，却因道路泥泞粘脚而无法赶上，就下令赶快驾车追赶晏子，直到他家，也没追到。晏子把粮食全给了百姓，把装载搬运的器具都放在道路上。景公驱车赶到大路上才追上晏子。景公下车跟在晏子身后说："寡人有罪，先生您抛弃我不帮我，寡人不值得让您屈尊，但先生您就不顾念国家百姓了吗？但愿先生保全寡人，寡人愿献上齐国的粮食财物，交给百姓，是多是少该轻该重，只听从先生的命令。"于是就在路上郑重地施礼致敬。

　　晏子乃返，命禀巡氓①。家有布缕之本而绝食者②，使有终月之委③；绝本之家，使有期年之食④；无委积之氓⑤，与之薪燎⑥，使足以毕霖雨。令柏巡氓⑦，家室不能御者予之金⑧，巡求氓寡用财乏者。死三日而毕⑨，后者若不用令之罪。公出舍⑩，损肉撤酒，马不食府粟，狗不食饣肉⑪，辟拂嗛齐⑫，酒徒减赐。三日，吏告毕上：贫氓万七千家，用粟九十七万钟⑬，薪燎万三千乘⑭；坏室二千七百家，用金三千。公然后就内退食⑮，琴瑟不张⑯，钟鼓不陈。晏子请左右与可令歌舞足以留思虞者退之⑰，辟拂三千，谢于下陈⑱，人待三、士待四⑲，出之关外也。

【注释】

①禀：人名，景公臣。

②布缕之本：指种桑养蚕业。古人以农桑为本，蚕桑为纺织，故称。

③终月：整月，一个月。委：积蓄。

④期(jī)年：周年，整年。

⑤委积：指柴草储备。

⑥薪橑(lǎo)：柴草。

⑦柏：人名，即上文的柏遽。

⑧御：抵御。这里指抵御风雨。

⑨死：当为"比"字之误。比，皆也。

⑩舍：房舍。这里指王宫。

⑪饘(zhān)肉：肉粥。

⑫辟拂：指国君身边的宠姬侍妾宦官女幸臣之类。嗛(qiàn)：通"歉"，不足。这里意为减省。齐，通"资"，费用。

⑬钟：古代容量单位，多用以计量粮食。田氏代齐前，齐国实行"公量"，以四升为豆，四豆为区，四区为釜，十釜为钟。

⑭乘(shèng)：古代以一车四马为一乘。这里指车。

⑮退食：减少膳食。

⑯不张：意为收起不用。张，张设，陈列。下句"不陈"意同。

⑰左右：左右近臣。可令歌舞足以留思虞者：用歌舞足以使人移情忘志的人，即指那些能歌善舞者。留，通"流"，漂移，去除。虞，当为"虑"字之误。

⑱谢：辞去。下陈：后列，指后宫。

⑲人侍：一本作"人侍"。人侍，即"嬖御人"，爱妾。士侍：亦即"嬖御士"，爱臣。

【译文】

　　晏子这才回去，派禀去巡视百姓。凡是家中还有蚕桑之业而没有饭吃的，就让他们有一个月粮食储备；连蚕桑之业也没有的，就让他们有整年的粮食；没有柴草囤积的人家，给他们柴草，使之足以应付到阴雨停止。又派柏遽巡视百姓，凡有房屋不能抵御风雨的就给他们钱款，并到处查访寻求资用财物欠缺不足的人。这些事情都必须在三天内办完，迟于三天就等同于不执行命令之罪。景公搬出王宫，减少肉食，撤除酒宴，马不吃库粮，狗不吃肉粥，节省姬妾们的费用，减少酒徒们的赏赐。三天后,官吏们宣告完成差事并上报:贫苦百姓有一万七千家,支用粮食九十七万钟,柴草一万三千车;房屋被毁坏的有二千七百家,支用钱款三千。然后景公回宫,减少膳食,把琴瑟钟鼓等乐器都收起不用。晏子请求把左右近臣以及那些让人移情忘志的歌舞乐人统统辞退,于是把姬妾侍女共三千人,从后宫辞退,又把三名爱妾、四名爱臣,赶出了关外。

景公夜听新乐而不朝晏子谏第六

【题解】

齐景公醉心于新兴的音乐,通宵欣赏,以至于耽误了上朝。晏子果断地采取措施,并对景公指出音乐关乎国家政治、王朝兴衰,并非纯粹的个人爱好问题。

晏子朝,杜扃望羊待于朝①。晏子曰:"君奚故不朝?"对曰:"君夜发不可以朝②。"晏子曰:"何故?"对曰:"梁丘据入歌人虞③,变齐音④。"

晏子退朝,命宗祝修礼而拘虞⑤。

【注释】

①杜扃(jiōng):人名,齐景公臣。望羊:目光茫然而视的样子。

②发:起。这里意为不睡觉。

③梁丘据:人名,景公宠臣。虞:人名。

④变齐音:改变了齐国的传统音乐。意即演唱了新曲子。

⑤宗祝:官名。

【译文】

晏子上朝,只见杜扃目光茫然地在朝廷上等着。晏子问他:"国君为什么还没上朝?"杜扃答道:"国君昨夜没睡,无法上朝。"晏子问:"为什么?"杜扃答道:"梁丘据引荐了一个叫虞的歌手,演唱了新曲子。"

晏子退朝,下令让宗祝修订礼乐并拘捕了虞。

公闻之而怒曰:"何故而拘虞?"

晏子曰:"以新乐淫君①。"

公曰:"诸侯之事、百官之政,寡人愿以请子;酒醴之味、金石之声②,愿夫子无与焉③。夫乐④,何必夫故哉⑤?"

对曰:"夫乐亡而礼从之,礼亡而政从之,政亡而国从之。国衰,臣惧君之逆政之行⑥。有歌,纣作北里⑦,幽、厉之声⑧,顾夫淫以鄙而偕亡⑨。君奚轻变夫故哉?"

公曰:"不幸有社稷之业⑩,不择言而出之,请受命矣。"

【注释】

①淫:惑乱。

②醴(lǐ):甜酒。金石:钟、磬一类的乐器。这里泛指乐器。

③与(yù):参与,干预。

④夫(fú):那,那些。

⑤故:旧。指传统音乐。

⑥逆:违背,不利于。

⑦北里:舞曲名,商纣王时乐师师涓所作的新乐。

⑧幽、厉:周幽王、周厉王。西周王朝著名的两位暴君。幽王最终被诸侯联合外族所杀,西周灭亡。厉王遭国人发难,逃奔在外而死。

⑨顾:只是。以:和,而且。偕亡:意谓音乐连同礼、政、国乃至自身一起衰亡。偕,连同。

⑩不幸:表示自谦之词。

【译文】

景公听说后生气地问:"为什么要拘捕虞?"

晏子说:"因为他用新音乐惑乱国君。"

景公说:"有关诸侯之间的事情、各级官员的政务,寡人愿意请教先生您;至于品尝美酒、聆听音乐,希望先生您不要干涉。音乐嘛,为何一定要那些旧的呢?"

晏子回答说:"音乐衰亡了礼义就跟着衰亡,礼义衰亡了政治就跟着衰亡,政治衰亡了国家也就跟着衰亡了。眼下国家正在衰弱,我担心您会有不利于国家政治的行为。有这样的歌曲,商纣王时所作的北里之曲,周幽王、周厉王时的新乐,只是因为淫靡粗鄙,便连同礼义政治国家等全部衰亡了。您为何轻易地就把旧乐改变了呢?"

景公说:"我不幸拥有国家大业,不经斟酌就说了那些话,请让我接受您的教诲吧。"

景公燕赏无功而罪有司晏子谏第七

【题解】

齐景公随意行赏，却令不行、禁不止。晏子以历代兴衰的事例指出，实行赏罚，是为了劝善禁暴，有利于国家，所以要依照规范准则，不可凭个人好恶随心所欲。有司：主管某一事务的官吏。

景公燕①，赏于国内，万钟者三②，千钟者五。令三出③，而职计莫之从④。公怒，令免职计。令三出，而士师莫之从⑤。公不说。

【注释】

①燕：通"宴"。

②钟：古代容量单位，多用以计量粮食。田氏代齐前，齐国实行"公量"，以四升为豆，四豆为区，四区为釜，十釜为钟。

③三：泛指多次。

④职计：职官名，掌管钱粮会计之类。

⑤士师：职官名，掌管司法。

【译文】

齐景公设宴，在国内行赏，赏一万钟粮食的有三个人，赏一千钟粮食的有五个人。赏赐的命令发出多次，可是掌管钱粮会计的职计不听从。景公发怒，命令免去职计的官职。命令发出多次，可是掌管司法的士师不听从。景公很不高兴。

晏子见，公谓晏子曰：“寡人闻君国者^①，爱人则能利之，恶人则能疏之。今寡人爱人不能利，恶人不能疏，失君道矣。”

晏子曰：“婴闻之，君正臣从谓之顺，君僻臣从谓之逆。今君赏谗谀之臣，而令吏必从，则是使君失其道、臣失其守也。先王之立爱，以劝善也；其立恶，以禁暴也。昔者三代之兴也^②，利于国者爱之，害于国者恶之，故明所爱而贤良众，明所恶而邪僻灭，是以天下治平，百姓和集。及其衰也，行安简易^③，身安逸乐，顺于己者爱之，逆于己者恶之，故明所爱而邪僻繁，明所恶而贤良灭，离散百姓，危覆社稷。君上不度圣王之兴^④，而下不观惰君之衰^⑤，臣惧君之逆政之行^⑥，有司不敢争，以覆社稷，危宗庙^⑦。”

公曰：“寡人不知也，请从士师之策。”国内之禄，所收者三也^⑧。

【注释】

①君国：为一国之君，即当国君。

②三代：指夏、商、周三个朝代。

③安：以之为安，满足于。简易：粗疏轻率，不加检点约束。

④度（duó）：衡量，思虑。

⑤惰：昏庸懈怠。

⑥逆政：违逆正道的政治。

⑦宗庙：王室。古代宗法制度，君王家族的宗庙，就是王权的象征。

⑧"国内"两句：文义不明，原文可能有残缺脱误，一本无此两句，故忽略不译。

【译文】

晏子来见景公，景公对他说："寡人听说做国君的，喜欢谁就可以使谁得利，厌恶谁就可以疏远谁。如今寡人喜欢一个人却不能使他得利，厌恶一个人却不能疏远他，这就失去做国君的规矩了。"

晏子说："我听说，国君端正臣子服从叫做顺，国君邪僻臣子服从叫做逆。如今君王您赏赐谄佞阿谀的臣子，而命令官吏一定要服从，那么这就是使国君失去他的规矩、臣子失去他的职守了。先辈君王树立爱的规范，是用来激励善良的；树立厌恶的准则，是用来禁绝暴虐的。从前夏商周三代兴盛时，对有利于国家的就喜爱他，有害于国家的就厌恶他，所以喜爱的规范明确贤良的人就众多，厌恶的准则明确邪僻的人就消失，因此天下治理安定，百姓和睦团聚。到了夏商周衰败时，君王行为满足于粗疏轻率，身心满足于安逸享乐，对于顺从自己的就喜爱他，违背自己的就厌恶他，所以喜爱的规范明确邪僻的人就众多，厌恶的准则明确贤良的人就消失，使得百姓流离失散，国家危险倾覆。君王上不思虑圣贤之王兴盛的道理，下不审察昏庸之君衰败的原因，下臣担心您那无道乱政一旦实行，各部官吏不敢抗争，导致国家倾覆，王室危亡。"

景公说："寡人不知道这些，请听从司法官的决断。"

景公信用谗佞赏罚失中晏子谏第八

【题解】

齐景公信任谗佞小人,赏罚不公,晏子严厉地批评了他,并辞职而去。景公诚恳认错,真心挽留,晏子这才回来。

景公信用谗佞①,赏无功,罚不辜。晏子谏曰:"臣闻明君望圣人而信其教②,不闻听谗佞以诛赏。今与左右相说颂也③,曰:'比死者勉为乐乎④!吾安能为仁而愈黥民耳矣⑤?'故内宠之妾,迫夺于国⑥;外宠之臣,矫夺于鄙⑦;执法之吏,并荷百姓⑧。民愁苦约病⑨,而奸驱尤佚⑩。隐情奄恶⑪,蔽诏其上⑫,故虽有至圣大贤,岂能胜若谗哉⑬!是以忠臣常有灾伤也。臣闻古者之士,可与得之⑭,不可与失之;可与进之,不可与退之。臣请逃之矣。"遂鞭马而出。

公使韩子休追之⑮,曰:"孤不仁,不能顺教,以至此极⑯。夫子休国焉而往⑰,寡人将从而后⑱。"

晏子遂鞭马而返。其仆曰:"向之去何速⑲?今之返又何速?"晏子曰:"非子之所知也,公之言至矣。"

【注释】

①谗佞（nìng）：这里指善于谗言谄媚的小人。

②望：仰望，尊崇。

③说（yuè）：同"悦"，取悦。

④比死者：将死的人。

⑤愈：胜过。黥（qíng）民：受刑的犯人。黥，古代刑罚之一，在犯人面部或额上刺刻后涂以黑墨。

⑥迫夺：犹言巧取豪夺。国：都城。

⑦娇：假托，诈称。鄙：边邑。这里与上文的"国"相对，当指都城之外的各地方。

⑧荷（kē）：通"苛"，苛刻，荼毒。

⑨约：贫困。

⑩奸驱：奸人的财富。驱，通"区"，隐匿，藏。这里指所藏的财富。尤佚：更甚。

⑪奄：通"掩"，掩盖，隐瞒。

⑫诏：当为"谙"字之误。谙（tāo），惑，迷惑。

⑬若：这些，那些。

⑭得：这里指道义方面的受益，与下句的"失"（失误）相对。

⑮韩子休：人名，景公臣。

⑯极：极限，极为严重的地步。

⑰休：放弃。

⑱而：你。

⑲向：先前。

【译文】

　　齐景公信任重用善于谗言谄媚的小人，奖赏无功者，惩罚无罪者。晏子劝谏道："我听说，贤明的国君应该尊崇圣人并信仰他的教诲，没听说该听从谗佞小人来实行赏罚的。如今您与左右近臣相互取悦称颂，说：'那些快要死的人还尽力行乐呢！我们岂能为了仁义而只比那些受刑的人过得稍好些呢？'因此内宫的宠妾，在都城里巧取豪夺；得宠的外官，在各地巧立名目搜刮；执法的官吏，一起荼毒百姓。百姓们愁苦贫病，而奸人的财富越发增多。他们隐瞒实情掩盖罪恶，蒙蔽迷惑君王，所以即使有最高明的圣君贤王，又怎么能胜过这些谗佞小人啊！因此忠臣就经常受到灾难伤害了。我听说古代的士人，可以与主子共同得益，不可与主子共同失误；可以与主子共同长进，不可与主子共同退步。我还是请求逃离这里吧。"于是便鞭打着马出走了。

景公派韩子休追赶晏子，告诉晏子："我不仁义，不能听从您的教诲，以至于到这么严重的地步。先生您要放弃国家而走，寡人将跟随您的后边。"

晏子于是就鞭打着马回来。他的仆人说："刚才您怎么那么快地离开？这会儿怎么又这么快地回来？"晏子说："这不是你所能知道的，国君的话已经说到头了。"

景公爱嬖妾随其所欲晏子谏第九

【题解】

有人能用十六马驾车，这是违背礼制的，齐景公本来也不喜欢，却因为宠妾喜欢，不但趁晏子生病时让宠妾观看，还答应重赏驾车者。晏子抱病前往劝谏，告诫景公一不能被宠妾的好恶所牵制，二不能重车马而不重人，重车夫而不重贤人，三不能违背礼制，否则将导致国家灭亡。嬖（bì）妾：宠妾。

翟王子羡臣于景公①，以重驾②，公观之而不说也。嬖人婴子欲观之③，公曰："及晏子寝病也④。"居囿中台上以观之⑤。婴子说之，因为之请曰："厚禄之！"公许诺。

【注释】

①翟（dí）：同"狄"，我国古代北方地区民族名。羡：人名。臣：臣仆，奴仆。

②以重（chóng）驾：此句据下文"夫驾八，固非制也，今又重此，其为非制也"，"驾"字后当脱一"八"字。重驾八，意谓用十六匹马拉车。

③婴子：人名，景公妾。

④及：趁着。寝病：卧病在床。

⑤囿（yòu）：古代帝王畜养禽兽的园林。

【译文】

狄王的儿子美做了齐景公的臣仆，用十六匹马驾车，景公看了不高兴。他的宠妾婴子想看，景公说："那就趁晏子卧病在床的机会看看吧。"就在园林的高台上观看。婴子看了很喜欢，因此就为美请求说："给他丰厚的俸禄吧！"景公答应了。

晏子起病而见公①，公曰："翟王子羡之驾，寡人甚说之，请使之示乎？"

晏子曰："驾御之事，臣无职焉。"

【注释】

①起病：抱病起床。

【译文】

晏子抱病起床去见景公，景公说："翟王之子羡的车驾，寡人非常喜欢，请让我叫他演示一下吧？"

晏子说："驾车御马的事儿，不在我的职权内。"

公曰："寡人一乐之①，是欲禄之以万钟②，其足乎？"

对曰："昔卫士东野之驾也③，公说之，婴子不说，公因不说，遂不观。今翟王子羡之驾也，公不说，婴子说，公因说之；为请，公许之。则是妇人为制也。且不乐治人，而乐治马；不厚禄贤人，而厚禄御夫。昔者先君桓公之地狭于今④，修法治，广政教，以霸诸侯。今君，一诸侯无能亲也，岁凶年饥⑤，道途死者相望也⑥。君不此忧耻，而惟图耳目之乐；不修先君之功烈，而惟饰驾御之伎，则公不顾民而忘国甚矣。且《诗》曰：'载骖载驷，君子所届。'⑦夫驾八，固非制也⑧，今又重此，其为非制也，不滋甚乎⑨？且君苟美乐之⑩，国必众为之，田猎则不便⑪，道行致远则不可⑫，然而用马数倍，此非御下之道也⑬。淫于耳目⑭，不当民务⑮，此圣王之所禁也。君苟美乐之，诸侯必或效我，君无厚德善政以被诸侯⑯，而易之以僻⑰，此非所以子民、彰名、致远、亲邻国之道也⑱。且贤良废灭，孤寡不振⑲，而听嬖妾以禄御夫以蓄怨，与民为雠之道也⑳。《诗》曰：'哲夫成城，哲妇倾城。'㉑今君不思成城之求，而惟倾城之务㉒，国之亡日至矣。君其图之！"

【注释】

①一：语助词，无义。

②钟：古代容量单位。多用以计量粮食。田氏代齐前，齐国实行"公量"，以四升为豆，四豆为区，四区为釜，十釜为钟。

③卫：诸侯国名。东野：复姓。

④先君：古人对本国先辈君王的尊称。桓公：齐桓公，公元前685至643年在位，为春秋五霸之一。

⑤凶：年成不好。

⑥相望：形容死人多。

⑦"载骖（cān）载驷（sì）"两句：见于《诗经》的《小雅·采菽》。载，语助词，无义。骖，一车三马。驷，一车四马。届，至。

⑧固：本来。制：制度。古代礼制，对车马有严格的规定，天子、诸侯的车驾也都只能四马，所以说"驾八，固非制也"。

⑨滋：更加。

⑩苟：如果。

⑪田：打猎。

⑫"道行"句：意谓因为用马多，则多占道路，所以不便远行。

⑬御：驾驭，统治。

⑭淫：过分沉溺。

⑮当：面对，理会。

⑯被：覆盖，镇慑。

⑰僻：邪僻。

⑱子民：以民为子，即统治百姓。致远：招致远方百姓前来归附。

⑲振："赈"的本字，救济。

⑳雠(chóu)：仇。

㉑"哲夫成城"两句：见于《诗经》的《大雅·瞻卬》。哲，明智。城，这里指国家。倾，倾覆，败坏。

㉒务：勉力从事。

【译文】

景公说："我很喜欢，因此想给他一万钟的俸禄，大概足够了吧？"

晏子回答说："当年卫国士人东野氏驾车，您喜欢，可是婴子不喜欢，您就跟着不喜欢，于是就不看了。如今翟王之子羡驾车，您不喜欢，可是婴子喜欢，您就跟着喜欢了；她为他请求，您也准许了。这样您就是受制于女人了。而且您不乐于治理人，而乐于治理马；不厚赏贤人，而厚赏车夫。当年我们的前辈君王桓公的土地比今天还狭小，可是他修整法治，广施政治教化，因此称霸诸侯。如今您，一个诸侯都不能亲近，年成不好闹饥荒，道路上饿死的人一个挨着一个。您不为此忧愁羞耻，却只图自己耳目快乐；不继承弘扬先辈君王的功业，却只会修饰驾车御马的小伎俩，这样看来您是太不顾百姓忘了国家了。况且《诗》上说：'驾三马驾四马，君子们来到了。'驾八马，本来就不符合制度，如今又双倍于此，这不符合制度，不是更加严重了吗？而且您如果醉心喜欢它，国内就必然有很多人都这么做，打猎就很不方便，要想行路出远门就做不到,可见用几倍的马驾车,这不是统治臣民的正道啊。过分沉溺于耳目快乐,不理会百姓事务,这是圣王所禁止的。您如果醉心喜欢它,各国诸侯必然也有仿效我们的,您没有深厚的德行良好的政治来镇慑诸侯,却用邪僻取代它,这不是统治民众、显扬名声、招致远人、亲近邻国的正道。而且贤臣好人被废黜埋没,孤寡百姓得不到救济,却听从宠妾以厚赏车夫来积聚百姓的怨恨,这是与百姓为仇敌的邪道。《诗》上说:'多智的男人会成就国家,多智的女人会倾覆国家。'如今您不想着怎么成就国家,却只会尽力于倾覆国家,国家灭亡的日子就要到了。您还是好好考虑一下吧!"

公曰:"善。"遂不复观,乃罢归翟王子羡,而疏嬖人婴子。

【译文】

景公说:"说得好。"于是不再观看驾车,辞退了翟王之子羡,并疏远了宠妾婴子。

景公敕五子之傅而失言晏子谏第十

【题解】

　　齐景公同时对五个儿子的老师承诺立他们所辅佐的王子为太子，目的一为激励，二为笼络人心。但晏子深刻指出，这样将导致各树党羽，分裂离间，危害极大。敕(chì)：告诫，命令。傅：师傅，辅佐教导王子的人。

　　景公有男子五人，所使傅之者，皆有车百乘者也①，晏子为一焉。公召其傅曰：“勉之！将以而所傅为子②。”

　　及晏子，晏子辞曰：“君命其臣，据其肩以尽其力③，臣敢不勉乎！今有车百乘之家④，此一国之权臣也，人人以君命命之曰：‘将以而所傅为子’，此离树别党⑤，倾国之道也。婴不敢受命，愿君图之⑥！”

【注释】

①有车百乘(shèng)者：指卿大夫。古代贵族，按照不同等级，规定兵车数量多少。一车四马为一乘，百乘是大国卿大夫所拥有之数。

②而：你。子：世子，太子。

③据其肩：表示对对方的重托和信任。据，扶，按。

④家：卿大夫领地称"家"。这里指卿大夫。

⑤离：离间，分裂。树：树立。别：各自。党：古代的"党"带贬义，有如现在的党羽、帮派。

⑥图：图谋，考虑。

【译文】

齐景公有五个儿子，派给他们当老师的，都是拥有百辆兵车的卿大夫，晏子也是其中之一。景公召来这些老师，分别对他们说："努力啊！我将要把你们所教的王子立为太子。"

轮到了晏子，晏子推辞说："您命令您的臣子，按着他的肩膀让他尽力，为臣的岂敢不努力啊！眼下拥有百辆兵车的卿大夫，都是一国中手握权柄的大臣，人人都以您的话命令自己：'把你们所教的王子立为太子'，这是离间分裂树立党羽，是倾覆国家的做法。我不敢受命，希望您好好考虑一下。"

景公欲废適子阳生而立荼晏子谏第十一

【题解】

　　齐景公偏爱宠妾所生的儿子荼，群臣为逢迎景公，图谋废了嫡子阳生而立荼为太子。晏子极力劝谏，指出礼法是治国的根本，嫡庶长幼、尊卑贵贱的伦理秩序不可违背，废嫡立庶、废长立幼将导致国家大乱。適子：嫡子，正妻所生的儿子。在宗法制度下，嫡子是法定的继承人。阳生：景公嫡长子名。荼（shū）：景公庶子名，后来称为"孺子荼"。

　　淳于人纳女于景公①，生孺子荼，景公爱之。诸臣谋欲废公子阳生而立荼②，公以告晏子。

　　晏子曰："不可。夫以贱匹贵③，国之害也；置大立少④，乱之本也。夫阳生，长而国人戴之，君其勿易！夫服位有等⑤，故贱不陵贵⑥；立子有礼，故孽不乱宗⑦。愿君教荼以礼而勿陷于邪，导之以义而勿湛于利⑧。长少行其道，宗孽得其伦。夫阳生敢毋使荼餍粱肉之味、玩金石之声而有患乎⑨？废长立少，不可以教下；尊孽卑宗，不可以利所爱。长少无等，宗孽无别，是设贼树奸之本也，君其图之！古之明君,非不知繁乐也,以为乐淫则哀⑩;非不知立爱也,以为义失则忧。是故制乐以节⑪,立子以道。若夫恃谗谀以事君者,不足以责信⑫。今君用谗人之谋,听乱夫之言也,废长立少,臣恐后人之有因君之过以资其邪,废少而立长以成其利者,君其图之!"公不听。

【注释】

①淳于:国名,后为杞国都城,在今山东安丘东北。纳:使之接纳,即进献。

②"诸臣"句:《史记·齐太公世家》载:"荼少,其母贱,无行,诸大夫恐其为嗣,乃言愿择诸子长贤者为太子。"正与本文说法相反。

③贱:荼是景公之妾所生,地位卑贱。匹:对等。

④置:搁置,废弃。

⑤服位:地位。

⑥陵:超越。

⑦孽:孽子,妾所生的儿子。宗:宗子,嫡长子。

⑧湛:沉溺。

⑨餍(yàn):饱食。粱肉:泛指精美的膳食。金石之声:泛指各种美妙的音乐。金石,指金属和玉石制成的乐器。

⑩淫:过度。

⑪制:节制。节:法度。

⑫责:求。

【译文】

淳于国献给齐景公一个女子,生了孺子荼。景公很爱这个儿子。各位大臣图谋要废掉公子阳生而立荼为太子,景公把这件事告诉晏子。

晏子说:"不能这样。把地位卑贱的和尊贵的对等起来,这是国家的祸害;废弃年长的设立年少的,是祸乱的根本。阳生,年长而且国人都拥戴他,您千万不要替换了他!人的地位有等级,所以卑贱的不能超越尊贵的;设立太子有礼法,所以庶子不能和嫡子混乱。但愿您以礼法教育荼而别让他陷于邪恶,以道义引导他而别让他沉溺于私利。年长的年少的都按照规矩行事,嫡子和庶子都符合伦理。阳生他敢不让荼饱食珍馐美味、赏玩美妙音乐而让他遭到祸患吗?废弃年长的而设立年少的,就不能教育下面的人;尊崇庶子贬低嫡子,不会有利于所爱的人。年长年少没有等级,嫡子庶子没有差别,这是造就贼寇树立奸党的根源,您还是考虑一下吧!古代的贤明君王,并非不知道多种多样的享乐,只是觉得享乐过度了就要带来悲哀;并非不想设立所喜爱的为太子,只是认为失去了道义就会带来忧患。所以要以法度来节制享乐,要以道义来设立太子。至于那些依靠谗言阿谀来侍奉君王的人,是不足以取信的。如今您采用谗佞之人的主张,听信为乱之徒的言语,废弃年长的设立年少的,下臣我担心将来有人利用您的过错来助长他们的奸邪,废弃年少的拥立年长的以便实现他们的私利,您还是考虑一下吧!"景公不听从。

景公没,田氏杀君荼,立阳生;杀阳生,立简公;杀简公[①],而取齐国。

【注释】

①"田氏"五句:据《史记·齐太公世家》载,景公五十八年(前490),"景公卒,太子荼立,是为晏孺子"。第二年,大夫田乞胁迫大夫鲍牧共谋,"立阳生,是为悼公。悼公入宫,使人迁晏孺子于骀,杀之幕下"。齐悼公四年,鲍牧杀悼公。"齐人共立悼公子壬,是为简公"。简公四年,田乞之子田常杀简公,立简公弟骜(平公),

田常为相，专擅齐政。公元前391年，田常曾孙田和把齐康公迁于海上，五年后，周天子正式承认田和为诸侯（田齐太公）。从此田氏家族取代姜姓而有齐国。

【译文】

景公死后，田氏杀了国君孺子荼，拥立阳生；后来又杀了阳生，拥立了齐简公；又杀了简公，最终夺取了齐国。

景公病久不愈欲诛祝史以谢
晏子谏第十二

【题解】

　　齐景公久病不愈,怪罪于祝祷者,想杀了他们以取悦上帝。晏子借题发挥,指出景公疏远忠臣,不听谏言,已招致天怒人怨;并以二难推理的技巧,得出不论上帝是否有灵,祝祷都是无益的结论,从根本上解除了景公的困惑,制止了景公滥杀无辜的荒唐行为。祝史:祝官(掌祭祀时司告鬼神)与史官(掌祭祀和记事等),正文中的"佗(tuō)"和"固"分别是他们的名字。

　　景公疥且疟,期年不已①。召会谴、梁丘据、晏子而问焉②,曰:"寡人之病病矣③,使史固与祝佗巡山川宗庙④,牺牲珪璧⑤,莫不备具,其数常多先君桓公⑥,桓公一则寡人再⑦。病不已,滋甚⑧,予欲杀二子者以说于上帝⑨,其可乎?"

　　会谴、梁丘据曰可,晏子不对。

【注释】

　　①期(jī)年:整年。

②会谴、梁丘据:景公的两个宠臣。

③病病:病情十分严重。

④巡:遍,遍祭。

⑤牺牲:祭祀所用的牲口,如猪牛羊之类。珪(guī)璧:祭祀所用的玉器。

⑥桓公:齐桓公,公元前685至643年在位,为春秋五霸之一。

⑦再:二。

⑧滋:更加。

⑨说(yuè):同"悦",取悦。

【译文】

　　齐景公身上长了疥疮,还发着疟疾,一整年都不见好。他召来大臣会谴、梁丘据和晏子,问他们说:"寡人的疾病很严重了,我让史固与祝佗遍祭遍山川鬼神和祖宗神灵,牛羊祭品和美玉礼器,没有不齐备的,其数量往往多于先君桓公的,桓公一倍寡人就两倍。可是病不见好,还更加严重了,所以我想杀这两个人以取悦上帝,这样做可以吗?"

　　会谴、梁丘据都说可以,晏子不回答。

　　公曰:"晏子何如?"

　　晏子曰:"君以祝为有益乎①?"

　　公曰:"然。"

　　晏子免冠曰:"若以为有益,则诅亦有损也②。君疏辅而远拂③,忠臣拥塞④,谏言不出。臣闻之,近臣嘿⑤,远臣瘖⑥,众口铄金⑦。今自聊、摄以东⑧,姑、尤以西者⑨,此其人民众矣,百姓之咎怨诽谤、诅君于上帝者多矣⑩。一国诅,两人祝,虽善祝者不能胜也。且夫祝直言情,则谤吾君也;隐匿过,则欺上帝也。上帝神,则不可欺;上帝不神,祝亦无益。

愿君察之也。不然，刑无罪，夏商所以灭也。"

【注释】

①祝：祝祷，祈求鬼神保佑。

②诅：诅咒，祈求鬼神惩罚敌对的人。

③辅：古代辅佐帝王或太子的官，有"左辅右弼"之说。拂（bì）：通"弼"。

④拥塞：堵塞，隔绝。

⑤嘿（mò）：同"默"，不出声。

⑥瘖（yīn）：同"喑"，哑，不作声。

⑦铄（shuò）：熔化。

⑧聊、摄：二地名，分别在今山东省的聊城西北和茌平西，是当时齐国的西界。

⑨姑、尤：二水名，在今山东省的东部，是当时齐国的东界。以上两句，即指整个齐国。

⑩咎：憎恨。

【译文】

景公问："晏子认为怎么样？"

晏子说："您认为祝祷有好处吗？"

景公说："是啊。"

晏子脱下帽子说："如果以为祝祷有好处，那么诅咒也就有害处。您疏远辅佐您的左右大臣，忠臣被隔绝，劝谏的话无法说出。我听人说，身边的臣子不作声，远处的臣子不说话，众人开口金子也熔化。如今自聊城、摄城以东，姑水、尤水以西，这里的百姓很多啊，百姓憎恨诽谤、在上帝面前诅咒您的人很多。全国人诅咒，两个人祝祷，即使是最善于祝祷的人也不能取胜。况且祝祷时如果直说实情，就是诽谤君王；如果隐瞒过错，就是欺骗上帝。上帝如果神灵，就欺骗不了；上帝如果不神灵，祝祷也没好处。但愿您明察这一点。否则，刑杀无罪的人，当年夏商就是因此灭亡的。"

公曰："善解余惑，加冠！"命会谴毋治齐国之政，梁丘据毋治宾客之事①，兼属之乎晏子。晏子辞，不得命，受相退②，把政。改月而君病悛③。公曰："昔吾先君桓公，以管子为有力④，邑狐与穀⑤，以共宗庙之鲜⑥。赐其忠臣，则是多忠臣者⑦。子今忠臣也，寡人请赐子州款⑧。"辞曰："管子有一美，婴不如也；有一恶，婴不忍为也，其宗庙之养鲜也。"⑨终辞而不受。

【注释】

①宾客之事：亦即外交事务。宾客，其他诸侯国派来的使者。

②相（xiàng）：相国。

③改月：下个月。悛（quān）：本指悔过、改过，这里指病愈。

④管子：人名，即管仲，春秋时著名的政治家，辅佐齐桓公称霸诸侯。有力：有功。

⑤邑狐与穀：把狐与穀两个地方封给管仲做食邑。狐、穀，地名，当是狩猎之地。

⑥共（gōng）：通"供"，供给。宗庙：指宗庙祭祀。鲜：祭祀用的野兽。

⑦多：赞美，表彰。

⑧州款：地名。

⑨"辞曰"几句：晏子这么说的言外之意是，自己不愿意像管子一样，自恃有功，接受国君的赏赐。

【译文】

景公说:"您真善于消解我的疑惑,请戴上帽子!"于是令会谴不再主持齐国的内政,梁丘据不再主管外交事务,这些全都交给晏子。晏子推辞,得不到允许,就接受了相国之职而告退,执掌齐国大政。第二月,景公的病就好了。他对晏子说:"当年我们先君齐桓公,因为管子有功,把狐和榖封给他做食邑,以供给宗庙祭祀的兽肉之需。赏赐忠臣,就是表彰忠臣。如今您是忠臣,请让寡人把州款之地赏赐给您。"晏子推辞说:"管子有一个长处,我不如他;但他有一个短处,我不忍心也这么做,就是用兽肉做宗庙祭祀的供品。"最终还是推辞不接受。

景公怒封人之祝不逊晏子谏第十三

【题解】

　　封人祝景公不要得罪民众，引起景公的不快。晏子向景公揭示了国君有罪，民众治之的道理，并以历史上夏桀、商纣被民众推翻的事实加以证实，给景公敲了个警钟。封人：官名，掌守卫疆界。

　　景公游于麦丘①，问其封人曰："年几何矣？"对曰："鄙人之年八十五矣。"公曰："寿哉②！子其祝我。"封人曰："使君之年长于胡③，宜国家。"公曰："善哉！子其复之。"封人曰："使君之嗣④，寿皆若鄙人之年。"公曰："善哉！子其复之。"封人曰："使君无得罪于民。"公曰："诚有民得罪于君则可⑤，安有君得罪于民者乎？"

　　晏子谏曰："君过矣！彼疏者有罪，戚者治之⑥；贱者有罪，贵者治之；君得罪于民，谁将治之？ 敢问⑦：桀、纣，君诛乎？ 民诛乎？"

　　公曰："寡人固也⑧。"于是赐封人麦丘以为邑。

【注释】

①麦丘:地名,位于齐国北部边境,在今山东商河境内。

②寿:长寿。

③胡:大。这里指长寿。古人称年老、高寿的老人为"胡耇"。

④嗣:后代。

⑤诚:果真。表示假设。

⑥戚:亲,亲近。

⑦敢:岂敢,斗胆。

⑧固:鄙陋,固执一点不通其余。

【译文】

齐景公出游到了麦丘,问这里的封人说:"您多大年龄了?"封人回答说:"鄙人八十五岁了。"景公说:"真长寿啊! 您为我祝福吧。"封人说:"但愿君王的寿命比最长寿的老人还长,有利于国家。"景公说:"好啊! 您再来一次。"封人说:"但愿君王的后代,寿命都像微臣这样年纪。"景公说:"好啊! 您再来一次。"封人说:"但愿君王不要得罪百姓。"景公说:"如果说有小民得罪于君王还差不多,哪儿有君王得罪百姓的呢?"

晏子进谏说:"君王您错了! 那些关系疏远的人有罪,就有关系亲近的人治他;卑贱的人有罪,就有高贵的人治他;如果君主有罪于百姓,将有谁来治呢? 我斗胆问一句:夏桀和商纣王,是被君主杀了呢? 还是被百姓杀的呢?"

景公说:"寡人真是鄙陋不通啊。"于是就把麦丘赏赐给封人做食邑。

景公欲使楚巫致五帝以明德
晏子谏第十四

【题解】

　　齐景公被巫者所惑，想通过祭祀祈祷来求神致福，成就大业英名。晏子指出，英明的君王，要以美德善行赢得天佑人助；如果君王品行不端，政治昏乱，不重贤人而重巫者，百姓不拥护，上天也不会降福，就更谈不上帝王大业了。

　　楚巫微道裔款以见景公①，侍坐三日②，景公说之。楚巫曰："公，神明之主、帝王之君也③。公即位十有七年矣，事未大济者④，神明未至也。请致五帝⑤，以明君德。"景公再拜稽首⑥。楚巫曰："请巡国郊以观帝位⑦。"至于牛山而不敢登⑧，曰："五帝之位，在于国南，请斋而后登之⑨。"公命百官供斋具于楚巫之所，裔款视事⑩。

【注释】

　　①巫：古代宗教活动中沟通人神，为人降神祈福的人。微：楚巫的名字。道（dǎo）：由，通过。裔款：人名，齐景公的佞臣。

②侍坐：陪同。

③神明之主：古人称帝王为"神主"，意谓他是天地神灵所寄托的主体，故能代天地神灵发号施令。

④事：指君临天下，成帝王大业之事。济：成功，实现。

⑤五帝：远古时代的五位大帝。具体说法不一，通常指黄帝、颛顼、帝喾、尧、舜。

⑥再：两次。稽(qǐ)首：叩头至地，并停留多时。这是古人最恭敬的一种跪拜礼。

⑦国：国都。齐国都城在临淄(今山东淄博东北)。帝：指五帝。

⑧牛山：山名，在临淄城南。

⑨斋：斋戒。古人在祭祀或典礼前为表示庄敬而清心洁身的一种仪式。

⑩视事：主持办理。

【译文】

　　楚国一位名叫微的女巫由裔款引荐面见齐景公，陪同了三天，景公很喜欢她。楚巫说："您是神明的主人、成就帝王之业的君王。您在位十七年了，可是大事没能成功，是因为神明还没降临。请让我请来五帝神灵，以彰明您的德行。"景公两拜叩头。楚巫说："请让我巡视都城郊外以观察五帝的神位。"楚巫到了牛山却不敢登上，说："五帝的神位，就在都城的南方，请让我斋戒之后再登上。"景公便命令百官给楚巫的住所提供斋戒的用具，让裔款主持办理此事。

　　晏子闻之而见于公曰："公令楚巫斋牛山乎？"

　　公曰："然。致五帝以明寡人之德，神将降福于寡人，其有所济乎？"

　　晏子曰："君之言过矣！古之王者，德厚足以安世，行广足以容众，诸侯戴之，以为君长，百姓归之，以为父母。是故天地四时和而不失，星辰日月顺而不乱。德厚行广，配天象时①，然后为帝王之君、神明之主。古者不慢行而繁祭②，不轻身而恃诬③。今政乱而行僻，而求五帝之明德也；弃贤而用巫，而求帝王之在身也。夫民不苟德④，福不苟降，君之帝王，不亦难乎？惜乎！君位之高，所论之卑也。"

公曰："裔款以楚巫命寡人曰：'试尝见而观焉。'寡人见而说之，信其道，行其言。今夫子讥之，请逐楚巫而拘裔款。"

晏子曰："楚巫不可出。"

公曰："何故？"

对曰："楚巫出，诸侯必或受之⑤。公信之，以过于内，不知⑥；出以易诸侯于外⑦，不仁。请东楚巫而拘裔款⑧。"

【注释】

①象：象征，相应。

②慢：怠慢，松懈。

③诬：当作"巫"。

④苟：随便，轻率。德：感恩戴德。

⑤或：有的。

⑥知（zhì）：同"智"，明智。

⑦易：改换。意谓本来是自己在本国内犯错误的，现在换成别的诸侯在他国犯错误了。

⑧东：到东部去。齐国的东部是海滨，没有其他诸侯国。

【译文】

晏子听说这事后觐见景公说："您让楚巫为牛山斋戒吗？"

景公说："是的。请来五帝以彰明寡人的德行,神灵将会降福于寡人,或许会有所成功吧?"

晏子说："您的话错了! 古代的贤王,品德淳厚足以安定天下,善行广博足以容纳众人,诸侯拥戴他,以他为君长,百姓归附他,以他为父母。因此天地四季调和而没有错失,日月星辰和顺而从不错乱。品德淳厚善行广博,与天地四季相配相应,然后才成为有帝王之业的明君、神明的主人。古人不会松懈行为而频繁祭祀,不会忽视自身而依靠巫者。如今政治昏乱而行为邪僻,却想祈求五帝来彰明德行;抛弃贤人而重用巫者,却要求帝王之业在自己身上实现。百姓不会随便感恩戴德,福祉不会轻易降临,您的帝王大业,不是太难实现吗? 可惜啊! 您的地位这么高贵,见识却这么低劣。"

景公说："是裔款带着楚巫嘱咐我说:'您试着见见她再观察她的能耐。'寡人见了就喜欢她,相信了她的道术,按照她所说的去做。现在先生您批评了这事,就请让我驱逐楚巫拘押裔款。"

晏子说："楚巫不能出齐国。"

景公问："为什么?"

晏子说："楚巫出了齐国,其他诸侯必定会有接受她的。您相信她的话,因而就在国内犯了错误,这是不明智的;放她出去就换成其他诸侯在他国犯错误,这是不仁义的。请把楚巫赶到东部并把裔款拘押起来。"

公曰:"诺。"故曰送楚巫于东[1],而拘裔款于国也。

【注释】

[1]曰:当为衍文。

【译文】

景公说："好吧。"因此就把楚巫送到东部,并把裔款拘押在都城。

景公欲祠灵山河伯以祷雨晏子谏第十五

【题解】

　　齐国大旱，齐景公想祭祀山神河神以求雨。晏子则指出，大旱之时，山、河自身都得不到水，祭祀它们有什么用呢？

　　齐大旱逾时[①]，景公召群臣问曰：“天不雨久矣，民且有饥色[②]。吾使人卜，云祟在高山广水[③]。寡人欲少赋敛以祠灵山，可乎？”群臣莫对。

　　晏子进曰[④]：“不可！祠此无益也。夫灵山固以石为身，以草木为发，天久不雨，发将焦，身将热，彼独不欲雨乎[⑤]？祠之何益！”

　　公曰：“不然[⑥]，吾欲祠河伯[⑦]，可乎？”

　　晏子曰：“不可！河伯以水为国，以鱼鳖为民，天久不雨，水泉将下[⑧]，百川将竭，国将亡，民将灭矣，彼独不欲雨乎？祠之何益！”

　　景公曰：“今为之奈何？”

　　晏子曰：“君诚避宫殿暴露，与灵山河伯共忧，其幸而雨乎！”

【注释】

①逾时：超过了往年干旱的时间，形容大旱特别严重。

②且：将要。饥色：因饥饿而脸色青黄。

③云：说是。祟（suì）：鬼怪作祸。

④进：进言，向国君进献自己的看法。

⑤独：偏偏。

⑥然：这样。指祭祀灵山。

⑦河伯：黄河水神。

⑧下：下降。意为地下水位降低，泉水不出。

【译文】

齐国大旱特别严重，齐景公召集群臣问道："天不下雨已经很久了，老百姓将要挨饿了。我派人去占卜，说是有鬼神在高山大河中作怪。寡人想稍微征收些赋税来祭祀灵山，可以吗？"群臣中没人回答。

晏子进言道："不可以！祭祀这些没用。灵山本来就以石头为身躯，以草木为毛发，老天长久不下雨，它的毛发将要枯焦，它的身躯将要发热，难道它就偏偏不想下雨吗？祭它有什么用！"

景公说："不祭灵山，那我想祭祀河神，可以吗？"

晏子说："不可以！河神以水为国家，以鱼鳖为百姓，老天长久不下雨，泉水将要下降，无数河流都要干涸，它的国家即将灭亡，它的百姓即将灭尽，难道它就偏偏不想下雨吗？祭它有什么用！"

景公说："那现在怎么办呢？"

晏子说："如果您果真能离开宫殿露天居住，与灵山河神共担忧患，或许有幸降雨呢！"

于是景公出野暴露，三日，天果大雨，民尽得种时。景公曰："善哉！晏子之言，可无用乎！其维有德。"

【译文】

于是景公出了宫在野外露天居住,三天后,天果然下了大雨,百姓全都赢得了播种的时机。景公说:"晏子的话说得好啊! 难道可以不采用吗? 因为他的话中有仁德。"

景公贪长有国之乐晏子谏第十六

【题解】

　　齐景公希望能世世代代保有齐国，晏子告诫他，要做到这一点，必须始终坚持善德善政，并以齐国历史上最显赫的国君齐桓公能善始则成就霸业、威震天下，不能善终则国败身死、下场可悲的事例，让齐景公引以为戒。

　　景公观于淄上①，与晏子闲立。公喟然叹曰②："呜呼！使国可长保而传于子孙，岂不乐哉？"

　　晏子对曰："婴闻明王不徒立③，百姓不虚至。今君以政乱国、以行弃民久矣，而欲保之，不亦难乎！婴闻之，能长保国者，能终善者也。诸侯并立，能终善者为长④；列士并学，能终善者为师。昔先君桓公⑤，方任贤而赞德之时⑥，亡国恃以存，危国仰以安，是以民乐其政，而世高其德，行远征暴，劳者不疾，驱海内使朝天子，而诸侯不怨。当是时也，盛君之行不能进焉⑦。及其卒而衰⑧，怠于德而并于乐，身溺于妇侍而谋因于竖刀⑨，是以民苦其政，而世非其行，故身死乎胡宫而不举，虫出而不收⑩。当是时也，桀、纣之卒不能恶焉。

《诗》曰：'靡不有初，鲜克有终。'⑪不能终善者，不遂其君⑫。今君临民若寇雠⑬，见善若避热，乱政而危贤，必逆于众，肆欲于民，而虐诛于下，恐及于身⑭。婴之年老，不能待君使矣，行不能革⑮，则持节以没世耳⑯。"

【注释】

①淄（zī）：水名，在齐国境内，即今山东境内的淄河。

②喟（kuì）然：感叹的样子。

③不徒立：意谓要有足够的资本，不是平白无故就可当王的。

④长（zhǎng）：首领，霸主。

⑤桓公：齐桓公，公元前685至643年在位，为春秋五霸之一。

⑥赞：赞美，崇尚。

⑦进：超过。

⑧卒：最终。

⑨因：遵照，听从。竖刀：一作"竖刁"，齐桓公宦官，有宠。桓公死后，他与易牙（亦桓公宠臣）作乱。

⑩"故身死"二句：齐桓公死后，他的五个儿子为争权夺位而互相攻战，以至于无人为之收殓，尸体在床六十七天，长了蛆虫，爬出户外。直到其子无诡立为君，才将得以收殓；八个月后，才得以安葬。胡宫，齐国宫名，亦称"寿宫"。举，举丧，发丧。

⑪"靡不有初"两句：引自《诗经》的《大雅·荡》。靡，无。鲜（xiǎn），少。克，能。

⑫遂：终。

⑬寇雠（chóu）：仇敌。雠，仇。

⑭及于身：意谓诛杀暴虐最终要加到自己身上。

⑮革：改。

⑯持节：保持节操。没（mò）世：在世上消失，即死去。全句意为不

　　与景公同流合污。

【译文】

　　齐景公在淄水边游览，与晏子悠闲地站着。景公喟然长叹道："哎呀！假如国家能长久保存并传于子孙，岂不是很快乐吗？"

　　晏子回答说："我听说贤明的君王不是平白无故就能当成的，百姓也不是随随便便就能归附的。如今您用政令搞乱国家、以行为抛弃百姓已经很久了，却想保存国家，不是太难了吗！我听说，能长久保有国家的人，是能够行善到底的人。各国诸侯并立，能行善到底的为霸主；列位士人共学，能学好到底的为老师。从前我们的先君桓公，当他正在任用贤人崇尚仁德的时候，要灭亡的国家依靠他得以保存，危乱的国家仰仗他得以安定，所以百姓喜欢他的政治，世人崇敬他的德行，到远方征讨暴乱者，受此劳累的人也不辞疾苦，他驱使海内各国诸侯让他们朝拜天子，诸侯们也毫无怨言。那时候，事业最兴盛的国君的行为也不能超过他。待到他最终衰败之时，放松了德行还加上享乐，自身沉溺于女色侍从并且听从宦官竖刀的主意，所以百姓苦于他的政治，世人非议他的行为，因此他身死胡宫而不得安葬，尸体的蛆虫爬出户外而不得收殓。那时候，就是暴君夏桀、商纣王的结局也不比他坏。《诗》上说：'谁也不会没个好开头，但很少有人能坚持到底。'不能行善到底的，他的君位也不能至终。如今您对待百姓像仇敌，见了善行就像躲避炎热，乱了国政而危害贤人，肯定要违背民众之心，对百姓放纵私欲，而且对臣下实行暴虐诛杀，恐怕这最终要落到您自己身上。我已经年老了，不能在您身边等待使唤了，您的行为要是不能改正，那么我只能保持节操而离开人世了。"

景公登牛山悲去国而死晏子谏第十七

【题解】

齐景公登牛山,与两位宠臣触景生情,都为人生不免一死而痛哭流涕。而晏子则以"归谬法",揭示了生死更替的客观规律,嘲笑了景公的不仁和二臣的谄谀。牛山:山名,在齐国都临淄城南。

景公游于牛山,北临其国城而流涕曰①:"若何滂滂去此而死乎②!"艾孔、梁丘据皆从而泣③,晏子独笑于旁。

【注释】

①国城:都城。

②若何:奈何,为什么。滂滂(pāng):盛大的样子。

③艾孔、梁丘据:人名,都是齐景公的佞臣。

【译文】

齐景公游览牛山,面朝北边望着都城流着泪说:"为什么要离开这堂堂大国而死去啊!"艾孔、梁丘据都跟着哭泣,唯有晏子在一旁笑着。

公刷涕而顾晏子曰①:"寡人今日之游悲,孔与据皆从寡人而涕泣，子之独笑何也？”

晏子对曰：“使贤者常守之②，则太公、桓公将常守之矣③；使勇者常守之，则灵公、庄公将常守之矣④。数君者将守之，则吾君安得此位而立焉？ 以其迭处之⑤，迭去之，至于君也，而独为之流涕，是不仁也。不仁之君见一，谄谀之臣见二，此臣之所以独窃笑也。”

【注释】

①刷：擦拭。顾：回头看。

②常：长期，永远。守：保有。之：指国家或君位。

③太公：即姜太公，因辅佐周武王灭商建周有功，被封于齐，为齐国始祖。桓公：即齐桓公，春秋五霸之一。

④灵公：齐景公的父亲。庄公：齐景公的异母兄。

⑤迭：更迭，交替。

【译文】

景公擦着泪回头看着晏子说：“寡人今天游览而生悲伤之情，艾孔和梁丘据都跟着寡人哭泣，而您却独自在笑，这是为什么啊？”

晏子回答说：“如果让贤能的人永远保有国家，那么太公、桓公终将永远保有；如果让勇武的人永远保有国家，那么灵公、庄公终将永远保有。有这些君王终将保有国家，那么我的国君哪能得到这个王位而立为君王呢？ 正因为他们更迭交替地处于君位又离开君位，才能轮到您，而唯有您在为之流泪，这是没有仁德的。我见到一个没有仁德的君王，见到两个阿谀谄媚的臣子，这就是我之所以独自偷笑的缘故。”

景公游公阜一日有三过言晏子谏第十八

【题解】

　　齐景公外出游览，一天之内，晏子进谏了三次。第一次是景公为死亡而感慨，晏子告以人生有生死、君位有更迭的规律；第二次是景公把阿谀小人的附和当作君臣和谐，晏子告以"和"与"同"的区别；第三次是景公看到彗星出现，想通过祭祀祈祷消除这个灾星，晏子则告以要修善德善政才能消灾的道理。

　　景公出游于公阜①，北面望，睹齐国②，曰："呜呼！使古而无死，何如？"晏子曰："昔者上帝以人之死为善，仁者息焉，不仁者伏焉③。若使古而无死，太公、丁公将有齐国④，桓、襄、文、武将皆相之⑤，君将戴笠衣褐⑥，执铫耨以蹲行畎亩之中⑦，孰暇患死⑧！"公忿然作色⑨，不说。

【注释】

　　①公阜（fù）：地名。
　　②国：都城。齐国都城在临淄（今山东淄博东北）。
　　③伏：藏匿。

④太公：即姜太公，因辅佐周武王灭商建周有功，被封于齐，为齐国
　始祖。丁公：姜太公之子，名伋，继太公之后为齐君，谥"丁"，故
　称。按：据《史记·齐太公世家》载："盖太公之卒百有余年，子丁
　公吕伋立。"则父子相隔一百多年，似乎不可能。

⑤桓、襄、文、武：即桓公、襄公、文公、武公，齐国历史上四位国君。
　按照年代先后，则依次为武、文、襄、桓，前二君为西周时，后二君
　为春秋时。相(xiàng)：辅佐。

⑥衣(yì)：穿着。褐(hè)：用粗毛或麻制作的短衣，为贫苦人所穿。

⑦铫(yáo)：农具名，大锄。耨(nòu)：农具名，小锄，用以除草。畎
　(quǎn)亩：田地。畎，田间小沟。

⑧暇：闲暇，空闲。患：担心，忧虑。

⑨忿然：气愤的样子。作色：变了脸色。

【译文】

　齐景公外出游览到了公阜，朝北远望，看到了齐国都城，说："哎呀！
假使自古以来人都不死，会怎么样呢？"晏子说："古代上帝认为人的死
亡是好事，仁德的人安息了，不仁的人也匿迹了。如果自古人都不死，
那么太公、丁公将永远保有齐国，桓公、襄公、文公、武公等都将辅佐他
们，您将戴着斗笠穿着粗衣，手持大锄小耙弯腰屈膝地行走在田地间，
哪儿还有闲工夫忧虑死亡的事情！"景公愤然变脸，很不高兴。

　无几何而梁丘据乘六马而来①，公曰："是谁也？"晏子
曰："据也。"公曰："何以知之？"曰："大暑而疾驰，甚者马死，
薄者马伤②，非据孰敢为之！"公曰："据与我和者夫！"晏子
曰："此所谓同也。所谓和者，君甘则臣酸，君淡则臣咸。今
据也，甘君亦甘③，所谓同也，安得为和！"公忿然作色，不说。

【注释】

①无几何：没过多久。梁丘据：人名，齐景公的宠臣。六马：指六马所驾的车。古制，一车四马，驾六马则为逾礼僭越。

②薄：轻微。

③"今据也"两句：当作"今据也，君甘亦甘"。

【译文】

不久梁丘据乘着六马拉的车来了，景公问："这是谁啊？"晏子说："是梁丘据。"景公问："您怎么知道？"晏子说："大热天的快马奔驰，严重些马会死，轻微些马受伤，不是梁丘据谁敢这么做？"景公说："梁丘据跟我很相和吧！"晏子说："这是通常所说的相同。所谓和，就好比君王是甜臣子就应当是酸，君王是淡臣子就应当是咸。如今梁丘据，君王甜他也甜，这就是同，哪里是和！"景公愤然变脸，很不高兴。

　　无几何，日暮，公西面望，睹彗星①，召伯常骞②，使禳去之③。晏子曰："不可！此天教也。日月之气④，风雨不时⑤，彗星之出，天为民之乱见之⑥，故诏之妖祥⑦，以戒不敬。今君若设文而受谏⑧，谒圣贤人⑨，虽不去彗，星将自亡。今君嗜酒而并于乐，政不饰而宽于小人⑩，近谗好优⑪，恶文而疏圣贤人，何暇去彗⑫！茀又将见矣⑬。"公忿然作色，不说。

【注释】

①彗星：俗称"扫帚星"，古人认为它的出现会带来灾祸，是妖星。

②伯常骞（qiān）：人名，齐景公臣。

③禳（ráng）：通过祭祀祷告以消除灾祸。

④日月之气：当指日月光线经云气折射而出现的光晕，往往是坏天气的征兆。

⑤不时：不合时宜。

⑥见（xiàn）：同"现"，显现。

⑦诏：告。妖祥：凶兆和吉兆。这里偏指凶兆。

⑧文：文德。指礼乐政教之类。

⑨谒（yè）：谒见，拜见。

⑩饰：修整。

⑪谗：说人坏话。这里指搬弄是非的奸臣。优：倡优，古代以歌舞供人作乐的人。

⑫何暇：岂只。

⑬茀（bèi）：即孛星，星名，类似彗星。古人认为，孛星出现，其预示的灾祸更甚于彗星。

【译文】

不久，日色将晚，景公朝西远望，看到了彗星，叫来伯常骞，让他祭祷消除这个灾星。晏子说："不可以！这是上天的教诲。日月出现不祥之气，风雨不合时宜，彗星出现，这都是上天因为百姓将要作乱而显现的，就是要告知以不祥之兆，来戒止不恭敬的行为。如今您如果设立文德教化而接受劝谏，拜见圣人贤者，即使不祷除彗星，彗星也将自行消亡。可如今您贪酒还加上玩乐，政教不修而纵容小人，亲近奸臣喜好倡优，厌恶文德教化而疏远圣人贤者，要消除的岂只是彗星！孛星也将要出现了。"景公愤然变脸，很不高兴。

及晏子卒，公出屏而立曰①："呜呼！昔者从夫子而游公阜，夫子一日而三责我，今谁责寡人哉！"

【注释】

①屏：屋门内当门的小墙，即照壁。立：通"泣"，哭泣。

【译文】

等到晏子逝世时，景公走出了照壁，哭着说："哎呀！从前我跟着先生游览公阜，先生一天批评我三次，如今谁来批评寡人啊！"

景公游寒涂不恤死胔晏子谏第十九

【题解】

　　齐景公出游，对路上的饿殍无动于衷。晏子进谏，先以齐国历史上的贤君爱民惠民而为百姓所拥戴的事实做榜样，再以景公横征暴敛、不恤民情而导致上下离心离德作对比，并指出可能导致国家衰败、江山易主的严重后果，对景公进行了严厉的批评。寒：古国名，相传为夏代寒浞的封地，春秋时属齐国，在今山东潍坊东北。涂：同"途"。胔（zì）：腐肉。这里指死人的腐尸。

　　景公出游于寒涂，睹死胔，默然不问。晏子谏曰："昔吾先君桓公出游①，睹饥者与之食，睹疾者与之财，使令不劳力，藉敛不费民②。先君将游，百姓皆说曰：'君当幸游吾乡乎！'今君游于寒涂，据四十里之氓③，殚财不足以奉敛④，尽力不能以周役⑤，民氓饥寒冻馁⑥，死胔相望⑦，而君不问，失君道矣。财屈力竭，下无以亲上；骄泰奢侈⑧，上无以亲下。上下交离，君臣无亲，此三代之所以衰也⑨。今君行之，婴惧公族之危⑩，以为异姓之福也⑪。"

【注释】

①桓公：即齐桓公，春秋五霸之一。

②藉敛：征收赋税。

③氓（méng）：居于郊野之民。

④殚：竭尽。

⑤周：完全。

⑥馁（něi）：饥饿。

⑦相望：面面相对。形容死人很多。

⑧泰：恣意。

⑨三代：指夏、商、周。

⑩公族：公室，即诸侯的家族政权。

⑪异姓之福：齐国是姜姓诸侯，而当时田氏家族正收买人心，觊觎公室，这里的"异姓"，当指田氏。后来果然田氏代齐，应验了晏子的预言。

【译文】

　　齐景公出游来到古寒国的道路上，看到死人的腐尸，默默无言不过问。晏子进谏道："从前我们的先君桓公出游时，看到饥饿的人就给他食物，看到疾病的人就给他钱财，役使百姓但不使人力过于劳苦，征收赋税但不使百姓过于耗费。所以先君将要出游，百姓们都高兴地说：'君王您应当会赏光巡游到我们乡来吧！'可是如今您出游于寒国古道，生活在这四十里地的百姓，竭尽财力也不足以缴纳赋税，竭尽劳力而不能完全应付劳役，百姓饥寒交迫，路上腐尸一个挨着一个，而您不过问，这有失为君之道啊。在下的百姓财穷力尽，就不会亲近在上的君王；在上的君王骄纵奢侈，就不会亲近在下的百姓。上下互相离心离德，君臣之间不相亲近，这就是夏商周之所以衰亡的缘故。如今您实行了这一条，我担心公室地位危险，成了异姓人的福音了。"

公曰:"然！为上而忘下,厚藉敛而忘民,吾罪大矣。"于是敛死骴^①,发粟于民,据四十里之氓不服政其年^②,公三月不出游。

【注释】

①敛:通"殓",收殓死者。

②服政:承担劳役赋税。

【译文】

景公说:"对！在上的忘了在下的,赋税太重而忘了百姓,我的罪过太大了。"于是收殓腐尸,给百姓发放粮食,居住这里的四十里百姓,一年不承担劳役赋税,景公自己也三个月不出游。

景公衣狐白裘不知天寒晏子谏第二十

【题解】

　　齐景公在大雪天里穿着狐皮大衣，却以为天不冷；晏子则告诫他"饱而知人之饥，温而知人之寒，逸而知人之劳"的为君之道。狐白裘(qiú)：用狐狸腋下的白色皮毛连缀制成的皮衣，十分珍贵。

　　景公之时，雨雪三日而不霁①。公被狐白之裘②，坐于堂侧阶。晏子入见，立有间③，公曰："怪哉！雨雪三日而天不寒。"

　　晏子对曰："天不寒乎？"公笑。

　　晏子曰："婴闻古之贤君，饱而知人之饥，温而知人之寒，逸而知人之劳。今君不知也。"

　　公曰："善！寡人闻命矣。"乃令出裘发粟，以与饥寒者。令所睹于涂者无问其乡④，所睹于里者无问其家⑤，循国计数⑥，无言其名。士既事者兼月⑦，疾者兼岁。

【注释】

　　①雨(yù)雪：下雪。霁(jì)：本指雨停，引申为雪停云散天晴。

②被（pī）：披。这里指穿着。

③有间：一会儿。

④涂：同"途"，道路。

⑤里：古代行政区域单位，大小不一，通常约几十家为一里。

⑥循：通"巡"，巡视。

⑦既事者：已有职事的人。兼：两。

【译文】

齐景公时，有一次下了三天雪还没停止。景公穿着白色狐皮大衣，坐在前堂边的台阶上。晏子进见，站了一会儿，景公说："奇怪啊！下三天雪了天还不冷。"

晏子回答说："天不冷吗？"景公笑了。

晏子说："我听说古代的贤君，自己吃饱而能知道别人的饥饿，自己温暖而能知道别人的寒冷，自己安逸而能知道别人的劳苦。如今您却不知道。"

景公说："您说得好！寡人聆听您的指教了。"于是就令人拿出皮衣和粮食，发放给那些挨饿受冻的人。凡是在路上看到的都不必过问是哪个乡的，在村里看到的都不必过问是哪个家的，巡视全国统计数目，无需注明受救济者的姓名。士人中有职事的发给两个月粮食，有疾病的发给两年粮食。

孔子闻之曰："晏子能明其所欲，景公能行其所善也。"

【译文】

孔子听说后说："晏子能表明他所想的事，景公能实行他所赞许的事。"

景公异荧惑守虚而不去晏子谏第二十一

【题解】

齐国上空出现了不祥的星象，晏子借机批评景公政令杂乱、用人不当，导致民不聊生等弊病，并要求景公采取一系列爱民惠民的措施。荧惑守虚：中国古代天文学中，人们以二十八宿（恒星）为背景，观测日月和五大行星的运行。荧惑即五大行星中的火星，虚是二十八宿之一。荧惑守虚，即火星运行到虚宿的位置。

景公之时，荧惑守于虚，期年不去①。公异之，召晏子而问曰："吾闻之，人行善者天赏之，行不善者天殃之。荧惑，天罚也②，今留虚，其孰当之③？"

晏子曰："齐当之。"

公不说，曰："天下大国十二，皆曰诸侯，齐独何以当之？"

晏子曰："虚，齐野也。且天之下殃，固于富强。为善不用，出政不行④。贤人使远，谗人反昌。百姓疾怨，自为祈祥。录录强食⑤，进死何伤！是以列舍无次⑥，变星有芒。荧惑回逆⑦，孽星在旁⑧。有贤不用，安得不亡！"

【注释】

①期(jī)年:一周年。

②天罚:古人认为天象与人事有关,火星光色荧荧似火,且运行方向多变,令人迷惑,故称"荧惑",所以古人将它的反常运行,视为上天将要降下灾祸有所惩罚的征兆。

③当:承受。古人有"分野"之说,即把天上的星宿和地上的区域相对应。某个星宿出现了某种天象,就由这个星宿所对应的地区承受这个天象所预示的祸福。

④行(háng):条理。

⑤录录:同"碌碌",平庸的样子。这里意为只求活命而没有别的奢望。强:勉强。

⑥列舍无次:即指众星宿乱了位次。列舍,即列宿,众星宿。次:古人把想象中太阳周年运行的轨道叫"黄道",把黄道附近的一周天分为十二个等分,叫"十二次",每次都包含二十八宿中的若干宿。

⑦回逆:意为荧惑本来应该往前直行的,可是现在往回逆行,所以一直停留在虚宿的位置。

⑧孽星:灾星。

【译文】

　　齐景公时,火星居于虚宿位置,整整一年不离开。景公觉得诧异,召来晏子问道:"我听说,人行善了上天就会奖赏他,行不善了上天就会让他遭殃。火星,是表示上天要施行惩罚的,如今停留在虚宿的位置,由哪个国家来承受惩罚呢?"

　　晏子说:"由齐国承受。"

　　景公不高兴,说:"天下的大国有十二个,都号称诸侯,为什么唯独齐国承受呢?"

　　晏子说:"虚宿,它的分野是齐国。况且上天要降下祸殃,本来就是冲着富强之邦。行善之人不予重用,发出的政令杂乱无章。贤能之人遭到疏远,谗佞之人反而得志荣昌。老百姓痛苦怨恨,只能为自己祈求吉祥。庸庸碌碌勉强求食,走进死路多么悲伤! 所以众星宿乱了位次,变异的星辰有了光芒。火星回转逆行,灾星就在身旁。有了贤人不加任用,这国家怎能不亡!"

公曰:"可去乎?"

对曰:"可致者可去,不可致者不可去。"

公曰:"寡人为之若何?"

对曰:"盍去冤聚之狱①,使反田矣;散百官之财,施之民矣;振孤寡而敬老人矣②。夫若是者,百恶可去,何独是孽乎!"

公曰:"善。"行之三月,而荧惑迁。

【注释】

①盍:何不,为什么不。狱:官司,案件。

②振:"赈"的本字,救济。

【译文】

景公说:"可以去掉吗?"

晏子说:"可以招致的就可以去掉,不可招致的就不可去掉。"

景公说:"那寡人该怎么办?"

晏子回答道:"您不如撤除充满冤屈的官司,让那些人回家耕田;散发百官的财产,施舍给民众;救济孤寡敬待老人。如果这样做了,再多的邪恶都可以去掉,何止是这个灾星呢!"

景公说:"您说得好。"遵照实行了三个月,火星就移走了。

景公将伐宋瞢二丈夫立而怒
晏子谏第二十二

【题解】

　　齐景公发兵攻打宋国,路过泰山时,梦见二人发怒。晏子趁机以丰富的历史知识和生动形象的语言,对这个梦作了巧妙的别解,劝谏景公要与邻国友好相处,不要发动不义之战。瞢(mèng):通"梦"。

　　景公举兵将伐宋,师过泰山,公瞢见二丈夫立而怒,其怒甚盛。公恐,觉,辟门召占瞢者①。至,公曰:"今夕吾瞢二丈夫立而怒,不知其所言,其怒甚盛,吾犹识其状②,识其声。"占瞢者曰:"师过泰山而不用事③,故泰山之神怒也。请趣召祝史祠乎泰山则可④。"公曰:"诺。"

【注释】

　　①辟:开。占瞢:解释梦境附会吉凶征兆。

　　②识(zhì):记住。

　　③用事:指祭祀泰山之神。

　　④趣(cù):赶快。祝史:祝官和史官,古代祭祀活动中掌祝祷记事的人。

【译文】

齐景公发动军队准备攻打宋国,军队经过泰山时,景公梦见两个男子站着发怒,怒气很大。景公害怕,醒了,开门召来解梦的人。解梦人来了,景公说:"今天夜间我梦见两个男子站着发怒,不知道他们说什么,怒气很大,我还记得他们的样子,记得他们的声音。"解梦人说:"军队经过泰山而不祭祀,所以泰山之神发怒了。请赶快叫来祝史在泰山祭祀就可以了。"景公说:"好。"

明日,晏子朝见,公告之如占瞢之言也。公曰:"占瞢者之言曰:'师过泰山而不用事,故泰山之神怒也。'今使人召祝史祠之。"

晏子俯有间①,对曰:"占瞢者不识也,此非泰山之神,是宋之先汤与伊尹也②。"

公疑,以为泰山神。晏子曰:"公疑之,则婴请言汤、伊尹之状也。汤皙而长,颐以髯③,兑上丰下④,倨身而扬声⑤。"

公曰:"然,是已。"

"伊尹黑而短,蓬而髯⑥,丰上兑下,偻身而下声⑦。"

公曰:"然,是已。今若何?"

晏子曰:"夫汤、太甲、武丁、祖乙⑧,天下之盛君也,不宜无后。今惟宋耳,而公伐之,故汤、伊尹怒。请散师以平宋⑨。"景公不用,终伐宋。晏子曰:"公伐无罪之国,以怒明神⑩,不易行以续蓄⑪,进师以近过⑫,非婴所知也。师若果进,军必有殃。"

【注释】

①俯：弯腰低头，意在思考。

②汤：即商汤，商代的开国君主。周灭商后，封汤的后裔于宋，所以说汤是宋的先祖。伊尹：汤的大臣，相传他原为家奴，被汤所举用，任以国政，助汤灭了夏桀。

③颐：脸颊。髯(rán)：脸颊上的长须。

④兑(ruì)：通"锐"，尖，狭。

⑤倨(jù)：直而微曲。扬声：高声。

⑥蓬：蓬头，头发蓬乱。

⑦偻(lóu)：弯曲。下声：低音。

⑧太甲、武丁、祖乙：都是商代的君王。

⑨平：和好。

⑩明神：古人对神的尊称。

⑪易行：改变行为。蓄：通"畜"，好，友好。

⑫过：山东银雀山汉墓竹简本字作"祸"。

【译文】

第二天，晏子朝见景公，景公把解梦人的话告诉了他。景公说："解梦人说：'军队经过泰山而不祭祀，所以泰山之神发怒了。'现在我要叫来祝史祭祀泰山神。"

晏子低头想了一会儿，回答说："解梦人不知道，这不是泰山之神，是宋国的先祖商汤和伊尹。"

景公心中疑惑，认为还是泰山神。晏子说："您既然怀疑，那请让我说说商汤和伊尹的样子吧。商汤皮肤白皙而身材修长，脸颊两边长着长长的胡须，脸膛上部狭小下部丰满，身直微屈而且声音洪亮。"

景公说："对，是这样的。"

"伊尹皮肤黝黑个子矮，头发蓬乱也长着长胡子，脸膛上部丰满下部狭小，弯腰曲背而且声音低沉。"

景公说:"对,是这样的。那现在怎么办?"

晏子说:"商汤、太甲、武丁、祖乙,都是天下的盛世之君,不应当没有后世。现在他们的后世只剩下宋国了,可是您还要攻打它,所以商汤、伊尹发怒。请您遣散军队以示宋国和好。"景公不采用晏子的建议,终究还是要攻打宋国。晏子说:"您攻打无罪的国家,因此激怒圣明的天神,不改变行为以继续友好关系,让军队前进以向灾祸靠近,这真是我所不能理解的。军队如果真的前进了,就必有祸殃。"

军进再舍①,鼓毁将殪②。公乃辞乎晏子③,散师,不果伐宋④。

【注释】

①再:二。舍:古以三十里为一舍。

②将:将领。殪(yì):死。

③辞:谢罪,认错。

④不果:最终未成事实。

【译文】

军队前进了六十里,军鼓毁坏将领死亡。景公这才向晏子认错,遣散了军队,终于没去攻打宋国。

景公从畋十八日不返国晏子谏第二十三

【题解】

齐景公醉心打猎,一连十八天不回京城。晏子专程前往劝谏,景公却以心脏和四肢为喻,为自己的行为辩解。晏子机智地利用这个比喻的逻辑破绽,反驳了景公的歪理。畋(tián):打猎。

景公畋于署梁①,十有八日而不返。晏子自国往见公②。比至,衣冠不正,不革衣冠③,望游而驰④。

【注释】

①署梁:地名。

②国:这里指国都。

③革:改变,更换。这里当指重新穿戴。

④游(liú):亦作"旒",旌旗后类似飘带的装饰物。

【译文】

齐景公在署梁打猎,十八天了还不回去。晏子从都城去见景公。等他来到署梁时,衣冠不整,他也不重新穿戴一下,只顾望着旌旗飘动方向疾驰。

公望见晏子，下车逆劳曰："夫子何为遽？国家得无有故乎？"

晏子对曰："不亦急也。虽然，婴愿有复也①。国人皆以君为安于野而不安于国，好兽而恶民，毋乃不可乎？"

公曰："何哉？吾为夫妇狱讼之不正乎②？则泰士子牛存矣③；为社稷宗庙之不享乎④？则泰祝子游存矣⑤；为诸侯宾客莫之应乎？则行人子羽存矣⑥；为田野之不辟、仓库之不实乎？则申田存矣⑦；为国家之有余不足聘乎⑧？则吾子存矣⑨。寡人之有五子，犹心之有四支⑩。心有四支，故心得佚焉⑪。今寡人有五子，故寡人得佚焉，岂不可哉？"

晏子对曰："婴闻之与君言异。若乃心之有四支而心得佚焉，则可；令四支无心十有八日，不亦久乎！"

【注释】

①复：答复，禀告。

②狱讼：处理官司纠纷。

③泰士：官名，即"大士"，掌官司诉讼之事。子牛：人名。

④社稷宗庙：古代宗法制，诸侯家族的宗庙即代表国家，故称。社稷，土地神和谷神，指国家。享：供奉祭品让鬼神享用。

⑤泰祝：官名，即"大祝"，掌宗庙祭祀祷告。子游：人名。

⑥行人：官名，掌朝觐聘问（类似于今之外交）事务。子羽：人名。

⑦申田：官名，即司田，掌农垦屯粮之事。

⑧聘：当为衍文。

⑨吾子：字面意思即"我的先生"，是对对方的尊称。

⑩支：同"肢"。

⑪得：能。佚：安逸。

【译文】

景公望见晏子，下车迎接慰问道："先生您为什么这么急？ 国家没有什么变故吧？"

晏子回答说："不是很急。即使这样，我还是想禀告您。国内的人都以为您安于野外而不安于都城，爱好野兽而厌恶百姓，这不是很不合适吗？"

景公说："为什么啊？ 是因为我处理夫妻纠纷不公正吗？ 那有管诉讼的子牛在啊；是因为国家宗庙里没供奉祭品吗？ 那有管祭祀的子游在啊；是因为诸侯来宾没人照应吗？ 那有管外交的子羽在啊；是因为田野没开辟、粮仓不充实吗？ 那有管农田的在啊；是因为国家管理还有其他不足之处吗？ 那还有先生您在啊。寡人有这五位先生，就好像心脏有四肢。心脏有四肢，所以心脏能安逸。如今寡人有这五位先生，所以寡人能安逸，难道不合适吗？"

晏子回答说："我听到的和您不同。如果说心脏有四肢而心脏能安逸，这是不错的；但如果让四肢没有心脏达十八天，不是太久了吗？"

公于是罢畋而归。

【译文】

景公于是停止打猎回去了。

景公欲诛骇鸟野人晏子谏第二十四

【题解】

　　齐景公因为所要射杀的小鸟被农夫吓跑了，就要杀死农夫。晏子指出景公这样做是违背了先王之道，缺乏仁义之心，制止了景公的暴虐行为。骇：惊吓。野人：乡野之人，指农夫。

　　景公射鸟，野人骇之。公怒，令吏诛之。晏子曰："野人不知也。臣闻赏无功谓之乱，罪不知谓之虐①。两者，先王之禁也。以飞鸟犯先王之禁，不可。今君不明先王之制，而无仁义之心，是以从欲而轻诛②。夫鸟兽，固人之养也③，野人骇之，不亦宜乎？"

　　公曰："善！自今已来④，弛鸟兽之禁⑤，无以苛民也。"

【注释】

①罪：以之为罪，即惩罚。

②从（zòng）：同"纵"，放纵。轻：轻易，随便。

③固人之养：鸟兽是野生动物，本不该说是人养的，所以一本作"故非人所养"；但从人是万物的主人这个角度，认为是人所豢养，也

　　无不可。人养之,所以人骇之,才合情合理。

④已:同"以"。来:往,后。

⑤弛:放宽。

【译文】

　　齐景公射鸟,一位农夫把鸟吓跑了。景公很生气,命令小官吏诛杀农夫。晏子说:"农夫不明情况啊。我听说奖赏无功的叫做昏乱,惩罚不明情况的叫做暴虐。这两样,是先王的禁忌。因为飞鸟而冒犯先王的禁忌,这是不可以的。如今您不明白先王的制度,而缺乏仁义之心,所以放纵私欲而轻易杀人。鸟兽,本来是人养的,农夫吓走它,不也是合情合理的吗?"

　　景公说:"说得好! 从今以后,放宽关于鸟兽的禁令,不要因此而苛待百姓。"

景公所爱马死欲诛圉人晏子谏第二十五

【题解】

齐景公因为自己所爱的马病死，要肢解养马人。晏子先搬出古代圣君尧、舜，制止了肢解行为；又正话反说，借数落养马人"罪状"，批评了景公重马轻人的不仁之心，并指出这种行为的严重后果，终于使景公放了养马人。圉(yǔ)人：养马人。

景公使圉人养所爱马，暴病死，公怒，令人操刀解养马者①。是时晏子侍前②，左右执刀而进，晏子止之，而问于公曰："古时尧、舜支解人，从何躯始？"公惧然曰③："从寡人始。"④遂不支解。

【注释】

①解：肢解。

②侍：陪侍尊长。

③惧然：惊恐四顾的样子。

④从寡人始：齐景公的回答似乎显得突兀，但不突兀。尧、舜是著名的圣贤仁君，从不使用肢解这样的酷刑。晏子故意这么问，顿使景公惊恐，一时语塞，脱口而出，翻然悔悟，因此才有下文。

【译文】

齐景公让圉人饲养自己所喜爱的马,马暴病而死,景公大怒,令人持刀肢解养马的人。当时晏子正在景公跟前陪侍,左右小臣持刀上前,晏子制止了他们,并问景公说:"古时尧、舜肢解人,先从躯体哪个部位开始?"景公猛然一惊脱口答道:"从寡人身上开始。"于是就不肢解养马人了。

公曰:"以属狱①。"

晏子曰:"此不知其罪而死,臣请为君数之,使自知其罪,然后属之狱。"公曰:"可。"

晏子数之曰:"尔罪有三:公使汝养马而杀之,当死罪一也②;又杀公之所最善马③,当死罪二也;使公以一马之故而杀人,百姓闻之必怨吾君,诸侯闻之必轻吾国,汝一杀公马,使公怨积于百姓,兵弱于邻国,当死罪三也。今以属狱④。"

公喟然叹曰⑤:"夫子释之! 夫子释之! 勿伤吾仁也。"

【注释】

①属(zhǔ):托付。这里意为交付。

②当:判罪,即处以相当的刑罚。

③善:以之为善,即喜欢。

④以:这里省略了它的宾语,即上述的三条罪状。

⑤喟(kuì)然:叹息的样子。

【译文】

景公说:"把他送到监狱里。"

晏子说:"这样他不知道自己犯了什么罪而死,请让下臣我替您列举他的罪状,让他知道自己的罪过,然后把他送到监狱里。"景公说:

"可以。"

晏子列举道:"你的罪有三条:君王让你养马而你把马害死了,这是该当死罪的第一条;你所害死的又是君王最喜爱的马,这是该当死罪的第二条;你使君王为了一匹马而杀人,老百姓听说了就必然会怨恨我们的君王,其他诸侯听说了就必然会轻视我们国家,你一次害死君王的马,就使君王在百姓中积下怨恨,使国家兵力弱于邻国,这是你该当死罪的第三条。现在就凭这些把你送进监狱。"

景公叹息道:"先生放了他!先生放了他!不要损害了我的仁德。"

卷二　内篇谏下第二

景公藉重而狱多欲托晏子晏子谏第一

【题解】

　　齐景公横征暴敛，刑罚严酷，导致民怨沸腾，景公让晏子整治。晏子指出，关键在于整治人心，而造成目前这种局面，是因为在上的统治者争权夺利，骄横奢靡，欲壑难填，所以君王必须治国严正，规矩明确，而滥用暴力酷刑，是难以征服人心的。藉：通"籍"，征籍，各种捐税的统称。狱：官司。

　　景公藉重而狱多，拘者满圄①，怨者满朝②。晏子谏，公不听。公谓晏子曰："夫狱，国之重官也，愿托之夫子。"

　　晏子对曰："君将使婴敕其功乎③？则婴有壹妾能书④，足以治之矣。君将使婴敕其意乎⑤？夫民无欲残其家室之生以奉暴上之辟者⑥，则君使吏比而焚之而已矣⑦。"

【注释】

　　①圄（yǔ）：监狱。

　　②怨者：这里当指因不满冤狱而来朝廷告状的人。

　　③敕：整饬，整治。功：事。

④妾：女奴。

⑤意：指民意，民心。

⑥奉：供奉。辟：邪僻。

⑦比：并列，挨个。之：指那些不愿缴纳赋税的百姓。

【译文】

　　齐景公时捐税苛重而且官司繁多，被拘押囚禁的人塞满监狱，含冤告状的人充满朝廷。晏子劝谏景公，景公不听。他对晏子说："处理官司诉讼，是国家重要的官职，我想把它托付给先生您。"

　　晏子回答说："您想让我整治这个事件吗？那么我有一个会写字的女奴，就足以办理了。您想让我整治民心吗？民众没有谁愿意残害他的家庭生计，来供奉满足暴君的邪僻之心的，那么您只要派官吏把他们一个个烧死就可以了。"

　　景公不说，曰："救其功则使壹妾，救其意则比而焚，如是，夫子无所谓能治国乎？"

　　晏子曰："婴闻与君异。今夫胡貉戎狄之蓄狗也①，多者十有余，寡者五六，然不相害伤。今束鸡豚妄投之②，其折骨决皮③，可立见也。且夫上正其治，下审其论④，则贵贱不相逾越。今君举千钟爵禄⑤，而妄投之于左右，左右争之，甚于胡狗，而公不知也。寸之管无当⑥，天下不能足之以粟。今齐国丈夫耕、女子织，夜以接日，不足以奉上，而君侧皆雕文刻镂之观，此无当之管也，而君终不知。五尺童子，操寸之镖⑦，天下不能足以薪。今君之左右，皆操镖之徒，而君终不知。钟鼓成肆⑧，干戚成舞⑨，虽禹不能禁民之观⑩。且夫饰民之欲⑪，而严其听，禁其心，圣人所难也，而况夺其财而饥之，劳其力而疲之，常致其苦而严听其狱、痛诛其罪⑫，非婴所知也。"

【注释】

①今：表示假设。胡狢戎狄：泛指我国古代各少数民族。胡，古代
　对我国西方各族的泛称。狢，当作"貉"（mò），同"貊"，古族名，多
　分布于我国东北一带。戎，古代对我国西北各族的泛称。狄，古
　代对我国北方各族的泛称。

②束：捆绑。豚：小猪。妄：随意。

③决：扒开，撕裂。

④论（lún）：通"伦"，伦理。指上下尊卑等级秩序。

⑤钟：古代容量单位，多用以指粮食。古人俸禄，多以粮食数量
　折算。

⑥当（dàng）：底。

⑦熛（biāo）：火星。

⑧肆：列。

⑨干戚：盾与斧，古人用作舞（武舞）具的兵器。

⑩禹：即夏禹，夏代的开国君主，古人心目中的圣君之一。

⑪饰：修饰，使之更加华丽。这里有培养、助长之意。

⑫痛：狠，严酷。

【译文】

景公很不高兴，说："整治事件就只用一个随便会写字的，整治民心
就把人一个个烧死，像这样，先生您就再也说不出什么来治理国家
了吗？"

晏子说："我听说的和您不同。比如那些北方异族的人们养狗，多
的十几只，少的五六只，但它们都不互相伤害。但如果绑着一些鸡和小
猪随便扔给它们，它们互相争夺而折断骨头扒皮撕肉的情景，马上就能
看到。再说在上的君王治国严正，在下的臣民规矩明确，那么尊卑贵贱

就不会超越界限。如今您拿着优厚的爵位俸禄，而随便扔给左右近臣，左右近臣互相争夺，比异族人养的狗还要厉害，可是您不知道。一寸长的竹管没有底，天下的粮食也不能把它填满。如今齐国男人耕田、女人织布，夜以继日，都不够用来供奉君王，而您的旁边都是雕刻精美的景观，这就是没底的竹管，而您始终不知道。五尺高的小孩子，手中有一丝火星，天下的柴草也不够他燃烧。如今您的左右近臣，都是手中有火星的人，而您始终不知道。钟鼓成排奏响音乐，持盾挥斧翩翩起舞，这时即使是圣人夏禹也无法禁止民众观看。助长了人们的欲望，却严格限制他们的视听，禁止他们的思想，这连圣人都难以做到，更何况剥夺了他们的财产使他们饥饿，劳役他们的体力使他们疲惫不堪，经常导致他们受苦还严厉地对待他们的诉讼、残酷地惩罚他们的罪过，这就不是我所能理解的了。"

景公欲杀犯所爱之槐者晏子谏第二

【题解】

　　一位寻常百姓,因为醉酒触碰了齐景公所钟爱的槐树,景公就要将他治罪。其女为救父亲,求见晏子,慷慨陈词。晏子为民请命,劝谏景公,严肃指出其行为属于暴、逆、贼,是要祸国殃民的,终于使景公收回成命。犯:侵犯。这里指触碰。

　　景公有所爱槐,令吏谨守之,植木县之①,下令曰:"犯槐者刑,伤槐者死。"有不闻令,醉而犯之者,公闻之曰:"是先犯我令。"使吏拘之,且加罪焉。

　　其子往晏子之家说曰②:"负郭之民贱妾③,请有道于相国④,不胜其欲⑤,愿得充数乎下陈⑥。"

　　晏子闻之,笑曰:"婴其淫于色乎⑦?何为老而见奔⑧?虽然,是必有故。"令内之⑨。

【注释】

　　①植:树立。县(xuán):"悬"的本字。这里指悬挂告示命令。

　　②子:这里指女儿。古代女儿也可称为"子"。

③负郭：意为住在城外。负，背靠。郭，通"郭"。古代城墙有内外
　　两层，内为城，外为郭。

④道：陈述。相（xiàng）国：官名，为百官之长，后来称为"丞相"。

⑤不胜：字面意思是禁不起、承受不下，形容程度很高，非常。

⑥充数乎下陈：意谓做晏子的侍妾。下陈，后列，后宫，贵族家庭中
　　姬妾侍女所住的地方。

⑦淫：放纵，沉迷。

⑧见奔：私奔于我。

⑨内（nà）：同"纳"，进入。

【译文】

　　齐景公有株珍爱的槐树，命令官吏小心地守护它，还立了个木桩悬挂着牌子，上有命令道："触碰了槐树要判刑，伤害了槐树要处死。"有个人没听说这个命令，喝醉酒后触碰了它，景公听说此事后说："他首先冒犯了我的禁令。"便让官吏把他拘押起来，并准备给他安上罪名。

　　这个人的女儿到晏子家诉说道："住在城外的卑贱女子，请求和相国说句话，我有个非常大的心愿，希望能在他的后院姬妾群中充个数。"

　　晏子听了，笑着说："我是这么沉迷女色吗？为什么这么老了还有女子私奔于我？即使这样，这其中也必有缘故。"令人放她进来。

　　女子入门，晏子望见之，曰："怪哉！有深忧。"进而问焉，曰："所忧何也？"

　　对曰："君树槐县令，犯之者刑，伤之者死。妾父不仁，不闻令，醉而犯之，吏将加罪焉。妾闻之，明君莅国立政①，不损禄，不益刑，又不以私恚害公法②，不为禽兽伤人民，不为草木伤禽兽，不为野草伤禾苗。吾君欲以树木之故杀妾父，孤妾身，此令行于民而法于国矣。虽然，妾闻之，勇士不

以众强凌孤独,明惠之君不拂是以行其所欲^③。此譬之犹自治鱼鳖者也,去其腥臊者而已^④;昧墨而与人比居,庚肆而教人危坐^⑤。今君出令于民,苟可法于国,而益善于后世,则父死亦当矣,妾为之收亦宜矣^⑥。甚乎! 今之令不然,以树木之故,罪法妾父,妾恐其伤察吏之法,而害明君之义也。邻国闻之,皆谓吾君爱树而贱人,其可乎? 愿相国察妾言以裁犯禁者。”

晏子曰:“甚矣! 吾将为子言之于君。”使人送之归。

【注释】

①莅国:统治国家。

②恚(huì):愤恨。

③拂:违背。是:正确。

④“此譬”二句:意为好比烹调鱼鳖,只是去除腥味臊气,而不会把其他也抛弃;仁君治国,只是惩罚真正有害的人,而不会把无辜的人也加以惩罚。

⑤“昧墨”二句:大意是好比黑暗中要与他人共处,实难安心;在露天的店铺中要求人家端坐不动,也是苛求于人的。景公为区区一株槐树,立此禁令,其行为已属荒唐;小民不知禁令,又因酒醉,偶然触碰一下,就要加罪于人,这也太苛刻了。昧墨,昏暗,黑暗。比,并列。居,处在。庚,露天。肆,店铺。危坐,端坐。按:此二句语意不明,以上解释,实为牵强。这两句可能是古语,或别有寓意。一说这两句可能是由于错简而混杂进来的。

⑥收:指收尸。

【译文】

女子进门,晏子望见她,说:“奇怪啊! 她好像有很深的忧愁。”她进了屋,晏子询问她,说:"你所忧愁的是什么事情?"

女子回答道:"君王种了槐树悬挂着禁令,说触碰它的人要判刑,伤害它的人要处死。我的父亲无仁德,没听说命令,喝醉了酒后触碰了它,官吏将要给他定罪。我听人说,贤明的国君治国行政,不减少福禄,不增加刑罚,而且不因为一己私愤而损害国家法令,不因为禽兽而伤害百姓,不因为草木而伤害禽兽,不因为野草而伤害禾苗。我们君王要为了一株树而杀我的父亲,使我成为孤女,这条命令就在民众中实行并成为国家法令了。即使这样,我还是听说,勇士不仗着人多势强而欺凌孤单弱小的人,贤明仁惠的君王不会违背正理而为所欲为。这就好比是亲手烹调鱼鳖,只是去除其腥味臊气而已;又好比是黑暗中却要与他人共处,或是在露天的店铺中却要求人家端坐不动。如今君王向百姓颁布命令,如果能成为国家法令,而且对后世更有好处,那么我父亲的死也是应当的,我为他收尸也是应该的。太糟糕了!如今国君的命令不是这样,因为一株树的缘故,就要定罪加法于我父亲,我担心这样会伤害明察秋毫的官吏手中的法令,并损害了贤明君王的仁义之心。邻国诸侯听说了这事,都会说我们的君王珍爱树木而轻贱人,这样合适吗?但愿相国明察我的话以裁决触犯禁令的人。"

晏子说:"太过分了!我将在国君面前为你说说。"派人把她送了回去。

明日,早朝而复于公曰①:"婴闻之,穷民财力以供嗜欲谓之暴,崇玩好、威严拟乎君谓之逆②,刑杀不称谓之贼③。此三者,守国之大殃也。今君穷民财力,以美饮食之具,繁钟鼓之乐,极宫室之观,行暴之大者;崇玩好,县爱槐之令,载过者驰④,步过者趋⑤,威严拟乎君,逆民之明者;犯槐者刑,伤槐者死,刑杀不称,贼民之深者。君享国,德行未见于众⑥,而三辟著于国⑦,婴恐其不可以莅国子民也⑧。"

公曰:"微大夫教寡人⑨,几有大罪以累社稷⑩。今子大夫教之,社稷之福,寡人受命矣。"

【注释】

①复:禀报。

②拟:比拟,与之相等。意谓一区区玩物,竟然有和国君同等的威严程度。

③称(chèn):适当。

④载:乘车。

⑤趋:小步快走。

⑥见(xiàn):同"现",显现。

⑦辟:邪僻。

⑧子民:以民为子,即统治人民。

⑨微:无,假如没有。

⑩几:几乎,差点儿。

【译文】

第二天,晏子上早朝时禀报景公说:"我听人说,穷尽百姓的财物劳力以满足自己的嗜好欲望叫做暴虐,崇尚喜好的玩物、并使它具有和国君同等的威严叫做违逆,刑罚杀戮不适当叫做残害。这三样,是影响您保有国家的大祸殃。如今您穷尽百姓的财物人力,使自己的饮食十分精美,钟鼓音乐十分繁富,宫殿的华丽景观登峰造极,这是实行最大的暴虐;崇尚喜好的玩物,在珍爱的槐树上悬挂命令,规定乘车经过的要快马奔驰,步行经过的要小步快跑,槐树的威严等同于国君,这是明显的违背民心;触碰槐树的要被刑罚,伤害槐树的要被处死,刑罚杀戮不适当,这是严重的残害百姓。您享有这个国家,仁德善行没在百姓面前显现,而这三种邪僻行为却在国内十分显著。我担心您这样是不能治理国家统治民众的。"

景公说："要不是大夫您教诲寡人，我几乎要犯下大罪而连累国家了。现在大夫您教诲我，这是国家的福气，寡人接受您的指教了。"

晏子出，公令吏罢守槐之役，拔置县之木，废伤槐之法，出犯槐之囚。

【译文】

晏子出了朝廷，景公命令官吏撤除守护槐树的差役，拔掉悬挂命令的木桩，废除关于伤害槐树的法令，把触碰槐树的囚犯释放了。

景公逐得斩竹者囚之晏子谏第三

【题解】

有人砍了齐景公种的竹子，景公追捕了他，并要将他治罪。晏子以先君仁爱宽厚待民的事迹教育景公，让景公释放了砍竹者。

景公树竹，令吏谨守之。公出，过之，有斩竹者焉。公以车逐，得而拘之，将加罪焉。

【译文】

齐景公种了竹子，命令官吏小心看守着。景公出行时，路过那里，发现有人在砍伐竹子。景公乘车追赶，把砍竹人抓住并拘押了起来，准备给他定罪。

晏子入见，曰："君亦闻吾先君丁公乎^①？"

公曰："何如？"

晏子曰："丁公伐曲城^②，胜之，止其财^③，出其民。公日自莅之^④。有舆死人以出者^⑤，公怪之，令吏视之，则其中有金与玉焉。吏请杀其人，收其金玉。公曰：'以兵降城，以众图财，不仁。

且吾闻之，人君者，宽惠慈众，不身传诛。'令舍之。"

【注释】

①丁公：齐国开国君主姜太公之子，名伋，继太公之后为齐君，谥"丁"，故称。按：据《史记·齐太公世家》载："盖太公之卒百有余年，子丁公吕伋立。"则父子相隔一百多年，似乎不可能。

②曲城：地名，在今山东掖县东北。

③止：扣留，防止外流。

④日：天天。苂：苂临。这里指前往监督察看。

⑤舆：车。这里作动词，意为用车装载。

【译文】

晏子入朝进见，说："您也曾听说过我们的先君丁公的事情吧？"

景公说："怎么呢？"

晏子说："丁公讨伐曲城，得胜后，扣留了那里的财物，把城里的百姓迁出去。丁公每天亲自前往监督。有人用车装载死人出城，丁公觉得可疑，命令官吏前去察看，发现车里藏着金和玉。官吏请求杀了这个人，没收他的金玉。丁公说：'用武力征服了城堡，凭着人多图谋人家的财物，这已是不仁义的了。况且我听说，做君王的，应该宽厚恩惠对民众仁慈，不亲自传发诛杀之令。'下令把那人放了。"

公曰："善！"晏子退，公令出斩竹之囚。

【译文】

景公说："您说得好！"晏子退出，景公下令放出砍竹子的囚犯。

景公以抟治之兵未成功将杀之
晏子谏第四

【题解】

　　齐景公令士兵制作陶坯，由于饥寒而未能如期完成，景公要杀两名士兵。晏子巧借庄公之事，玩弄概念，终于让景公收回成命。抟（tuán）治：治，通"埴"，抟埴，捏黏土做成陶器的坯子。

　　景公令兵抟治，当腊冰月之间而寒①，民多冻馁，而功不成。公怒曰："为我杀兵二人。"晏子曰："诺。"

　　少为间②，晏子曰："昔者先君庄公之伐于晋也③，其役杀兵四人。今令而杀兵二人，是杀师之半也④。"

　　公曰："诺！是寡人之过也。"令止之。

【注释】

①腊冰月：腊月和冰月，即夏历十二月和十一月。

②为：当为衍文。

③庄公：齐庄公，景公的异母兄、前任国君。

④师：军队。

【译文】

齐景公令士兵捏黏土做陶坯，时值十一、十二月之间天气寒冷，多数人挨饿受冻，所以事情没做成。景公发怒道："给我杀了两个士兵。"晏子说："好。"

一会儿，晏子说："当年先君庄公攻打晋国时，那场战役杀了四个士兵。如今您命令杀两个士兵，这是杀了军队的一半。"

景公说："对！这是寡人的过错。"下令停止杀士兵。

景公冬起大台之役晏子谏第五

【题解】

齐景公趁晏子出使时，大兴土木修建高台。晏子回来后，饮酒悲歌，劝谏景公停止工程；然后故意鞭打民工，把百姓的怨恨引到自己身上，把停止工程之事完全归功于景公，以此树立和维护景公的威望。大台：高台，上有宫殿楼阁，用以登临观赏朝拜娱乐等。役：劳役。

晏子使于鲁，比其返也①，景公使国人起大台之役。岁寒不已，冻馁之者乡有焉②，国人望晏子③。

【注释】

①比：等到。

②冻馁（něi）之：为之冻馁。馁，饿。之，此，指大台之役。乡：每个乡。

③望：盼望。

【译文】

晏子出使到鲁国，等到他回来时，发现景公已经令国内百姓大兴建造大台的劳役。当时天气严寒不止，为此而挨饿受冻的人每乡都有，所以国人都盼望晏子早点儿回来。

晏子至，已复事，公延坐①，饮酒乐。晏子曰：“君若赐臣②，臣请歌之。”歌曰庶民之言曰③：“冻水洗我，若之何！太上靡散我④，若之何！”歌终，喟然叹而流涕⑤。

公就止之曰⑥：“夫子曷为至此？殆为大台之役夫⑦！寡人将速罢之。”

【注释】

①延：请。

②赐：赐予机会，恩准。

③庶民：民众。

④太上：对国君的尊称。靡散：倒毙散灭。这里意为置人于死地。

⑤喟（kuì）然：叹息的样子。

⑥就：一本无此字，当为衍文。

⑦殆：大概。

【译文】

晏子来到景公跟前，回复完差事后，景公请他坐下，愉快地饮酒。晏子说：“您如果能恩准下臣，下臣请求为您唱支歌。”于是唱着百姓们的话：“冰冻的水浸洗着我，怎么办啊！君王让我没法活，怎么办啊！”唱完了歌，叹息着流下了泪水。

景公制止他说：“先生您为什么这么悲伤？大概是为了大台劳役的事吧？寡人将马上把它停止。”

晏子再拜①，出而不言。遂如大台②，执朴鞭其不务者③，曰：“吾细人也④，皆有盖庐以避燥湿⑤，今君为一台而不速成，何以为役？”国人皆曰：“晏子助天为虐⑥。”

晏子归，未至，而君出令趣罢役⑦，车驰而人趋⑧。

【注释】

①再:两次。

②如:前往。

③朴:棍棒。鞭:打。务:勉力,卖力。

④细人:小人。指地位卑下的人。

⑤盖庐:当为"盍庐"之误。盍(hé),通"阖",阖庐,房屋。

⑥天:这里意指双关,既指天(寒冷),也指景公(暴虐)。

⑦趣(cù):赶快。

⑧车:指传达景公命令的官吏的车子。人:指服役的百姓。趋:快
步跑向。

【译文】

　　晏子作了两揖,没说什么就出去了。于是来到大台工地,手持棍棒
鞭打那些干活不卖力的人,说:"我们都是卑下的小人,也都有房屋以避
免燥热潮湿,可是如今国君要建个台却不能快点建成,你们是怎么工作
的?"国人都说:"晏子是在帮助老天施行暴虐。"

　　晏子回来,还没走到,而景公就已经发出命令赶快停止劳役,传令
官吏的车子在前奔驰人们也都跟着奔跑。

　　仲尼闻之①,喟然叹曰:"古之善为人臣者,声名归之君,
祸灾归之身,入则切磋其君之不善,出则高誉其君之德义②,
是以虽事惰君③,能使垂衣裳、朝诸侯④,不敢伐其功⑤。当
此道者⑥,其晏子是耶⑦!"

【注释】

①仲尼:即孔子,字仲尼。

②誉:赞誉。

③事：服事，侍奉。惰：懈怠无能。

④垂衣裳（cháng）：古人穿着，上为衣，下为裳，衣裳下垂，即无所动作，形容无为而治（无须作为而天下大治）。朝诸侯：使诸侯来朝拜，即称霸诸侯。

⑤伐：自夸。

⑥当：符合，担得起。

⑦其：大概。

【译文】

孔子听说这事，叹息着说："自古善于做臣子的，总是把好名声归于君王，把灾祸归于自身，入朝就和君王切磋商讨君王的不善之处，出朝就高度赞誉君王的美德仁义，所以即使是侍奉懈怠无能的国君，也能使他轻松治国、称霸诸侯，而不夸耀自己的功劳。能担得起这个为臣之道的，大概只有晏子了！"

景公为长庲欲美之晏子谏第六

【题解】

　　齐景公想修建豪华高台,晏子作歌悲唱民间疾苦,使景公打消了荒唐的念头。长庲(lái):台名。

　　景公为长庲,将欲美之。有风雨作,公与晏子入坐饮酒,致堂上之乐①。酒酣,晏子作歌曰:"穗兮乎不得获,秋风至兮殚零落②,风雨之拂杀也③,太上之靡弊也④。"歌终,顾而流涕,张躬而舞⑤。

　　公就晏子而止之曰⑥:"今日夫子为赐而诚于寡人⑦,是寡人之罪。"遂废酒,罢役,不果成长庲⑧。

【注释】

①堂上之乐:指乐工在堂上奏乐歌诗。

②殚:竭尽。

③拂杀:摧残。拂,掠。

④太上:对国君的尊称。靡弊:倒毙,败坏。这里意为残害。

⑤张:舒张。躬:身体。

⑥就：靠近。

⑦为赐：指晏子作歌舞来赐教。

⑧果：结果，成为事实。

【译文】

　　齐景公建长庲之台，想要建得很漂亮。有一天风雨大作，景公和晏子进屋闲坐饮酒，召来乐工在堂上奏乐。饮酒酣畅时，晏子作歌唱道："禾穗啊颗粒无收，秋风吹来啊尽零落，风雨来摧折啊，君王来残害啊！"唱完了歌，晏子转过头流下了泪水。

　　景公走近晏子制止他说："今天先生您作歌相赐告诫寡人，这是寡人的罪过。"于是撤了酒席，停止了徭役，最终没建成长庲台。

景公为邹之长涂晏子谏第七

【题解】

    齐景公接二连三地大兴土木，百姓不堪其繁重的劳役。晏子以楚灵王的历史教训告诫景公，不能过度耗费民力民财，否则不但自己得不到好处，还可能身败名裂。邹之长涂：通往邹地的长途通道。邹，诸侯国名，在今山东邹县一带。涂，同"途"。

    景公筑路寝之台①，三年未息；又为长庲之役②，二年未息；又为邹之长涂。

【注释】

    ①路寝：古代君王处理政事的宫室，又称"正寝"。台：高台，上有宫殿楼阁，用以登临观赏朝拜娱乐等。

    ②长庲(lái)：台名。役：劳役。

【译文】

    齐景公修建正寝宫殿的高台，历时三年而不停止；又兴起修建长庲台的劳役，历时两年尚未停止；又要修建通往邹国的长途通道。

    晏子谏曰："百姓之力勤矣！公不息乎？"

公曰："涂将成矣，请成而息之。"

对曰："君屈民财者，不得其利；穷民力者，不得其乐。昔者楚灵王作顷宫^①，三年未息也；又为章华之台^②，五年又不息也；乾溪之役^③，八年，百姓之力不足而息也。灵王死于乾溪^④，而民不与归^⑤。今君不遵明君之义，而循灵王之迹，婴惧君有暴民之行，而不睹长庥之乐也，不若息之。"

【注释】

①楚灵王：春秋时楚国国君，原名"围"，即位后改名"虔"，公元前541 至 529 年在位，是楚国历史上有名的暴君。顷宫：占地一顷的大宫殿。一说即"倾宫"，巍峨的宫殿。

②章华之台：即章华台，楚王离宫名，楚灵王五年（前 535）建成，"台高十丈，广十五丈"（郦道元《水经注·沔水》），工程浩大，豪华奢靡，是古代著名的建筑物，在今湖北潜江西南（1984 年在湖北潜江西南龙湾镇发现一处东周文化遗址，经有关专家论证，多认为即章华台遗址）。

③乾溪：地名，春秋时楚国东境，在今安徽亳州东南。役：徭役。《史记·楚世家》："十二年春，楚灵王乐乾溪，不能去也。国人苦役。"陆贾《新语·怀虑》："楚灵王……作乾溪之台，立百仞之高，欲登浮云，窥天文。"沈括《梦溪笔谈·辨证二》："亳州城父县有乾溪，其侧亦有章华台，故台基下往往得人骨，云楚灵王战死于此。"疑当初楚灵王曾在乾溪大兴劳役，建造大型宫殿，甚至可能模仿原章华台另建于此，并袭用其名。

④"灵王"句：公元前 530 年，楚灵王为攻打吴国，率军驻扎乾溪，但由于他暴虐无道，众叛亲离，次年，王室内部叛乱，他逃往山中，饿了三天，最后自缢而亡，即所谓"乾溪之难"。

⑤与:许。

【译文】

晏子劝谏道:"百姓们太劳苦了! 您还不停止吗?"

景公说:"通道即将修成,请等修完了再停止吧。"

晏子回答说:"君王如果竭尽了民财,自己也不能从中得到利益;穷尽了民力,自己也不能从中获得快乐。当年楚灵王修建浩大巍峨的宫殿,历时三年不停歇;又修建章华台,又是历时五年不停止;乾溪工程,历时八年,因为百姓无力完成而停止。楚灵王死在了乾溪,是人们不许他回去。如今您不遵循贤明君王的仁义,却跟随着楚灵王的足迹,我真害怕您有的是残害百姓的行为,而看不到长庥台上的欢乐场面,还不如把工程停止了。"

公曰:"善! 非夫子,寡人不知得罪于百姓深也。"于是令勿委坏①,余财勿收,斩板而去之②。

【注释】

①勿委坏:意为对于已经修建成的部分,就姑且保留,不必遗弃毁坏。

②斩板:古人筑路筑墙,类似如今民间做法,夹以木板,用绳子固定,中间填土夯实。所谓"斩板",当指斩断绳子,撤除夹板,表示停止工程。去之:意为让服役的百姓离开工地回家。

【译文】

景公说:"说得好! 不是先生您,寡人真不知道得罪百姓竟有这么深。"于是下令不要遗弃毁坏已修的工程,尚未征收的财物也不再征收,砍断绳索撤除夹板,让服役的百姓离开工地回家。

景公春夏游猎兴役晏子谏第八

【题解】

齐景公在春夏农忙季节进行游猎和修建工程,并以年事无多想随心所欲为由,拒绝晏子的劝谏。晏子则以周文王和楚灵王的正反事例,劝告景公要以国家社稷为重。

景公春夏游猎,又起大台之役①。晏子谏曰:"春夏起役,且游猎,夺民农时②,国家空虚,不可。"

景公曰:"吾闻相贤者国治③,臣忠者主逸。吾年无几矣,欲遂吾所乐④,卒吾所好,子其息矣。"

【注释】

①大台:高台,上有宫殿楼阁,用以登临观赏朝拜娱乐等。

②夺民农时:意为劳役、游猎,均需征用劳力,就会使百姓失去耕种时机。

③相(xiàng):相国。

④遂:尽,终。这里意为终其一生,尽情享受。下句的"卒",意同。

【译文】

齐景公于春夏期间出游打猎,还大兴修建高台的劳役。晏子劝谏道："在春夏季节大兴劳役，再加出游打猎，会侵夺百姓的农耕时机，导致国家空虚，不能这样。"

景公说："我听说国相贤明则国家大治，臣子忠心则主上安逸。我的年岁没有多少了，想尽享一生欢乐爱好，您还是算了吧。"

晏子曰："昔文王不敢盘游于田①，故国昌而民安。楚灵王不废乾溪之役②，起章华之台，而民叛之。今君不革③，将危社禝④，而为诸侯笑。臣闻忠臣不避死，谏不违罪⑤。君不听臣，臣将逝矣。"

景公曰："唯唯⑥，将弛罢之⑦。"未几，朝韦冏解役而归⑧。

【注释】

①文王：即周文王，名姬昌，商末周部族领袖，在位期间，励精图治，国势强盛。后来其子姬发（周武王）继承其志，一举灭商。盘游：流连，游乐。田：打猎。

②"楚灵王"三句：见前则《景公为邹之长涂晏子谏第七》注。

③革：革除，改变。

④社禝：同"社稷"，国家。

⑤违：避。

⑥唯唯：应答之声，表示听从。

⑦弛：抛弃。

⑧朝：召，召唤。韦冏(jiǒng)：人名，景公臣。解役：指解除大台之役以及为景公游猎所需的劳役。

【译文】

晏子说："从前周文王不敢流连于狩猎之乐，所以国家昌盛百姓安定。楚灵王不解除在乾溪的劳役，建造章华高台，所以百姓背叛了他。现在您如果不改正，就将危害国家，而被各国诸侯耻笑。我听说忠臣不怕死，劝谏不避获罪。您不听下臣的劝谏，下臣就要离开您了。"

景公说："好的好的，我将解除停止这些劳役。"没过多久，他就召来韦同，让他解除劳役，自己也回朝了。

景公猎休坐地晏子席而谏第九

【题解】

古人依礼须席地而坐，而齐景公在打猎休息时，直接坐在地上。晏子则拔草为席，并以有忧才不席的道理，劝谏景公不可直接坐地，其实是教育景公，哪怕是在随便的场合、日常小事上，也要依礼而行，不可轻慢忽略。

景公猎休，坐地而食，晏子后至，灭葭而席①。公不说，曰："寡人不席而坐地，二三子莫席②，而子独搴草而坐之③，何也？"

晏子对曰："臣闻介胄坐陈不席④，狱讼不席⑤，尸坐堂上不席⑥，三者皆忧也。故不敢以忧侍坐。"

公曰："善。"令人下席曰："大夫皆席，寡人亦席矣。"

【注释】

①葭(jiā)：初生的芦苇。

②二三子：指随行的其他大臣。

③搴(qiān)：拔取。

④介胄:武士的铠甲和头盔。这里意为全副武装。坐陈(zhèn):守
　　在阵地。陈,"阵"的古字。

⑤狱讼:打官司。

⑥尸:古代祭祀时代表死者受祭的活人。

【译文】

齐景公打猎时休息,坐在地上吃东西,晏子后到,拔了芦苇当席子
坐。景公不高兴,说:"寡人没垫席子而坐在地上,其他大夫也没垫席
子,而唯独您拔草垫着坐,这是为什么?"

晏子回答道:"下臣我听说全副武装守于阵地时不坐席子,打官司
时不坐席子,坐在堂上代死者受祭时不坐席子,这三者都是有忧愁的。
所以我不敢以忧愁陪坐。"

景公说:"说得好。"令人铺下席子,说:"大夫们都坐席子,寡人也坐
席子。"

景公猎逢蛇虎以为不祥晏子谏第十

【题解】

　　齐景公打猎时看到了虎和蛇，以为是不祥。晏子趁机告诉他，一个国家真正的不祥是在用人方面，至于打猎时遇见虎蛇，是完全正常的。

　　景公出猎，上山见虎，下泽见蛇①。归，召晏子而问之曰：“今日寡人出猎，上山则见虎，下泽则见蛇，殆所谓不祥也②？”

　　晏子对曰：“国有三不祥，是不与焉③。夫有贤而不知，一不祥；知而不用，二不祥；用而不任④，三不祥也。所谓不祥，乃若此者。今上山见虎，虎之室也；下泽见蛇，蛇之穴也。如虎之室⑤，如蛇之穴，而见之，曷为不祥也！”

【注释】

　　①泽：沼泽，洼地。

　　②殆：大概，恐怕。

　　③是：指上山见虎、下泽见蛇之事。与：参与，在其中。

　　④任：委以重任。

⑤如：前往，去。

【译文】

　　齐景公外出打猎，上山时看到了虎，下到洼地时看到了蛇。回来后，他召来晏子询问道："今天寡人外出打猎，上山时看到了虎，下到洼地时看到了蛇，这大概就是所谓不吉祥吧？"

　　晏子回答说："国家有三种不吉祥之事，您所说的不在其中。有了贤良之人而您却不知道，这是第一个不吉祥；知道了却不用，这是第二个不吉祥；用了却不委以重任，这是第三个不吉祥。所谓不吉祥，就是像这样的。如今您上山见了虎，那是因为有虎穴；下到洼地见了蛇，那是因为有蛇窝。您到了虎穴，到了蛇窝，于是看到了虎和蛇，这算什么不吉祥！"

景公为台成又欲为钟晏子谏第十一

【题解】

　　齐景公建了高台，又要铸钟，晏子劝谏他，这样做要增加赋税，是把自己的快乐建筑在百姓的哀痛上，非治国之道。

　　景公为台，台成，又欲为钟。晏子谏曰："君国者不乐民之哀①。君不胜欲②，既筑台矣，今复为钟，是重敛于民③，民必哀矣。夫敛民之哀而以为乐，不祥，非所以君国者。"公乃止。

【注释】

　　①君国：为一国之君，即当国君。
　　②不胜：禁不住，形容程度极高。
　　③敛：征收赋税。

【译文】

　　齐景公修建高台，高台建成后，又想铸造大钟。晏子劝谏道："做国君的人不以百姓的哀痛为快乐。您的欲望太强烈，已经筑成高台了，现在还要铸钟，这就要对百姓加重征收赋税，百姓必然要哀痛。征收百姓的哀痛而以此为快乐，这是不吉祥的，不是为君之道。"景公于是放弃了铸钟的念头。

景公为泰吕成将以燕飨晏子谏第十二

【题解】

　　齐景公铸成了大钟，想饮酒庆贺。晏子劝谏他，要依照礼制，先祭祀先君，并晓以礼制的重要性。泰吕：即"大吕"，钟名。古人把一个八度的乐音分为黄钟、大吕等十二个不同音高的标准音，称为"十二律"。音协大吕之律的钟，也叫"大吕（泰吕）"。燕：通"宴"，宴饮。古人视铸钟为大事，故须祭祀祖先，宴饮庆祝。

　　景公为泰吕成，谓晏子曰："吾欲与夫子燕。"对曰："未祀先君而以燕，非礼也。"公曰："何以礼为？"对曰："夫礼者，民之纪[1]，纪乱则民失，乱纪失民，危道也。"公曰："善。"乃以祀焉。

【注释】

　　[1] 纪：伦理纲常，制度规范。伦理制度乱了，就无法统治百姓，就等于失去百姓，所以下文说"纪乱则民失"。

【译文】

　　齐景公铸成了大吕钟，对晏子说："我想和先生您宴饮庆祝一番。"晏子说："还没祭祀先君就要为此宴饮，这不符合礼。"景公说："要礼做什么?"晏子回答说:"礼,是百姓的伦理纲常,伦理纲常乱了就会失去百姓,乱了纲常失去百姓,这是危险的道路。"景公说:"您说得好。"于是为此举行了祭祀。

景公为履而饰以金玉晏子谏第十三

【题解】

齐景公做了双鞋子，只求豪华奢侈而不求保暖舒适。晏子从服饰与生理的关系进行分析，又上升到政治高度，指出这种行为的三大罪过，并把制鞋的工匠驱逐出了齐国。表面上是批评惩罚工匠，实际上是在教育景公。履(lǚ)：鞋子。

景公为履，黄金之綦①，饰以银，连以珠，良玉之絇②，其长尺，冰月服之以听朝③。

【注释】

①綦(qí)：鞋带。

②絇(qú)：鞋头的装饰物。

③冰月：夏历十一月。服：穿。

【译文】

齐景公做了双鞋子，黄金做鞋带，装饰着银子，连缀着珍珠，还用上好的美玉装饰鞋头，鞋子长达一尺，在寒冷的十一月，景公穿着它上朝听政。

晏子朝，公迎之，履重，仅能举足，问曰："天寒乎？"

晏子曰："君奚问天之寒也？古圣人制衣服也，冬轻而暖，夏轻而清^①。今金玉之履，冰月服之，是重寒也^②；履重不节^③，是过任也^④，失生之情矣。故鲁工不知寒温之节、轻重之量^⑤，以害正生，其罪一也；作服不常，以笑诸侯，其罪二也；用财无功，以怨百姓，其罪三也。请拘而使吏度之^⑥。"

公曰："鲁工苦，请释之。"

晏子曰："不可。婴闻之，苦身为善者，其赏厚；苦身为非者，其罪重。"公不对^⑦。晏子出，令吏拘鲁工，令人送之境，使不得入。

【注释】

①清（qìng）：凉。

②重（chóng）：双倍。

③不节：指超过了常规，不适度。节，尺度，分寸。

④任：负担。

⑤鲁工：指为景公制鞋的鲁国工匠。

⑥度（duó）：衡量，审察。这里指审察衡量鲁工的罪过以决定惩罚。

⑦不对：意为无言以对。

【译文】

晏子上朝，景公迎接他，鞋子太重，只能把脚抬起来，他问晏子："天很冷吗？"

晏子说："您何必要问天冷不冷呢？古代圣人制作衣裳服饰，冬天的是轻而暖和，夏天的是轻而凉爽。如今这金玉装饰的鞋子，在十一月穿它，是加倍的寒冷；鞋子的重量不适度，是超过了身体负担，这些都损害了生理的常情。所以这位制鞋的鲁国工匠不知道掌握冷热的尺度、

轻重的分量，因此损害了人的正常生性，这是他的第一项罪过；制作服
饰不合常规，让天下诸侯嘲笑，这是他的第二项罪过；耗用财物却没有
功效，因此让百姓怨恨，这是他的第三项罪过。请把他抓起来让官吏衡
量定罪。"

　　景公说："鲁国工匠很辛苦，请放了他。"

　　晏子说："这不行。我听说，劳苦自身做好事的，给他的奖赏要优
厚；劳苦自身做坏事的，他的罪名就要加重。"景公无言以对。晏子出
门，命令官吏拘押了鲁国工匠，派人把他送到边境，使他无法进到齐国。

　　公撤履，不复服也。

【译文】

　　景公脱了那双鞋子，再也不穿了。

景公欲以圣王之居服而致诸侯
晏子谏第十四

【题解】

齐景公以为只要效法圣人贤王的服饰和居室，就可以称霸诸侯了。晏子对他列举分析了历代圣王的事迹，告诫景公，要效法他们节俭务实、仁德爱民的良好作风，不要舍本逐末，片面追求服饰居室的豪华奢侈。

景公问晏子曰："吾欲服圣王之服①，居圣王之室，如此，则诸侯其至乎②？"

晏子对曰："法其节俭则可，法其服室，无益也。三王不同服而王③，非以服致诸侯也④，诚于爱民，果于行善⑤，天下怀其德而归其义⑥，若其衣服节俭而众说也。夫冠足以修敬⑦，不务其饰；衣足以掩形，不务其美。衣不务于隅差之削⑧，冠无觚赢之理⑨，身服不杂彩，首服不镂刻。且古者尝有纵衣挛领而王天下者⑩，其政好生而恶杀，节上而羡下⑪，天下不朝其服⑫，而共归其义。古者尝有处橧巢窟穴而王天下者⑬，其政而不恶⑭，予而不取⑮，天下不朝其室，而共归其仁。及三代作服⑯，为益敬也。首服足以修敬，而不重也；身服足以行洁，而不害于动作。服之轻重便于身，用财之费顺于民。其不为橧巢者，以避风也；其不为窟穴者，以避湿也。是故明堂之制⑰，下之润湿不能及也，上之寒暑不能入也，土事不文⑱，木事不镂，示民知节也。及其衰也，衣服之侈过足以敬，宫室之美过避润湿，用力甚多，用财甚费，与民为雠⑲。今君欲法圣王之服室，不法其制，法其节俭也，则虽未成治，庶其有益也⑳。今君穷台榭之高、极污池之深而不止㉑，务于刻镂之巧、文章之观而不厌㉒，则亦与民为雠矣。若臣之虑，恐国之危而公不平也㉓。公乃愿致诸侯，不亦难乎！公之言过矣。"

【注释】

①服：前一个"服"是动词，穿；后一个"服"是名词，服饰。

②至：来到。这里意为归附。

③三王：指夏、商、周三代的开国君主夏禹、商汤和周文王、周武王。王（wàng）：成就王业，统治天下。

④致：招致。这里意为使其归附。

⑤果：成为事实，确实。

⑥归：归向，向往。

⑦修：修养。敬：庄重恭敬。

⑧"衣不务"句：意为古人质朴，衣裳用整幅布制成，不会为了合身美观而裁去斜边差角。隅，边角。差，邪。

⑨觚（gū）嬴（luó）：指帽子上的各种花纹。觚，棱角，指方形花纹。嬴，同"螺"，指螺形花纹。理：纹理。

⑩绂（zhì）：补缀。挛（luán）领：卷领，翻领。意谓衣领形制随便。

王（wàng）：成就王业，统治天下。

⑪上：指在上的统治者。羡：盈余。下：指在下的老百姓。

⑫朝：朝拜，顺服。

⑬橧（zēng）巢：积聚薪柴而造成的巢形居处。

⑭"其政"句：文字当有脱误，《路史·因提纪》注引作"其仁爱而不恶"，当从。

⑮予：给予，指施惠于百姓。取：索取。

⑯三代：即夏、商、周三个朝代。

⑰明堂：古代天子宣明政教、举行大典的地方。

⑱土事：指土石工程。文：描画花纹。

⑲雠：同"仇"。

⑳庶：或许。

㉑穷：穷极，到了极限。榭（xiè）：建于高台上的敞屋。洿（wū）池：小池。

㉒文章：花纹。厌：满足。

㉓不平：不安。

【译文】

齐景公问晏子道："我想穿上圣贤之王的服饰，居住在圣贤之王的房子里，这样，各国诸侯会来归附吗？"

晏子答道："效法他们的节俭是可以的，如果只是效法他们的服饰房子，就没什么好处。夏商周三代贤王不同服饰而都能统治天下，不是以服饰招致诸侯，而是真诚地爱护百姓，确实地施行善事，天下人感念他们的德行而向往他们的仁义，如果他们的衣裳服饰很节俭人们也会喜欢他们。帽子只求足以培养人的庄重恭敬，不必努力追求它的装饰；衣服只求足以遮盖形体，不必努力追求它的华美。衣服不必尽力去裁剪斜边差角，帽子不必尽力去装饰方圆交错的纹理，身上的服饰不要有繁杂的色彩，头上的服饰也不要精雕细刻。况且古代曾有穿着补缀翻领的衣服而统治天下的君王,他们的从政原则是爱好生灵而厌恶杀戮,在上的节俭而使在下的富裕,天下人不是顺服于他们的服饰,而是共同归附于他们的道义。古代曾有居住在柴棚洞穴而统治天下的君王,他们的仁德是爱护人而不厌恶人,只会施惠而不向百姓索取,天下人不是顺服于他们的房屋,而是共同归附于他们的仁德。到了夏商周三代制作服饰,是为了加强庄重恭敬。头上的服饰只是足以培养庄重恭敬,而不过于沉重;身上的服饰只是足以让行为更加高洁,而不妨碍身体动作。服饰的轻重在于方便身体,使用财物的费用在于顺应民心。他们之所以不造柴棚,是为了躲避风雨;之所以不造洞穴,是为了避免潮湿。所以明堂的形制,只求地下的湿润潮气不能上来,上面的寒暑之气不能进入,土工不描花纹,木工不加雕刻,这是向百姓显示懂得节俭。到了他们衰败时,衣裳服饰的奢侈超过了足以培养庄重恭敬的限度,宫殿房屋的华美超过了只求躲避潮湿的限度,使用民力非常多,使用财物非常浪费,与百姓结为仇敌。如今您想效法圣王的服饰宫室,不效法他们服饰宫室的形制,而是效法他们的节俭品德,虽然未必能治理好,或许还是有益的。可是如今您把高台楼阁建得极高、把水池修得极深还嫌不够,尽力于雕刻的技巧、花纹的美观还不满足,这也是与百姓结为仇敌的。如果按照我的想法,恐怕是国家危险,而您也不得安宁。您竟然还想让各国诸侯前来归附,这不是太难了吗!您的话错了。”

景公自矜冠裳游处之贵晏子谏第十五

【题解】

齐景公修建了豪华的宫室池苑,身着奇装异服,自以为霸业已成。晏子对他指出,这些都只是歪门邪道,是丧失灵魂的表现,根本谈不上霸业,并告诫景公要去除身边的小人,以免受到蛊惑。

景公为西曲潢①,其深灭轨②,高三仞③,横木龙蛇,立木鸟兽。公衣黼黻之衣、素绣之裳④,一衣而五采具焉,带球玉而冠且⑤,被发乱首⑥,南面而立,傲然。

【注释】

①西曲潢(huáng):当为水池名。潢,积水池。

②轨:车轴头。

③高三仞:此句当有脱文,从下文看,应指水池边修建的宫室的高度。仞,古代长度单位,一仞约等于八尺。

④黼黻(fǔfú):古代礼服上所绣的花纹,黑白相间的叫"黼",青黑相间的叫"黻"。裳(cháng):古人穿衣,上为衣,下为裳。

⑤球:美玉。且:当作"组",丝绳。

⑥被(pī):披。

【译文】

齐景公建成了西曲池,池深能淹没车轴,池边的宫室高达二十四尺,室中的横木上都雕画着龙蛇,直木上都雕画着鸟兽。景公身穿黑白图案的上衣、白底绣花的下裳,一身衣裳五彩具备,衣带上装饰着美玉帽子上装饰着丝带,头发披散蓬乱,脸朝南站着,一副高傲的神情。

晏子见,公曰:"昔仲父之霸何如①?"晏子抑首而不对②。公又曰:"昔仲父之霸何如?"

晏子对曰:"臣闻之,维翟人与龙蛇比③。今君横木龙蛇,立木鸟兽,亦室一就矣④,何暇在霸哉!且公伐宫室之美⑤,矜衣服之丽⑥,一衣而五采具焉,带球玉而冠且,被发乱首,亦室一容矣⑦。万乘之君⑧,而壹心于邪,君之魂魄亡矣,以谁与图霸哉?"

【注释】

①仲父:人名,即管仲,春秋时政治家,辅佐齐桓公称霸诸侯,桓公尊他为"仲父"。

②抑首:低头。

③翟(dí):同"狄",古代北方民族名。比:并列。狄人在水中时,恐龙蛇伤害,故以彩色纹身,以混同于龙蛇。古代中原人歧视少数民族,晏子此言,意在讽刺景公宫室中饰以龙蛇,就像狄人一样与龙蛇为伍。

④亦室一就:即"亦就一室",意为只是成就一个宫室而已。

⑤伐:夸耀。

⑥矜:夸耀。

⑦容:装扮。

⑧万乘（shèng）之君：拥有一万辆兵车的大国之君。古代以拥有的
兵车数量衡量国家实力大小。乘，一车四马。

【译文】

晏子来见景公，景公说："从前管仲的霸业是什么样的？"晏子低着
头没回答。景公又说："从前管仲的霸业是什么样的？"

晏子回答说："下臣听说，只有狄人才和龙蛇为伍。如今您的宫中
横木上是龙蛇，直木上是鸟兽，只不过是成就一个宫室而已，哪儿有工
夫在霸业上啊！而且您夸耀宫室的华美，炫耀衣饰的华丽，一身衣裳五
彩具备，衣带装饰着美玉帽子上装饰着丝带，头发披散蓬乱，只不过是
在一个宫室里装扮自美而已。作为一个大国君王，却一门心思用在歪
门邪道上，您的魂魄都丢失了，还能和谁共图霸业啊？"

公下堂就晏子曰："梁丘据、裔款以室之成告寡人①，是
以窃袭此服②，与据、款为笑，又使夫子及③。寡人请改室易
服而敬听命，其可乎？"

晏子曰："夫二子营君以邪④，公安得知道哉！且伐木不
自其根，则蘗又生也⑤，公何不去二子者，毋使耳目淫焉⑥。"

【注释】

①梁丘据、裔款：人名，齐景公的两个近臣。

②窃：私下。袭：衣上加衣。

③及：赶上，遇上。

④夫（fú）：那。营：通"眢"，惑乱。

⑤蘗（niè）：树木被砍伐后又生出的新芽。

⑥淫：侵蚀，惑乱。

【译文】

景公下堂走近晏子说："梁丘据和裔款把宫室建成的事告诉寡人，所以我私下套上这身服饰，和梁丘据、裔款玩笑取乐，又让先生您碰上了。请让寡人改修宫室换了服饰再敬听您的教诲，可以吗？"

晏子说："那两个人用歪门邪道惑乱您，您怎能知晓其中的道理啊！况且砍树如果不从根部斩除，那么还会长出树芽的，您为什么不除掉这两个人，不使自己的耳朵眼睛受到侵蚀呢？"

景公为巨冠长衣以听朝晏子谏第十六

【题解】

齐景公上朝时,身着巨冠长衣,表情严厉。晏子告诉他圣王应有的仪容服饰,而景公这样是不利于导民养生的。

景公为巨冠长衣以听朝,疾视矜立①,日晏不罢②。

晏子进曰:"圣人之服中,倪而不驵③,可以导众;其动作,倪顺而不逆④,可以奉生⑤。是以下皆法其服,而民争学其容。今君之服,驵华不可以导众;疾视矜立,不可以奉生。日晏矣,君不若脱服就燕⑥。"

公曰:"寡人受命。"退朝,遂去衣冠,不复服。

【注释】

①疾:严厉。矜:威严。

②晏:晚。

③倪(tuō):简易。驵(zǎng):粗大。

④倪:当为衍文。逆:与"顺"相对,违逆抗拒。景公的"疾视矜立",就是与人违抗的态度。

⑤奉：养。

⑥燕：通"宴"，休息。

【译文】

齐景公头戴巨大的帽子，身穿长长的衣服来听朝，怒目而视，威严而立，天色晚了还不退朝。

晏子进谏道："圣人的服饰应当适中，简易而不肥大，这样可以引导众人；他的举动行为，和顺而不与人违抗，这样可以养生。因此在下的人们都会效法他的服饰，而民众都争着学习他的仪容。如今您的服饰肥大华丽，这不利于引导众人；怒目而视，威严而立，这不利于养生。天色已晚，您不如脱了衣服去休息。"

景公说："寡人听从您的教诲。"退了朝，就脱了衣服帽子，不再穿着了。

景公朝居严下不言晏子谏第十七

【题解】

　　齐景公听朝，态度威严。晏子告诫他，这样会使众人不敢说话，而治理国家，就是要广泛听取众人之言的。

　　晏子朝，复于景公曰①："朝居严乎②？"

　　公曰："朝居严，则曷害于治国家哉③？"

　　晏子对曰："朝居严则下无言，下无言则上无闻矣。下无言则吾谓之喑④，上无闻则吾谓之聋。聋喑，非害治国家如何也！且合升鼓之微以满仓廪⑤，合疏缕之纬以成帏幕⑥。太山之高⑦，非一石也，累卑然后高。夫治天下者，非用一士之言也，固有受而不用，恶有拒而不受者哉⑧！"

【注释】

①复：禀告。

②朝居：坐朝听政。

③曷：何。

④喑（yīn）：哑。

⑤鼓：量器名，合一斛(十斗)。仓廪(lǐn)：粮仓。藏谷子的为"仓"，藏米的为"廪"。

⑥纬：纬线。这里泛指丝线。

⑦太山：泰山。

⑧恶(wū)：哪里。

【译文】

晏子上朝，禀告景公说："您坐朝听政太威严了吧？"

景公说："坐朝威严，那对于治理国家有什么害处呢？"

晏子回答说："坐朝威严了下面的人就不说话，在下的不说话在上的就听不到什么。在下的不说话我就称之为哑巴，在上的听不到什么我就称之为聋子。又聋又哑，不是有害于治理国家那又是什么呢！况且把一升一斛的微小之数聚合起来就充满了粮仓，把稀疏的丝线聚合起来就做成了帷幕。泰山之所以高，并非一块石头形成，却是从低矮慢慢积累然后才高起来的。治理天下，并非只采用一个人的话，向来只有听了而不采用的，哪有拒绝而不听的呢？"

景公登路寝台不终不说晏子谏第十八

【题解】

　　齐景公建台时一味求高，建成后又为太高登不上而生气。晏子针对这种矛盾心理，教育景公，修建宫室要以方便实用为度，当年夏桀、商纣就是因为奢侈暴虐而亡国的，劝景公要引以为戒。路寝：古代君王处理政事的宫室，又称"正寝"。

　　景公登路寝之台，不能终，而息乎陛①，忿然而作色，不说，曰："孰为高台，病人之甚也②？"

　　晏子曰："君欲节于身而勿高③，使人高之而勿罪也。今高，从之以罪④，卑亦从之以罪，敢问使人如此可乎？古者之为宫室也，足以便乎生，不以为奢侈也，故节于身，谓于民⑤。及夏之衰也，其王桀背弃德行⑥，作为璇室玉门⑦；殷之衰也⑧，其王纣作为倾宫灵台⑨，卑狭者有罪，高大者有赏。是以身及焉⑩。今君高亦有罪，卑亦有罪，甚于夏殷之王。民力殚乏矣，而不免于罪。婴恐国之流失，而公不得享也！"

　　公曰："善！寡人自知诚费财劳民⑪，以为无功，又从而怨之，是寡人之罪也。非夫子之教，岂得守社稷哉！"遂下，再拜，不果登台⑫。

【注释】

①陛：宫殿前的台阶。

②病：劳累。

③节：节度。

④从：紧跟，随后。

⑤谓：山东银雀山汉墓竹简本字作"调"。调，和。

⑥桀（jié）：人名，即夏桀，夏代最后一位君王，暴虐无道，为商汤
　　所灭。

⑦璇（xuán）：美玉。

⑧殷：朝代名，即商朝。商朝第十代君王盘庚时，迁都到殷（今河南
　　安阳小屯），故又称"商"为"殷商"。

⑨纣（zhòu）：人名，即商纣王，商代最后一位君王，暴虐无道，为周
　　武王所灭。倾宫：巍峨的宫殿。倾，形容其势高耸如欲倾坠。一
　　作"顷宫"，占地一顷的大宫殿。灵台：精美的高台。

⑩及：赶上。这里指遭到了灾祸，即被周武王所灭。

⑪诚：确实。

⑫果：成为事实。

【译文】

　　齐景公攀登正寝宫殿的高台，登不到顶，就在台阶上休息，气愤得
变了脸色，很不高兴，说："谁建的高台，让人累得这么厉害？"

　　晏子说："您要想以身体为度就不必要求台高，让人修高了就不要
怪罪人。如今修得高了，罪名就紧跟而来，如果修低了罪名也紧跟而
来，我斗胆问您可以这样使唤人吗？古人修建宫室，足以方便生活，不
要求奢侈，所以节制于自身，调和于百姓。到了夏代衰微时，其君王夏
桀背离抛弃了德行，修建了琼瑶之宫美玉之门；商代衰微时，其君商纣

王修建了高大的宫殿精美的高台,修得低矮狭小的有罪,修得又高又大的就有赏。所以他们自身都遭到了祸殃。如今您是修高了有罪,修低了也有罪,这比夏桀、商纣还过分。民力都已经耗尽疲乏了,还不能免于加罪。我担心国家要丧失,而您不能享有了!"

　　景公说:"您说得好! 寡人自己也知道这确实是耗费财力劳累民众,还认为他们没有功绩,又接着怨恨他们,这是寡人的罪过。要不是先生您的教诲,我怎能守住国家!"于是下了高台,对晏子拜了两拜,不登台了。

景公登路寝台望国而叹晏子谏第十九

【题解】

　　齐景公担心不能世世代代拥有齐国，晏子告诫他，要想世代拥有齐国，就必须施行善政，让百姓得利；可是景公骄奢淫逸，财物堆积腐烂，不分给饥饿的百姓，还不断向百姓加重赋税，这样倒行逆施，必然会招致可怕的后果。国：国都。齐国都城在临淄（今山东淄博东北）。

　　景公与晏子登路寝之台而望国，公愀然而叹曰①："使后嗣世世有此，岂不可哉？"

　　晏子曰："臣闻明君必务正其治②，以事利民，然后子孙享之。《诗》云：'武王岂不事，贻厥孙谋，以燕翼子。'③今君处佚怠④，逆政害民有日矣，而犹出若言⑤，不亦甚乎！"

【注释】

　　①愀（qiǎo）然：忧愁伤感的样子。

　　②务：努力，尽力。

　　③"武王"三句：见于《诗经》的《大雅·文王有声》。事，作为。今本《诗经》字作"仕"。贻，遗留。今本《诗经》字作"诒"。厥，其。

燕,通"宴",安。翼,助。

④佚(yì):安逸,安乐。

⑤若:此,这样。

【译文】

　　齐景公与晏子登上正寝宫殿望着都城,景公忧伤地叹息道:"假使我的后人世世代代都能拥有这一切,这难道不可以吗?"

　　晏子说:"下臣我听说贤明的国君一定要努力端正自己的政治,以实事让百姓得利,然后子孙才能享有国家。《诗》上说:'武王难道无所作为吗? 他把谋略遗留给子孙,以助子孙长治久安。'如今您处在安逸懈怠中,倒行逆施祸害百姓很久了,可是还说出这样的话,不是太过分了吗?"

　　公曰:"然则后世孰将把齐国?"

　　对曰:"服牛死①,夫妇哭,非骨肉之亲也,为其利之大也。欲知把齐国者,则其利之者邪②?"

【注释】

　　①服牛:用以驾车耕田的牛。服,使用。

　　②利之者:能使齐国百姓得到利益的人。言外之意是指田氏家族。当时齐国的田氏家族正觊觎王室,为笼络人心,大斗出小斗进,得到齐国百姓拥护。

【译文】

　　景公说:"那么后世谁将把持齐国大权呢?"

　　晏子回答说:"驾车耕田的牛死了,它的主人夫妇痛哭,不是因为骨肉之亲,而是因为有很大利益的关系。要想知道将来谁把持齐国大权,那大概是能让齐国百姓得利的人吧?"

公曰:"然,何以易之?"

对曰:"移之以善政。今公之牛马老于阑牢^①,不胜服也^②;车蠹于巨户^③,不胜乘也;衣裘襦袴朽弊于藏^④,不胜衣也^⑤;醯醢腐^⑥,不胜沽也;酒醴酸酢^⑦,不胜饮也;菽粟郁积^⑧,不胜食也。又厚藉敛于百姓^⑨,而不以分馁民^⑩。夫藏财而不用,凶也。财苟失守^⑪,下^⑫,其报环至^⑬。其次^⑭,昧财之失守^⑮,委而不以分人者^⑯,百姓必进自分也^⑰。故君人者,与其请于人,不如请于己也。"

【注释】

① 阑:遮拦物,枕槛。

② 不胜服:不能使用了。这是因为景公的牛马太多,过剩而闲置所导致。以下各句意思类此。胜,经得起。

③ 蠹:蠹虫。这里意为朽烂。

④ 裘(qiú):皮袍。襦(rú):短袄。袴(kù):套裤。藏:储藏东西的地方。

⑤ 衣(yì):穿。

⑥ 醯(xī):醋。醢(hǎi):用鱼、肉制成的酱。

⑦ 醴(lǐ):甜酒。酢(cù):"醋"的本字。

⑧ 菽(shū)粟:豆子和小米。这里泛指各种粮食。郁:腐臭。

⑨ 厚:重。藉敛:征收赋税。藉,通"籍"。

⑩ 馁(něi):饥饿。

⑪ 苟:如果。失守:当为变质之意,诸如以上牛马老、车蠹、衣朽、酒酸之类。

⑫ 下:下策,最坏的情况。

⑬ 报:报应,后果。环:连环,接二连三。

⑭其次：指比"其报环至"更严重的后果。

⑮昧：暗藏。

⑯委：委弃。

⑰"百姓"句：意谓百姓会自发造反。

【译文】

景公说："对，怎么改变这个局面呢？"

晏子回答说："要用良好的政治改变它。如今您的牛马多得用不完而老在牛阑马圈里，已经不能使用了；车子多得用不完而朽烂在大门内，已经不能乘坐了；长衣皮袍短袄套裤多得穿不完而腐朽破弊在储藏室里，已经不能穿了；酸醋肉酱多得吃不完而腐烂，已经不能卖出了；美酒甜浆多得喝不完而发酸变醋，已经不能饮用了；各种粮食多得吃不完而腐臭堆积，已经不能食用了。可是您还对百姓加重赋税，却不把这些分给饥饿的百姓。藏着财物而不能合理使用，这是很危险的。财物如果变质，这是最糟糕的，其不良后果会接二连三地来。更严重的是，这些暗藏的财物变了质，宁可抛弃了也不分给别人，百姓必然会进来自己分走。所以做国君的，与其请求别人，还不如求于自身呢。"

景公路寝台成逢于何愿合葬
晏子谏而许第二十

【题解】

　　有个叫逢于何的人想把亡母和早死的父亲合葬，却因父亲的墓地在景公宫殿墙下而遭到拒绝。晏子批评景公，说古代的仁君修建宫室，不侵占生人房屋和死人墓地，而景公大肆占地修建宫殿，使生人不得安居，死者不得合葬，这不是仁君应有的行为，而且会积存民怨，导致危险的后果。景公听从晏子的劝谏，答应了逢于何的请求。

　　景公成路寝之台。逢于何遭丧，遇晏子于途，再拜乎马前。晏子下车挹之[①]，曰："子何以命婴也？"对曰："于何之母死，兆在路寝之台墉下[②]，愿请合骨[③]。"

　　晏子曰："嘻！难哉！虽然，婴将为子复之[④]。适为不得[⑤]，子将若何？"

　　对曰："夫君子则有以[⑥]，如我者侪小人[⑦]，吾将左手拥格[⑧]，右手梱心[⑨]，立饿枯槁而死，以告四方之士曰：'于何不能葬其母者也。'"

【注释】

①挹(yī)：通"揖"，作揖。

②兆：墓地。墉(yōng)：墙。

③合骨：意为将母亲与父亲合葬。

④复：禀告。

⑤迨：假若，如果。不得：指得不到允许。

⑥有以：有办法。

⑦侪(chái)：辈，类。

⑧格：通"辂"(hé)，绑在车辕上供牵挽的横木。

⑨梱(kǔn)：敲击。

【译文】

　　齐景公建成了正寝宫殿的大台。有个叫逢于何的人家遭丧事，在路上遇见了晏子，在马车前对晏子施了两拜。晏子下车对他作揖，说："你有什么事儿吩咐我？"逢于何回答说："我的母亲死了，我家墓地在正寝宫殿大台的墙下，我希望您向君王请求允许我将母亲和父亲合葬。"

　　晏子说："哈！这很难啊！我将为你向君王禀告。如果得不到允许，你将怎么办呢？"

　　逢于何回答说："要是君子当然自有主张，可是像我这样的小人，我将左手抱着灵车的横木，右手捶打着胸口，站着饿得瘦小干枯而死，以此告诉四方人士说：'我逢于何不能安葬我的母亲。'"

　　晏子曰："诺。"遂入见公，曰："有逢于何者，母死，兆在路寝当墉下，愿请合骨。"

　　公作色不说，曰："自古及今，子亦尝闻请合葬人主之宫者乎？"

　　晏子对曰："古之人君，其宫室节①，不侵生人之居；其台

榭俭②,不残死人之墓。故未尝闻请葬人主之宫者也。今君
侈为宫室,夺人之居;广为台榭,残人之墓。是生者愁忧,不
得安处;死者离易,不得合骨。丰乐侈游,兼傲生死,非仁君
之行也;遂欲满求③,不顾细民,非存之道也。且婴闻之,生
者不得安,命之曰蓄忧;死者不得葬,命之曰蓄哀。蓄忧者
怨,蓄哀者危,君不如许之。"公曰:"诺。"

【注释】

①节:节俭,有节制。

②榭(xiè):建于高台上的敞屋。

③遂:尽。

【译文】

晏子说:"好吧。"于是进宫见景公,说:"有个叫逢于何的,母亲死
了,他家墓地在正寝宫殿的墙下,他想请求将母亲和父亲合葬。"

景公沉下脸不高兴,说:"从古到今,您曾听说过请把死人合葬在
国君宫殿下的吗?"

晏子回答说:"古代的君王,他们的宫殿很有节制,不侵犯活着的人
的居室;他们的台榭很俭朴,不毁坏死去的人的坟墓。所以不曾听说过
请求把死人埋葬在国君宫殿下的事儿。如今您大规模修建宫室,侵夺
人家的居处;到处建造台榭,毁坏人家的坟墓。这样活着的人忧愁,不
能安居;死去的人尸骨分离,不能合葬。尽情享乐游玩,对生者死者都
傲慢,这不是仁德君王的应有行为;尽力满足欲望需求,不顾小民,这不
是保存国家的正道。而且我听说,活着的人不能安居,这叫做积存忧
愁;死去的人不能安葬,这叫做积存哀痛。积存忧愁的会有怨恨,积存
哀痛的会带来危险,您不如答应了他。"景公说:"好吧。"

　　晏子出，梁丘据曰①："自古及今，未尝闻求葬公宫者也，若何许之？"

　　公曰："削人之居，残人之墓，凌人之丧②，而禁其葬，是于生者无施③，于死者无礼也。《诗》云：'縠则异室，死则同穴。'④吾敢不许乎？"

【注释】

①梁丘据：人名，齐景公的宠臣。

②凌：侵犯。

③施：施予恩惠。

④"縠（gǔ）则异室"两句：见于《诗经》中的《王风·大车》。縠，活着。

【译文】

　　晏子出去了，梁丘据说："自古到今，从没听说过请求把死人埋葬在国君宫殿下的，您为什么要答应他？"

　　景公说："剥夺人家的居处，毁坏人家的坟墓，侵犯人家的丧事，还禁止他安葬，这是对活着的人没有施惠，对死去的人无礼。《诗》上说：'活着不同一个屋，死后要同葬一个墓穴。'我怎敢不答应呢？"

　　逢于何遂葬其母于路寝之台墉下，解衰去绖①，布衣縢履②，玄冠茈武③，踊而不哭④，躄而不拜⑤，已乃涕洟而去⑥。

【注释】

①衰（cuī）：丧服。绖（dié）：吊丧时系于头上和腰间的麻带。

②縢（téng）履：用绳索编织的鞋子。

③玄：黑中带赤的颜色。茈（zǐ）：紫色。武：古时冠上的结带。

④踊:跳。

⑤辟(bì):用同"擗",捶胸。

⑥洟(tì):鼻涕。

【译文】

逢于何于是把他的母亲葬在正寝宫殿大台的墙下,解下丧服去掉麻带,穿着布衣绳鞋,头戴黑帽紫结,跳跃着却不哭泣,捶打着胸口却不跪拜,完事后才流着眼泪鼻涕离开。

景公嬖妾死守之三日不敛
晏子谏第二十一

【题解】

　　齐景公的宠妾死了，他连日厮守，不让安葬。晏子以让死者复生为名，骗开了景公，把死者安葬，然后对景公疏远贤人亲近小人的错误态度以及对待宠妾之死的非理性行为进行了严肃的批评。嬖（bì）妾：宠妾。齐景公的宠妾名叫婴子。

　　景公之嬖妾婴子死，公守之，三日不食，肤着于席而不去①。左右以复②，而君无听焉。

【注释】

①肤着（zhuó）于席：皮肤黏附在席子上。这是形容齐景公痴心厮守、寸步不离。

②以复：以……复，即把景公厮守三天没吃饭的情况禀告景公。意为景公陷于哀痛而不自知，故提醒景公。

【译文】

　　齐景公的宠妾婴子死了，景公守着她，三天不吃饭，身不离席。左右近臣提醒他，而他根本听不进去。

晏子入，复曰："有术客与医俱言曰①：'闻婴子病死，愿请治之。'"公喜，遽起，曰："病犹可为乎？"晏子曰："客之道也，以为良医也，请尝试之。君请屏②，洁沐浴饮食，间病者之宫③，彼亦将有鬼神之事焉。"公曰："诺。"屏而沐浴。

【注释】

①术客：有法术的人。

②屏（bǐng）：退避。

③间（jiàn）：隔离。

【译文】

晏子进来，禀告说："有个会法术的人和医生都说：'听说婴子病死了，希望能为她医治。'"景公大喜，急忙起身，说："这病还可以治吗？"晏子说："从来客的道术看，我认为是良医，请试一下吧。您请退避，干干净净地沐浴饮食，把病人的宫室隔离起来，他们将有招鬼降神的事儿要做。"景公说："好。"退出沐浴去了。

晏子令棺人入敛，已敛，而复曰："医不能治病，已敛矣，不敢不以闻。"

公作色不说，曰："夫子以医命寡人，而不使视；将敛，而不以闻。吾之为君，名而已矣。"

晏子曰："君独不知死者之不可以生邪①？婴闻之，君正臣从谓之顺，君僻臣从谓之逆。今君不道顺而行僻，从邪者迩②，导害者远③，谗谀萌通④，而贤良废灭。是以谄谀繁于间,邪行交于国也⑤。昔吾先君桓公⑥,用管仲而霸⑦,嬖乎竖刀而灭⑧;今君薄于贤人之礼,而厚嬖妾之哀。且古圣王,畜私不伤行⑨,敛死不失爱⑩,送死不失哀。行伤则溺己⑪,爱失则伤生,哀失则害性。是故圣王节之也。死即毕敛,不以留生事⑫;棺椁衣衾⑬,不以害生养;哭泣处哀,不以害生道。今朽尸以留生,广爱以伤行,循哀以害性⑭,君之失矣。故诸侯之宾客惭入吾国,本朝之臣惭守其职。崇君之行,不可以导民;从君之欲⑮,不可以持国。且婴闻之,朽而不敛,谓之僇尸⑯;臭而不收,谓之陈胔⑰。反明王之性,行百姓之诽,而内嬖妾于僇胔⑱,此之为不可。”

公曰:“寡人不识,请因夫子而为之⑲”。

晏子复曰:“国之士大夫、诸侯四邻宾客皆在外,君其哭而节之。”

【注释】

①邪(yé):语助词,吗。

②迩(ěr):近。

③害:当为“善”字之形误。

④萌:萌生,滋长。

⑤交:交织,遍布。

⑥桓公:齐桓公,公元前685至前643年在位,为春秋五霸之一。

⑦管仲:齐桓公时政治家,辅佐齐桓公称霸诸侯。

⑧竖刀:人名,齐桓公宦官,有宠。灭:字面上说是灭亡。但实际上,桓公不因竖刀而死,齐国也并未灭亡。桓公死后,竖刀与易牙(亦桓公宠臣)作乱,桓公五子争立,从此齐国衰微。说“灭”,是夸张的说法。

⑨畜:养。私:个人偏爱的,如宠姬幸妾之类。

⑩失:过,过于。

⑪溺:沉沦,堕落。

⑫生事:活着时的形迹。

⑬椁(guǒ):棺材外层的套棺。衾(qīn):覆盖或衬垫尸体的单被。

⑭循哀:哀而不止。

⑮从(zòng):同"纵",放纵。

⑯僇(lù):通"戮",陈尸示众。

⑰胔(zì):肉未烂尽的尸骨。

⑱内(nà):同"纳",收藏。

⑲因:遵循,随顺。

【译文】

晏子命令盖棺的人把尸体收殓,收殓完了后,却禀告景公说:"医生无法治好病,已经收殓了,我不敢不把这个情况告诉您。"

景公变了脸不高兴,说:"先生您以治病为由吩咐我,不让我看;要收殓,也不把消息告诉我。我作为国君,只是个虚名而已。"

晏子说:"您偏偏不知道死者不能复生吗?我听说,君王端正臣子服从叫做顺,君王邪僻臣子服从叫做逆。如今您不走顺道而实行邪僻,跟从您邪僻的人您就亲近,引导您走善道的人您就疏远,谗佞之徒滋长顺畅,而贤良之辈废黜消亡。所以谄媚阿谀之风繁盛于宫中,而邪僻的行为遍布于国内。从前我们的先君桓公,重用管仲而称霸,宠幸竖刀而灭亡;如今您对贤人的礼数很浅薄,而对宠妾的哀情却很深厚。况且古代的圣王,私养爱妾不损伤德行,收殓死者不过分爱怜,送走死者不过分哀痛。损伤德行就使自己堕落,过分爱怜就会伤害身体,过分哀痛就会损害情性。所以圣王要节制这些。人死了就立即收殓完毕,不要留下活着时的形迹;使用棺材衣被,但不要因此耗费而妨害了对生者的供养;可以哭泣哀痛,但不要因此伤身而妨害了养生之道。如今您以腐朽的尸体来保留生前的形迹,以滥施爱怜来伤害德行,以无休止的哀痛来损害情性,您这就错了。所以各国诸侯的使者愧于来到我们国家,本朝的臣子愧于留在自己的职位。崇尚您的行为,不能引导百姓;放纵您的欲望,不能保住国家。况且我听说,腐朽了还不收殓,这叫做陈尸示众;发臭了还不收殓,这叫做展列腐肉。违背贤明君王的本性,实行百姓所非议的事情,而把宠妾留藏于僵尸腐肉中,这样是不可以的。”

景公说:“寡人不懂这些道理,请遵照先生您的意思办吧。”

晏子禀告说:“本国的大小官员以及诸侯邻国的使者都在外面,您哭泣时要有节制。”

仲尼闻之曰①:“星之昭昭②,不若月之曀曀③;小事之成,不若大事之废;君子之非,贤于小人之是也。其晏子之谓欤!”

【注释】

①仲尼:人名,即孔子,字仲尼。

②昭昭:光明的样子。

③曀曀(yì):阴暗的样子。

【译文】

孔子听说这事后说:“星星的明亮,不如月亮的阴暗;小事的成功,不如大事的失败;君子的过失,也比小人的正确好。这大概说的就是晏子吧!”

景公欲厚葬梁丘据晏子谏第二十二

【题解】

齐景公的宠臣梁丘据死了,景公想厚葬他,理由是梁丘据对他既忠又爱。晏子分析指出,梁丘据的所谓忠和爱,其实是阻塞群臣、蒙蔽君王的小人行为,因而阻止了景公的厚葬决定,还倡导了依法行令、直言讽谏的风气。

梁丘据死,景公召晏子而告之,曰:"据忠且爱我,我欲丰厚其葬,高大其垄[①]。"

晏子曰:"敢问据之忠与爱于君者,可得闻乎?"

公曰:"吾有喜于玩好,有司未能我共也[②],则据以其所有共我,是以知其忠也;每有风雨,暮夜求之必存,吾是以知其爱也。"

【注释】

①垄:坟墓。

②有司:主管某一事务的官吏。共:通"供",给。

【译文】

梁丘据死了，齐景公召来晏子把这个消息告诉他，并说："梁丘据对我既忠又爱，我想为他举行盛大豪华的葬礼，给他修建高大的坟墓。"

晏子说："我斗胆问，梁丘据对您的忠和爱，可以说给我听听吗？"

景公说："有些我所喜欢的玩物，管事的官吏不能供给于我，可是梁丘据会把他自己所拥有的送给我，所以我知道他忠于我；每当刮风下雨，夜里找他他一定在，我因此知道他尊爱我。"

晏子曰："婴对，则为罪，不对，则无以事君①，敢不对乎！婴闻之，臣专其君②，谓之不忠；子专其父，谓之不孝；妻专其夫，谓之嫉妒。事君之道，导君以亲于父兄，有礼于群臣，有惠于百姓，有信于诸侯，谓之忠；为子之道，导父以钟爱其兄弟，施行于诸父③，慈惠于众子，诚信于朋友，谓之孝；为妻之道，使其众妾皆得欢忻于其夫④，谓之不嫉。今四封之民⑤，皆君之臣也，而维据尽力以爱君，何爱者之少邪⑥？四封之货，皆君之有也，而维据也以其私财忠于君，何忠者之寡邪？据之防塞群臣⑦，壅蔽君⑧，无乃甚乎？"

【注释】

①事：侍奉，效力。

②专：专宠，独占宠爱。

③诸父：指父亲的兄弟。

④忻（xīn）：喜悦。

⑤封：边境，疆界。

⑥邪（yé）：语气助词，吗，呢。

⑦防塞：阻塞。

⑧壅蔽：隔绝，蒙蔽。

【译文】

晏子说："我要是回答您就会获罪，要是不回答您就没什么可侍奉君王了，我岂敢不回答啊！我听说，臣子独占君王的宠爱，叫做不忠；儿子独占父亲的宠爱，叫做不孝；妻子独占丈夫的宠爱，叫做嫉妒。侍奉君王的道理是，要引导君王对父兄亲爱，对群臣有礼，对百姓有恩惠，对诸侯有信用，这叫做忠；做儿的道理是，要引导父亲钟爱自己兄弟，并把这钟爱施行到他的父亲的兄弟身上，对儿子们仁慈恩惠，对朋友真诚信用，这叫做孝；做妻子的道理是，要使那些小妾们都能从丈夫那儿得到欢欣快乐，这叫做不嫉妒。如今四方边境之内的百姓，都是您的臣民，可是唯有梁丘据在尽力地尊爱您，为什么尊爱您的人这么少呢？四方边境之内的财物，都是您所拥有的，可是唯有梁丘据以他的私人财物忠于您，为什么忠于您的人这么少呢？梁丘据阻塞群臣，蒙蔽君王，不是太严重了吗？"

公曰："善哉！微子①，寡人不知据之至于是也。"遂罢为垄之役，废厚葬之令，令有司据法而责②，群臣陈过而谏。故官无废法，臣无隐忠，而百姓大说。

【注释】

①微：要不是，假如没有。

②责：责罚，定罪。

【译文】

景公说："说得好啊！要不是先生您，寡人不会知道梁丘据到这个地步了。"于是停止了建造坟墓之事，废除了盛大葬礼的命令，命令主管官吏根据法令实行责罚，群臣指陈过错进行讽谏。因此官吏没有废置不施的法令，臣子没有隐藏不表的忠心，老百姓都大为高兴。

景公欲以人礼葬走狗晏子谏第二十三

【题解】

　　齐景公想以葬人之礼安葬自己的猎犬，认为这只是闹着玩的小事。晏子批评景公，征收赋税不为百姓造福，却与左右臣子玩笑取乐，百姓饥寒交迫，而死狗却有棺材祭品，这会招致百姓怨恨、诸侯轻视，决不是小事。走狗：猎犬。

　　景公走狗死，公令外共之棺①，内给之祭②。

【注释】

　　①共(gōng)：通"供"，供应。

　　②给(jǐ)：供给。

【译文】

　　齐景公的猎狗死了，景公下令宫外为它提供棺材，宫内为它供给祭品。

　　晏子闻之，谏。公曰："亦细物也①，特以与左右为笑耳②。"

　　晏子曰："君过矣！夫厚藉敛不以反民③，弃货财而笑左右④。傲细民之忧⑤，而崇左右之笑⑥，则国亦无望已。且夫孤老冻馁⑦，而死狗有祭；鳏寡不恤，而死狗有棺。行辟若此⑧，百姓闻之，必怨吾君；诸侯闻之，必轻吾国。怨聚于百姓，而权轻于诸侯，而乃以为细物，君其图之。”

公曰：“善。”趣庖治狗⑨，以会朝属⑩。

【注释】

①亦：只，不过。细物：小事。

②特：只。

③厚：重。藉敛：征收赋税。反：同“返”，返回。

④弃：这里指浪费。

⑤傲：傲视，轻视。

⑥崇：与“傲”相对，重视。

⑦馁（něi）：饥饿。

⑧辟：邪僻。

⑨趣（cù）：催促。庖（páo）：厨房，厨师。治：处理。这里指烹调。

⑩朝属：左右臣属。

【译文】

晏子听说了这事，劝谏景公。景公说：“不过是件小事，只是和左右臣子玩笑取乐罢了。”

晏子说：“您错了！征收那么重的赋税而不把它用回到民众身上，却浪费财物来供左右臣子玩笑取乐。轻视小民的忧愁，而重视左右臣子的玩乐，那么国家也就没希望了。况且孤苦老弱者受冻挨饿，而死狗却有祭品；鳏夫寡妇得不到抚恤，而死狗却有棺材。行为邪僻到如此地步，让百姓听说了，必然怨恨我们的君王；让各国诸侯听说了，必然轻视我们的国家。百姓积聚了怨恨，诸侯轻视您的权威，而竟然认为是小事，您好好想想吧。”

景公说：“说得好。”便催促厨师把狗煮了，用来聚会左右臣属。

景公养勇士三人无君臣之义
晏子谏第二十四

【题解】

本则故事,就是著名的"三桃杀三士"的典故。齐景公豢养了三位勇士,但他们勇力无比却不知礼义,晏子认为这种人是国家的祸害,必须设计除掉,便利用他们好强自负又爱面子的弱点,让景公用两个桃子让他们论功吃桃,使他们先后自杀。

公孙接、田开疆、古冶子事景公,以勇力搏虎闻。晏子过而趋^①,三子者不起^②。

晏子入见公曰:"臣闻明君之蓄勇力之士也^③,上有君臣之义^④,下有长率之伦^⑤,内可以禁暴,外可以威敌,上利其功,下服其勇,故尊其位,重其禄。今君之蓄勇力之士也,上无君臣之义,下无长率之伦,内不可以禁暴,外不可以威敌,此危国之器也^⑥,不若去之。"

公曰:"三子者,搏之恐不得,刺之恐不中也。"

晏子曰:"此皆力攻勍敌之人也^⑦,无长幼之礼^⑧。"因请公使人少馈之二桃^⑨,曰:"三子何不计功而食桃?"

【注释】

①趋：小步快走。这是古人表示敬意的一种走姿。

②起：起身。表示回敬对方。

③蓄：养。

④上：指对君王。

⑤下：指对臣民。长（zhǎng）率：对尊者敬重，对卑者身为表率。
　　伦：伦理，道理。

⑥器：人才。

⑦勍（qíng）：强有力。

⑧长幼之礼：长幼之间必须敬爱谦让。这里当指敬爱谦让之礼。

⑨少：三个人只给两个桃子，所以说"少"。馈（kuì）：赠人食物。

【译文】

公孙接、田开疆、古冶子三人效力于齐景公，凭勇力搏杀猛虎而闻名。晏子在他们面前经过时小步快走表示敬意，这三个人也不起身回礼。

晏子进去对景公说："下臣我听说贤明的君王所蓄养的勇力之士，对上要有君臣大义，对下要懂得尊敬长者为人表率的道理，对内可以制止暴乱，对外可以威慑敌人，在上的君王从他们的功劳中得利，在下的臣民敬服他们的勇力，所以让他们有尊贵的地位，有丰厚的俸禄。如今您所蓄养的勇力之士，对上没有君臣大义，对下不懂尊敬长者为人表率之理，对内不能制止暴乱，对外不能威慑敌人，这是危害国家的人，不如除掉他们。"

景公说："这三个人，搏杀他们恐怕不能成功，刺杀他们恐怕不能击中。"

晏子说："这些都是靠力气攻打强敌的人，不懂敬爱谦让之礼。"于是请景公派人只给他们两个桃子，说："你们三个人为什么不论功吃桃子呢？"

公孙接仰天而叹曰："晏子,智人也! 夫使公之计吾功者,不受桃,是无勇也。士众而桃寡,何不计功而食桃矣。接一搏特豣①,再搏乳虎②,若接之功,可以食桃而无与人同矣③。"援桃而起④。

田开疆曰："吾仗兵而却三军者再⑤,若开疆之功,亦可以食桃而无与人同矣。"援桃而起。

古冶子曰："吾尝从君济于河⑥,鼋衔左骖以入砥柱之中流⑦。当是时也,冶少不能游,潜行,逆流百步,顺流九里,得鼋而杀之,左操骖尾,右挈鼋头⑧,鹤跃而出⑨。津人皆曰⑩:'河伯也⑪!'视之,则大鼋之首也。若冶之功,亦可以食桃而无与人同矣。二子何不反桃⑫!"抽剑而起。

公孙接、田开疆曰："吾勇不子若⑬,功不子逮⑭,取桃不让,是贪也;然而不死,无勇也。"皆反其桃,挈领而死⑮。

古冶子曰："二子死之,冶独生之,不仁;耻人以言,而夸其声⑯,不义;恨乎所行⑰,不死,无勇。虽然,二子同桃而节,冶专桃而宜⑱。"亦反其桃,挈领而死。

【注释】

①特:公兽,或三岁的兽。豣(jiān):同"豜",泛指大猪。

②乳虎:育子的母虎。母虎生育哺乳时,为保护幼子,特别凶猛。

③同:这里指共吃、分享。因为三人二桃,必然是功大者吃一个,另外两个人共吃一个。

④援:取,拿。

⑤仗:执,持。兵:兵器。却:使退却,打退。三军:全军。古代军队,分为上、中、下军,故称。

⑥济:渡河。河:黄河。

⑦鼋(yuán):大鳖,又称"癞头鼋"。生活于水中,极凶猛。骖
(cān):驾车时位于两旁的马。砥柱:山名,在今河南三门峡北黄
河中。

⑧挈(qiè):提。

⑨鹤跃:像鹤起飞一样跃起。形容动作轻捷。

⑩津:河边渡口。

⑪河伯:黄河神。

⑫反:同"返"。

⑬不子若:不如你。子,你。否定句中人称代词宾语前置。

⑭逮:及。

⑮挈领:提着脖子,意为让刀剑砍杀。这里指自刎。

⑯其:指自己。声:名声。

⑰恨:遗憾。

⑱"虽然"三句:意为虽然三人都死,但如果不死,论功吃桃,他们二
人共吃一个桃子是合适的,我独得一个桃子是适宜的。这表现
古冶子虽死而依然自负的心理。节,有节度,有分寸。

【译文】

公孙接仰天长叹道:"晏子,是个聪明人啊! 他让君王给我们论功,
谁没得到桃子,谁就是无勇之人。人多而桃子少,为什么不论功吃桃
呢? 我一次搏杀大公猪,两次搏杀母老虎,像我这样的功夫,可以吃桃
子而不必和别人共吃一个了。"拿过桃子站了起来。

田开疆说:"我手持兵器两次打退敌人三军,像我这样的功夫,也可
以吃桃子而不必和别人共吃一个了。"也拿过桃子站了起来。

古冶子说:"我曾跟随君王渡过黄河,有巨鳖咬住了车子左边的马
拖入砥柱山前的激流中。那时候,我不怎么会游泳,但我潜入水中行
走,逆流百步,顺流九里,抓住了巨鳖并杀了它,左手抓着马尾巴,右手

提着巨鳖的头，像鹤一样飞跃而出。渡口上的人们都说：'这是河神啊！'仔细一看，原来是巨鳖的头。像我这样的功夫，也可以吃桃子而不必与别人共吃一个了。你们两个为什么不把桃子放回去！"说着拔剑而起。

公孙接、田开疆说："我们勇力不如您，功夫不及您，取桃不谦让，这是贪心；这样而不去死，是没有勇气。"都放回了桃子，自刎而死。

古冶子说："两个人都因此而死，唯独我因此而活着，这是不仁；用言语羞辱别人，又夸耀自己的名声，这是不义；为自己的行为感到遗憾，却不去死，这是无勇。虽然这样，他们二人共吃一个桃子是合适的，我独吃一个桃子是适宜的。"也放回了桃子，自刎而死。

使者复曰："已死矣。"公殓之以服^①，葬之以士礼焉。

【注释】

①服：指与死者身份相称的服饰。

【译文】

派去的人回复道："他们都已经死了。"景公以相称的服饰把他们收殓，以士人之礼安葬了他们。

景公登射思得勇力士与之图国
晏子谏第二十五

【题解】

齐景公想不通过礼的程序而得到能共图国事的勇士，晏子告诉他，勇必须有礼义的约束规范，否则是很危险的。登：登堂。射：指大射礼。古代天子、诸侯将有祭祀之事，先举行大射，从参与群臣的礼乐修养中考察其德行，以选择助祭者。

景公登射，晏子修礼而侍①。公曰："选射之礼，寡人厌之矣！吾欲得天下勇士②，与之图国③。"

晏子对曰："君子无礼，是庶人也；庶人无礼，是禽兽也。夫臣勇多则弑其君，子力多则杀其长，然而不敢者，维礼之谓也④。礼者所以御民也⑤，辔者所以御马也⑥。无礼而能治国家者，晏未之闻也⑦。"

景公曰："善。"乃饬射更席⑧，以为上客，终日问礼。

【注释】

①修：修习，奉行。侍：侍奉。

②"吾欲"句：大射礼重在考察臣子的礼乐德行，并不重勇力，所以
　　景公有此言。

③图：商议。

④礼：古人所谓"礼"，是指用来维护社会伦理秩序、约束人们思想
　　行为的各种制度、规范，其范围要比现在的礼大得多。

⑤御：驾驭，统治。

⑥辔（pèi）：缰绳。

⑦晏：当为"婴"字之误。

⑧饬（chì）：整治。

【译文】

　　齐景公登堂举行大射，晏子奉行礼仪陪侍他。景公说："大射选择
人材的礼仪，寡人已经厌烦了！我想得到天下的勇士，和他共议治国
大事。"

　　晏子说："君子不讲求礼，就是平民百姓；平民百姓不讲求礼，就是
禽兽。臣子勇气多了就会杀害君王，儿子力气大了就会杀害父亲，可是
之所以不敢，就是因为有了礼。礼是用来驾驭民众的，就好比缰绳，是
用来驾驭马的。没有礼而能治理国家的事，我没听说过。"

　　景公说："说得好。"于是整治射礼更换席位，尊晏子为上等宾客，整
天向他请教礼。

卷三　内篇问上第三

庄公问威当世服天下时耶
晏子对以行也第一

【题解】

　　齐庄公以为只要抓住时机，就能称霸天下。晏子指出，要让天下诸侯信服，主要靠德行，具体说，就是要爱护百姓为民谋利，重人任贤纳谏行义。可是庄公听不进去，穷兵黩武，祸国殃民，最终招致杀身之祸。庄公：景公之兄，姓姜，名光。公元前553至547年在位，后为大夫崔杼所杀，谥"庄"。

　　庄公问晏子曰："威当世而服天下，时耶？"

　　晏子对曰："行也。"

　　公曰："何行？"

　　对曰："能爱邦内之民者，能服境外之不善；重士民之死力者①，能禁暴国之邪逆②；中听任贤者③，能威诸侯；安仁义而乐利世者，能服天下。不能爱邦内之民者，不能服境外之不善；轻士民之死力者，不能禁暴国之邪逆；愎谏傲贤者④，不能威诸侯；倍仁义而贪名实者⑤，不能服天下。威当世而服天下者，此其道也已。"而公不用，晏子退而穷处⑥。

【注释】

①死力：形容士人民众对朝廷奉献的力量，是奋不顾身的。

②暴国：以暴力残害国家。

③中听：听取中正之言。

④愎（bì）谏：刚愎于劝谏，即固执而不听劝谏。

⑤倍：通"背"，违背。名实：名声与功利。庄公想成为霸主，此为贪
　求名声；想乘一时之机，用武力征服诸侯，此为急功近利。

⑥穷处：处于困窘之境，意为隐居。

【译文】

齐庄公问晏子道："能威镇当世而让天下人顺服，靠的是时机吧？"

晏子回答说："靠的是德行。"

庄公问："什么德行？"

晏子回答说："能爱护国内百姓的，就能让境外不友好的人顺服；能
重视士人庶民那献身之力的，就能禁除残害国家的邪恶叛逆之事；能听
取中正之言任用贤人的，就能威镇诸侯；能安于仁义而乐于为世人谋利
的，就能让天下人顺服。不能爱护国内百姓的，就不能让境外不友好的
人顺服；轻视士人庶民那献身之力的，就不能禁除残害国家的邪恶叛逆
之事；刚愎自用不听劝谏傲视贤人的，就不能威镇诸侯；违背仁义而贪
求虚名急功近利的，就不能让天下人顺服。要想威镇当世而让天下人
顺服，这就是实现它的基本方法。"可是庄公不采用，晏子辞了官隐居于
偏僻困窘之地。

　　公任勇力之士，而轻臣仆之死，用兵无休，国罢民害①。
期年②，百姓大乱，而身及崔氏祸③。

【注释】

①罢（pí）：疲惫困弱。

②期(jī)年：一整年。

③崔氏祸：崔氏即崔杼，齐国大夫。庄公与其妻私通，并羞辱他，他
　　便将庄公杀死。

【译文】

　　庄公任用勇力之士，而不顾臣子仆从的死活，不停地对外用兵，导致国家疲弱百姓受害。一年后，百姓大乱，而庄公自身也被大臣崔杼所杀。

　　君子曰："尽忠不豫交①，不用不怀禄，晏子可谓廉矣！"

【注释】

①豫：预先。

【译文】

　　君子说："竭尽忠诚而不预先结交国君，不被任用也不贪恋禄位，晏子真可称为廉正的了！"

庄公问伐晋
晏子对以不可若不济国之福第二

【题解】

    齐庄公要攻打晋国，晏子批评他欲壑难填、意气骄纵，是很危险的；并指出如果伐晋不成，是国家之福，如果不施仁义而事有成功，也会招致祸患。庄公不听劝告，悍然攻晋，结果失去人心，果然遭到杀身之祸。

    庄公将伐晋，问于晏子，晏子对曰："不可。君得合而欲多①，养欲而意骄②。得合而欲多者危，养欲而意骄者困。今君任勇力之士，以伐明主③。若不济④，国之福也；不德而有功，忧必及君。"公作色不说。晏子辞不为臣，退而穷处⑤，堂下生蓼藿⑥，门外生荆棘。

【注释】

    ①合：通"给"，足。

    ②养：滋长。

    ③明主：《左传·襄公二十三年》载此事，字作"盟主"，当从。当时晋国被诸侯奉为盟主。

④济:成功。

⑤穷处:处于困窘之境,意为隐居。

⑥蓼(liǎo)藿(huò):都是杂草名。

【译文】

　　齐庄公准备攻打晋国,咨询于晏子,晏子回答道:"不可。您所得已足却欲望很多,滋长欲望又意气骄纵。得已足却欲望很多就很危险,滋长欲望又意气骄纵就会陷入困境。如今您任用勇力之士,以此攻打诸侯盟主。如果不成功,这是国家的福气;不施仁德却有事功,忧患必然要来到您身上。"庄公沉着脸很不高兴。晏子辞了官不当臣子,退隐于偏僻穷困之处,堂下杂草丛生,门外荆棘遍地。

　　庄公终任勇力之士,西伐晋,取朝歌①,及太行、孟门②,兹于兑③。期而民散④,身灭于崔氏⑤。

　　崔氏之乱,逐群公子。及庆氏亡⑥……

【注释】

①朝(zhāo)歌:地名,在今河南淇县。

②孟门:晋国隘道名,在今河南辉县西。

③兹于:通"且(jū)于"。且于,地名,春秋时属莒国,在今山东莒县。兑:通"隧",狭道。据《左传·襄公二十三年》载,齐军伐晋回师,又袭击莒国,攻打且于城门,次日,大夫杞殖、华"夜入且于之隧"。

④期(jī):一整年。

⑤崔氏:人名,即崔杼,齐国大夫。庄公与其妻私通,并羞辱他,他便将庄公杀死。

⑥庆氏:人名,即庆封,齐国大夫。庄公死,景公立,以庆封和崔杼为左右相。后庆封乘崔氏家族内乱之机,灭崔氏,崔杼自杀,庆

封专权,又为国内其他大夫所联合攻击,逃亡到鲁国,后又逃亡到吴国。按:从内容、文气上看,本文当结束于"身灭于崔氏"句,"崔氏之乱"以下三句,当为另一篇(或段落)的开头。《左传·襄公二十八年》在记叙庆封奔吴后,曰:"崔氏之乱,丧群公子。……及庆氏亡,……与晏子邶殿,其鄙六十,弗受……"正与本书《内篇杂下第六·子尾疑晏子不受庆氏之邑晏子谓足欲则亡第十五》篇吻合。疑该篇与本篇因均言及"足欲则亡"主题,故原本合为一篇,后来分出另成一篇,却误将"崔氏之乱"三句留在了本篇末尾。

【译文】

庄公最终还是任用勇力之士,向西攻打晋国,夺取朝歌城,直到太行山、孟门隘道,回师时又攻入莒国的且于狭道。一年后百姓离散,庄公自己也被崔杼杀害。

崔杼为乱时,驱逐了那些公子们。等到庆封逃亡时……

景公问伐鲁
晏子对以不若修政待其乱第三

【题解】

　　齐景公想攻打鲁国，晏子认为鲁国是仁义之国，社会安定，上下亲和；而齐国社会不安定，上下离心，正处在混乱危险之中，以此来攻打仁义之国，是不可以的。并劝景公整顿齐国政治，赢得道义人心，等到鲁国政治混乱了，再图攻伐之事。

　　景公举兵欲伐鲁，以问晏子，晏子对曰："不可。鲁公好义而民戴之，好义者安，见戴者和①，伯禽之治存焉②，故不可攻。攻义者不祥，危安者必困。且婴闻之，伐人者，德足以安其国，政足以和其民，国安民和，然后可以举兵而征暴。今君好酒而辟③，德无以安国；厚藉敛而急使令④，政无以和民。德无以安之则危，政无以和之则乱。未免乎危乱之理⑤，而欲伐安和之国，不可，不若修政而待其君之乱也。民离其君，上怨其下，然后伐之，则义厚而利多，义厚则敌寡，利多则民欢。"

　　公曰："善。"遂不果伐鲁⑥。

【注释】

①见：被。

②伯禽：人名，周公姬旦的长子，周成王封之于鲁，为鲁国始祖，其政治被周人视为典范。

③辟：邪僻。

④厚：重。藉敛：征收赋税。

⑤理：原理，缘由。指"德无以安之"、"政无以和之"。

⑥果：成为事实。

【译文】

齐景公兴兵准备攻打鲁国，询问晏子，晏子回答道："不可。鲁君好施仁义而百姓拥戴他，好施仁义国家就安定，国君被拥戴就与百姓亲和，当年始祖伯禽的政治还留存着，所以不可攻击。攻击仁义国家者不吉祥，危害安定国家者必陷困境。而且我听说，要征伐别国的人，自己的德行要足以使本国安定，政治要足以使百姓亲和，国家安定百姓亲和，这样以后才可以发兵征讨暴乱之国。如今您嗜好饮酒行为邪僻，德行不能使国家安定；赋税繁重而且号令急切，政治无法与百姓亲和。德行无法安定国家就会危险，政治无法亲和百姓就会动乱。不能免除危险动乱的缘由，却想攻打社会安定百姓亲和的国家，是不可以的，不如修整政治，等待他们的国君乱政之时。民众与国君离心，在上的怨恨在下的，如此之后再攻打它，则仁义深厚而利益更多，仁义深厚则敌人少，利益多则百姓欢乐。"

景公说："说得好。"于是就不攻打鲁国了。

景公伐釐胜之问所当赏
晏子对以谋胜禄臣第四

【题解】

齐景公攻伐釐国取得胜利，想奖赏有功之臣。晏子告诉他，不仅要奖赏有功之臣，也要奖赏在战斗中奋勇出力的士兵百姓，这样才能激励大家。釐：通"莱"，古国名，在今山东龙口东南。

景公伐釐，胜之，问晏子曰："吾欲赏于釐①，何如？"

对曰："臣闻之，以臣谋胜国者，益臣之禄；以民力胜国者，益民之利。故上有羡获②，下有加利，君上享其名，臣下利其实。故用智者不偷业③，用力者不伤苦④，此古之善伐者也。"

公曰："善。"于是破釐之臣、东邑之卒⑤，皆有加利。是上独擅名⑥，利下流也⑦。

【注释】

①于釐：意为在伐莱战争中的功臣。这里因为有特定话题，所以语言简略。一说，可能有脱文。

②羡：盈余。

③用智者：指出谋划策的臣子。偷：苟且，马虎。

④用力者：指出力的士兵百姓。

⑤东邑之卒：齐国东部城邑的士兵。莱国在齐国东边，攻打莱国即调用这些士兵。

⑥擅：据有。

⑦下流：指下层百姓。

【译文】

齐景公出兵攻打莱国，打胜了，问晏子道："我想奖赏那些在攻莱战争中的有功之臣，怎么样？"

晏子回答说："下臣我听说，以臣子的谋略战胜他国的，应增加谋臣的俸禄；以民力战胜他国的，要增加民众的利益。所以在上的有盈余的收获，在下的就有增加的利益，君王享有名声，臣下得到实利。因此用智的臣子不敢马虎从事，用力的百姓也会不辞劳苦，这是古代善于攻伐的人所做的。"

景公说："说得好。"于是参与攻莱的臣子、东部城邑的士兵，都有了增加的利益。这就是在上的君王独享名声，下面的臣民得到了利益。

景公问圣王其行若何
晏子对以衰世而讽第五

【题解】

　　齐景公为自己的内政外交不善而困惑，向晏子请教古代圣王的行为。晏子告诉他，古代圣王，公正无私，廉洁爱民，不攻伐欺凌别国，以利益恩惠仁爱百姓，所以内外亲附。而衰世之君恰恰相反。因此他劝谏景公，要改善齐国现状，必须从这些方面着手。

　　景公外傲诸侯，内轻百姓，好勇力，崇乐以从嗜欲^①，诸侯不说，百姓不亲。公患之，问于晏子曰："古之圣王，其行若何？"

　　晏子对曰："其行公正而无邪，故谗人不得入；不阿党^②，不私色^③，故群徒之卒不得容^④；薄身厚民，故聚敛之人不得行^⑤；不侵大国之地，不耗小国之民^⑥，故诸侯皆欲其尊；不劫人以兵甲^⑦，不威人以众强，故天下皆欲其强；德行教训加于诸侯，慈爱利泽加于百姓，故海内归之若流水。今衰世君人者，辟邪阿党，故谗谄群徒之卒繁；厚身养，薄视民，故聚敛之人行；侵大国之地，耗小国之民，故诸侯不欲其尊；劫人以

景公问圣王其行若何
晏子对以衰世而讽第五

【题解】

　　齐景公为自己的内政外交不善而困惑，向晏子请教古代圣王的行为。晏子告诉他，古代圣王，公正无私，廉洁爱民，不攻伐欺凌别国，以利益恩惠仁爱百姓，所以内外亲附。而衰世之君恰恰相反。因此他劝谏景公，要改善齐国现状，必须从这些方面着手。

　　景公外傲诸侯，内轻百姓，好勇力，崇乐以从嗜欲[1]，诸侯不说，百姓不亲。公患之，问于晏子曰："古之圣王，其行若何？"

　　晏子对曰："其行公正而无邪，故谗人不得入；不阿党[2]，不私色[3]，故群徒之卒不得容[4]；薄身厚民，故聚敛之人不得行[5]；不侵大国之地，不耗小国之民[6]，故诸侯皆欲其尊；不劫人以兵甲[7]，不威人以众强，故天下皆欲其强；德行教训加于诸侯，慈爱利泽加于百姓，故海内归之若流水。今衰世君人者，辟邪阿党，故谗谄群徒之卒繁；厚身养，薄视民，故聚敛之人行；侵大国之地，耗小国之民，故诸侯不欲其尊；劫人以

兵甲，威人以众强，故天下不欲其强；灾害加于诸侯，劳苦施于百姓，故雠敌进伐⑧，天下不救，贵戚离散⑨，百姓不与⑩。"

【注释】

①从（zòng）：同"纵"，放纵。

②阿（ē）：偏袒。党：缔结朋党，拉帮结派。

③私：偏爱。色：指女色。

④群徒之卒：指专以私情私利拉帮结伙的小人。

⑤聚敛：搜刮钱财。

⑥耗（hào）：同"耗"，消耗，减损。

⑦兵甲：军队。

⑧雠（chóu）敌：仇敌。

⑨贵戚：指王族亲戚。

⑩与：亲附。

【译文】

　　齐景公对外傲视诸侯，对内轻视百姓，爱好勇力，崇尚享乐而放纵嗜好欲望，诸侯不喜欢，百姓不亲附。景公为此担忧，问晏子道："古代的圣王，他们的行为是怎样的？"

　　晏子回答道："他们的行为公正无邪，所以爱说谗言的人进不了他们身边；不偏私结党，不偏爱女色，所以爱拉帮结伙的小人没有容身之地；自身费用微薄而厚施恩惠于百姓，所以好搜刮钱财的人就无处可行；不侵占大国的土地，不减损小国的人口，所以诸侯都希望他们地位尊贵；不以军队掠夺别人，不以人多势强威胁别人，所以天下人都希望他们强大；对诸侯施以仁德教化，对百姓给予慈爱恩泽，所以天下人像流水一样归向他们。如今衰败之世做国君的，行为邪僻偏私结党，所以谗言谄媚拉帮结伙的小人繁多；自身给养丰厚，对待百姓轻贱微薄，所以爱搜刮钱财的人处处通行；侵占大国土地，减损小国人口，所以诸侯都不希望他们地位尊贵,以军队掠夺别人,以人多势强威胁别人,所以天下人都不希望他们强大;把灾祸施加于诸侯,把劳苦施加给百姓,所以仇敌进逼攻伐,天下人不来救援,王族亲戚叛离逃散,百姓也不亲附。"

公曰:"然则何若?"

对曰:"请卑辞重币^①,以说于诸侯^②;轻罪省功^③,以谢于百姓。其可乎?"

公曰:"诺。"于是卑辞重币,而诸侯附;轻罪省功,而百姓亲。故小国入朝,燕、鲁共贡^④。

【注释】

①币:本为丝帛,古人常以之作为礼物,故成为礼物的通称。

②说(shuì):劝说,说服。

③功:事。指徭役。

④共(gōng):通"供",供奉,进献。

【译文】

景公说:"这该怎么办?"

晏子回答道:"请您用谦卑的言辞和厚重的礼物,以此说服各国诸侯;减轻罪罚减省劳役,以此向百姓谢罪。这大概可以吧?"

景公说:"好吧。"言辞谦卑礼物厚重,于是诸侯亲附;减轻罪罚减省劳役,于是百姓亲附。因此小国进来朝拜,燕国、鲁国进献贡品。

墨子闻之曰:"晏子知道,道在为人,而失在为己。为人者重,自为者轻。景公自为,而百姓不与;为人,而诸侯为役。则道在为人,而行在反己矣^①。故晏子知道矣。"

【注释】

①反己：凡事先反问自己，再施加于别人，即反躬自省的意思。

【译文】

墨子听说后说："晏子懂得道理，道理在于能为他人，过失在于只为自己。为他人的人会赢得尊重，为自己的人会被人轻视。景公为自己，因而百姓不亲附；为他人，诸侯都为他所役使。可见道理就在于能为他人，而行为就在于能反躬自省。所以说晏子懂得道理。"

景公问欲善齐国之政以干霸王
晏子对以官未具第六

【题解】

齐景公向晏子请教如何改善齐国政治以称霸诸侯。晏子列举了孔子和齐桓公的事例,告诉景公,必须具有一批在各个方面进行辅佐的官吏,以他人的长处弥补自己的短处;而景公的问题就在于过失太多却无人进谏。干:求。

景公问晏子曰:"吾欲善治齐国之政,以干霸王之诸侯。"

晏子对曰:"官未具也①。臣数以闻,而君不肯听也。臣闻仲尼居处惰倦②,廉隅不正③,则季次、原宪侍④;气郁而疾,志意不通,则仲由、卜商侍⑤;德不盛,行不厚,则颜回、骞、雍侍⑥。今君之朝臣万人,兵车千乘⑦,不善政之所失于下、贾坠于民者众矣⑧,未有能士敢以闻者。臣故曰:官未具也。"

【注释】

①具:具备,齐备。

②仲尼：即孔子，字仲尼。居处：平日。惰倦：慵懒疲倦，精神萎靡。

③廉隅不正：意谓行为略有不当。廉隅，本义是棱角，多比喻人有
　　棱角，品行端方。

④季次：人名，即公皙哀，字季次。他与下文的原宪、仲由、卜商、颜
　　回、骞、雍等，均为孔子弟子。原宪：字子思。侍：陪侍并辅佐
　　进言。

⑤仲由：字子路。卜商：字子夏。按：这段记载，当与史实有出入。
　　据《史记》，卜商（子夏）比孔子小四十四岁，晏子卒时，孔子五十
　　二岁，则卜商才八岁。据此则不当有晏子论及卜商侍孔子之事。

⑥颜回：字子渊。骞（qiān）：即闵损，字子骞。雍：即冉雍，字仲弓。

⑦乘（shèng）：一车四马为一乘。古代以兵车数量多少来衡量国家
　　的实力，兵车千乘是实力中等的国家。

⑧霣（yǔn）坠：陨坠，陨落，比喻丧失。霣，坠落。

【译文】

　　齐景公请教晏子道："我想好好治理齐国的政事，以求称霸于
诸侯。"

　　晏子回答说："官吏还不齐备。下臣我几次跟您说，可是您不肯听。
下臣我听说孔子平日里精神萎靡，行为略有不当，就有季次、原宪陪侍
规劝他；他心气郁闷而生病时，心情不舒畅，就有子路、子夏陪侍规劝
他；他品德还不够完美，行为还不够淳厚时，就有颜回、闵子骞、冉雍陪
侍规劝他。如今您的朝廷中有上万名臣子，有上千辆兵车，可是由于不
好的政治措施而在下层民众中造成的损失已经很多了，却没有贤能之
士敢于和您说。下臣我所以说：官吏还不齐备。"

公曰："寡人今欲从夫子而善齐国之政，可乎？"
对曰："婴闻国有具官，然后其政可善。"

【译文】

景公说:"寡人现在想听从先生您的指教来搞好齐国的政治,可以吗?"

晏子回答道:"我听说国家要有齐备的官吏,这以后它的政治才可能好起来。"

公作色不说,曰:"齐国虽小,则何谓官不具?"

对曰:"此非臣之所复也。昔吾先君桓公身体惰懈①,辞令不给②,则隰朋昵侍③;左右多过,狱谳不中④,则弦宁昵侍;田野不修⑤,民氓不安⑥,则宁戚昵侍;军吏怠,戎士偷⑦,则王子成甫昵侍;居处佚怠⑧,左右慑畏,繁乎乐,省乎治,则东郭牙昵侍;德义不中,信行衰微,则管子昵侍。先君能以人之长续其短,以人之厚补其薄,是以辞令穷远而不逆⑨,兵加于有罪而不顿⑩,是故诸侯朝其德,而天子致其胙⑪。今君之过失多矣,未有一士以闻者也。故曰官不具。"

公曰:"善。"

【注释】

①桓公:齐桓公,公元前685至643年在位,为春秋五霸之一。

②辞令:应酬、答对的言辞。给(jǐ):敏捷。

③隰(xí)朋:人名,与下文的弦宁、宁戚、王子成甫、东郭牙、管子等均为齐桓公臣。昵:亲近。

④狱谳(yàn):审案定罪。中:公正,得当。

⑤不修:意谓田野荒芜不能开垦。

⑥氓(méng):居于郊野之民。这里泛指百姓。

⑦戎士:武士,士兵。偷:苟且,散漫。

⑧佚(yì)：安逸，安乐。

⑨穷远：边远。

⑩顿：困顿，受挫。

⑪胙(zuò)：祭祀用的肉。古人在祭祀后，将祭肉分赐于人，得到者享有殊荣。史载，齐桓公三十五年夏，会诸侯于葵丘，周襄王派人赐予祭肉等物。这表明其地位受到诸侯尊崇、天子重视。

【译文】

景公沉下脸不高兴，说："齐国虽然很小，却怎么能说官吏不齐备呢？"

晏子回答说："这不是下臣我所能答复的。从前我们的先君桓公身体慵懒懈怠，辞令不敏捷，就有照朋亲近辅佐他；左右近臣多有过错，审案定罪不恰当，就有弦宁亲近辅佐他；田野得不到开垦，农民生活不安定，就有宁戚亲近辅佐他；军官懈怠，士兵散漫，就有王子成甫亲近辅佐他。平日里安逸懈怠，左右近臣害怕畏惧，花样繁多地享乐，简单马虎地治国，就有东郭牙亲近辅佐他；品德道义不正当，信誉德行衰微缺损，就有管仲亲近辅佐他。先君能以他人的长处连接自己的短处，以他人的丰厚弥补自己的微薄，因此他的辞令直达边远而无人违抗，对有罪之国用兵而不受挫折，所以诸侯向往他的仁德，天子赐予他祭肉。如今您的过失已经很多了，却没有一个人跟您说。所以说官吏不齐备。"

景公说："说得好。"

景公问欲如桓公用管仲以成霸业
晏子对以不能第七

【题解】

　　齐景公希望晏子能像管仲辅佐齐桓公那样辅佐自己，成就霸业。晏子告诉他，管仲之所以成功，是因为桓公有许多贤明之处，而这些景公都不具备，所以连国家都可能丧失，更谈不上成就霸业了。

　　景公问晏子曰："昔吾先君桓公，有管仲夷吾保乂齐国①，能遂武功而立文德②，纠合兄弟③，抚存冀州④，吴、越受令，荆楚惛忧⑤，莫不宾服⑥，勤于周室⑦，天子加德⑧。先君昭功，管子之力也。今寡人亦欲存齐国之政于夫子⑨，夫子以佐佑寡人⑩，彰先君之功烈⑪，而继管子之业。"

【注释】

　　①保：保护，扶持。乂（yì）：治理，安定。

　　②遂：成。武功：指用武力征伐取得的成就。文德：指用礼义教化取得的成就。

　　③兄弟：兄弟国家，指同盟的诸侯国。

④冀州：古代九州之一，范围大约包括现在的山西全省以及河北、
　山东部分地区。这里当泛指中原地区，即当时所谓"中国"。

⑤荆楚：楚国。荆，楚国的别称。悗（mèn）：通"闷"，烦闷，有心病。

⑥宾服：指各国诸侯按时朝见进贡，表示服从。

⑦勤：劳苦，尽力。周室：周天子王室。

⑧加德：嘉奖，表彰。

⑨存：存放，托付。

⑩佐佑：辅佐。

⑪彰：显明，发扬光大。功烈：功业。

【译文】

　　齐景公问晏子："从前我们的先君桓公，有管仲扶持治理齐国，能成就武功而树立文德，联合兄弟国家，安抚保存了中原之地，吴国、越国俯首听命，楚国忧愁畏惧，没有谁敢不来臣服，尽力效命于周王室，得到天子的嘉奖表彰。先君的昭著功业，靠的是管子的力量。如今寡人也想把齐国的政治托付给先生您，先生您以此重托辅佐寡人，显扬先君的功业，继承管子的业绩。"

　　晏子对曰："昔吾先君桓公，能任用贤①，国有什伍②，治遍细民③；贵不凌贱，富不傲贫，功不遗罢④，佞不吐愚⑤，举事不私，听狱不阿⑥；内妾无羡食⑦，外臣无羡禄，鳏寡无饥色；不以饮食之辟害民之财⑧，不以宫室之侈劳人之力；节取于民，而普施之⑨；府无藏⑩，仓无粟；上无骄行，下无谄德。是以管子能以齐国免于难，而以吾先君参乎天子⑪。今君欲彰先君之功烈，而继管子之业，则无以多辟伤百姓，无以嗜欲怨诸侯，孰敢不承善尽力，以顺君意？今君疏远贤人，而任谗谀；使民若不胜⑫，藉敛若不得⑬；厚取于民而薄其施，多

求于诸侯而轻其礼；府藏朽蠹而礼悖于诸侯⑭，菽粟藏深而怨积于百姓⑮；君臣交恶，而政刑无常⑯。臣恐国之危失，而公不得享也，又恶能彰先君之功烈而继管子之业乎⑰？"

【注释】

①能任：善于用人。

②什(shí)伍：古代军队和户籍的编制。军队五人为"伍"，十人为"什"；户籍以五家为"伍"，十家为"什"。

③细民：小民，百姓。

④遗：当为"谴"字之误。遣，通"谴"，谴责。罢(pí)：软弱无能。

⑤佞(nìng)：聪明，有才能。吐：唾弃，鄙弃。

⑥听狱：处理官司诉讼。阿(ē)：偏私。

⑦羡：多余。

⑧辟：通"癖"，癖好。

⑨施：给予。

⑩府：存储财物的地方。

⑪参乎天子：与天子地位等同。齐桓公称霸诸侯，发号施令，诸侯"莫不宾服"，其势如同天子，故称。

⑫胜：尽。

⑬藉敛：征收赋税。

⑭蠹(dù)：蛀虫。悖：违背。

⑮菽(shū)：豆。这里和"粟"一样，都泛指各种粮食。

⑯刑：法律。

⑰恶(wū)：怎么。

【译文】

晏子回答说："从前我们的先君桓公，知人善任重用贤人，国家有完备的户籍编制，对百姓的管理十分周全；尊贵的不欺凌卑贱的，富裕的不傲视贫困的,有功的不斥责无能的,聪明的不鄙弃愚钝的;办事不自私,断案不偏袒;宫里的姬妾没有过多的食物,外面的臣子没有过多的俸禄,鳏夫寡妇没有饥饿的神色;不因为自己的饮食癖好而损害百姓的财物,不因为宫室的奢侈而劳累民众的人力;有节制地向百姓收取,却普遍地给予百姓;府库中没有收藏,粮仓里没有粮食;在上的没有骄横的行为,在下的没有谄媚的品德。所以管子能使齐国免于灾难,能让我们的先君位同天子。如今您想显扬先君的功业,继承管子的业绩,就不要因为繁多的癖好而伤害百姓,不要为满足嗜好欲望而结怨于诸侯,谁敢不接受您的善意尽心尽力,以顺从您的心愿呢?如今您疏远贤人,任用谗言阿谀的小人;役使百姓就好像总是没个完,征收赋税就好像总是没得到;向百姓收取很丰厚而给他们却很微薄,向诸侯索求很多而对礼节却很不在乎;府库中的藏品腐朽生虫而对诸侯却违背了常礼,各种粮食藏得很深却把怨恨积存在百姓心中;君臣之间的关系很坏,而政令法律又反复无常。下臣我担心国家危险丧失,而您不能享有,又怎能显扬先君的功业而继承管子的业绩呢?"

景公问莒鲁孰先亡
晏子对以鲁后莒先第八

【题解】

齐景公向晏子请教莒国与鲁国哪个先亡的问题。晏子分析了各国的情况，得出莒国先亡、鲁亡于齐，而齐国又将为田氏所取代的预见。莒(jǔ)：春秋时国名，在今山东莒县一带。

景公问晏子："莒与鲁孰先亡？"

对曰："以臣观之也，莒之细人，变而不化^①，贪而好假，高勇而贱仁；士武以疾忿，急以速竭。是以上不能养其下，下不能事其上，上下不能相收^②，则政之大体失矣。故以臣观之也，莒其先亡。"

【注释】

①变：指没有操守，所以性情行为多变。不化：指本性顽冥愚钝，难以教化。

②收：容。

【译文】

齐景公问晏子:"莒国和鲁国,哪个先灭亡?"

晏子回答说:"照下臣看来,莒国的小民,行为多变但本性顽冥不化,贪心而好虚假,崇尚勇力而轻视仁义;士人则好斗而暴怒,性情急躁而很快就精疲力竭。因此在上的不能养育在下的,在下的不能服事在上的,上下不能相容,那么国家大政就大体丧失了。所以照下臣看来,莒国要先灭亡。"

公曰:"鲁何如?"

对曰:"鲁之君臣,犹好为义;下之妥妥也^①,奄然寡闻^②。是以上能养其下,下能事其上,上下相收,政之大体存矣。故鲁犹可长守,然其亦有一焉。彼邹、滕^③,雉奔而能出其地^④,犹称公侯^⑤,小之事大、弱之事强久矣。彼晋者,周之树国也,鲁近齐而亲晋,以变小国^⑥,而不服于邹^⑦,以远望晋,灭国之道也。齐其有鲁与莒乎?"

【注释】

①妥妥:安闲平和的样子。

②奄然寡闻:少有听闻。意谓安分守己,不管闲事。奄,通"暗",不明。

③邹、滕:春秋时小国名。邹在今山东邹县一带,滕在今山东滕县西南。

④雉奔而能出其地:雉不善飞,却能奔出其地,形容邹、滕国土狭小。雉,野鸡。

⑤犹称公侯:意谓虽是小国,其国君也称"公"、"侯",和其他大国一样。

⑥变：通"褊"（biǎn），狭小。

⑦邻：邻国。这里指齐国。

【译文】

景公问："鲁国怎么样呢？"

晏子回答说："鲁国的君臣，还比较爱施行仁义；下民安闲平和，少管闲事。所以在上的能养育在下的，在下的能服事在上的，上下相容，国家大政还大体存在。所以鲁国还可以长久保持住，但是也有一个问题。那邹国、滕国，小得连野鸡都能跑出国境，但还能照样称公称侯，是因为它长期善于以小服事大、以弱服事强。那晋国，不过是周王朝所树立的国家，鲁国靠近齐国却亲近晋国，凭它那狭小之国，却不顺从近邻的强大齐国，而指望遥远的晋国，这是灭国的做法。齐国大概会占有鲁国和莒国吧？"

公曰："鲁与莒之事，寡人既得闻之矣。寡人之德亦薄，然后世孰践有齐国者①？"

对曰："田无宇之后为几②。"

公曰："何故也？"

对曰："公量小，私量大③，以施于民；其与士交也，用财无筐箧之藏④。国人负携其子而归之，若水之流下也。夫先与人利，而后辞其难，不亦寡乎！若苟勿辞也，从而抚之，不亦几乎！"

【注释】

①践：即位为君。

②田无宇：人名，又叫"陈桓子"、"田桓子"，齐国大夫。其先陈完，原为陈国公子。陈国内乱，他出奔到齐国，改姓田（陈、田古音相

近），被齐桓公任为卿。此后其家族势力渐强，到田无宇时，他以大斗出贷、小斗收进等办法，收买人心，觊觎王位。后来其后代果然弑齐君、专齐国之政，最终夺取齐国王位，史称"田氏代齐"。几(jī)：相近，差不多。

③"公量"二句：公量，指齐国官方采用的量器，即以四升为豆，四豆为区，四区为釜，十釜为钟；私量，指田氏私家使用的量器，据本书《问下第四·晋叔向问齐国若何晏子对以齐德衰民归田氏第十七》篇载，是以五升为豆，五豆为区，五区为釜，十釜为钟。这就是所谓"大斗出，小斗进"。田氏代齐（战国）后，这种"私量"就成为齐国的标准量器，并为秦、魏等国所采用。

④箧(qiè)：小箱子。

【译文】

景公说："鲁国和莒国的事情，寡人现在已经听说了。寡人的德行也很微薄，那么后代谁将登上齐国的王位呢？"

晏子回答说："田无宇的后代是差不多有可能的。"

景公问："什么缘故呢？"

晏子回答说："王室的量器小，他们私家的量器大，他用这种大量器施行恩惠于百姓；他和士人交往，动用财物没有一筐一箱的隐藏。所以国内百姓背负手牵地带子女归附他，就好像水往低处流一样。先给别人以利益，然后当他有难处时却推辞不帮的人，不是很少吗？如果人们不推辞，跟着再加以抚慰，这样大事不就差不多成功了吗？"

景公问治国何患晏子对以社鼠猛狗第九

【题解】

齐景公问晏子关于治国的祸患问题。晏子尖锐地指出,最大的祸患就是君王的左右亲信。他们仗势弄权,为非作歹,蒙蔽君王,但因为有君王的庇护,谁也奈何不得。晏子把这种人形象地比喻为社鼠、猛狗。社鼠:社是土地神,社鼠就是寄居在土地神庙中的老鼠。

景公问于晏子曰:"治国何患?"

晏子对曰:"患夫社鼠。"

【译文】

齐景公问晏子道:"治理国家有什么忧患?"

晏子答道:"忧患就是那社鼠。"

公曰:"何谓也?"

对曰:"夫社,束木而涂之[①],鼠因往托焉,熏之则恐烧其木,灌之则恐败其涂,此鼠所以不可得杀者,以社故也。夫国亦有社鼠,人主左右是也。内则蔽善恶于君上,外则卖权重于百姓②。不诛之，则为乱；诛之，则为人主所案据③，腹而有之④。此亦国之社鼠也。宋人有酤酒者，为器甚洁清，置表甚长⑤，而酒酸不售，问之里人其故⑥，里人曰：'公之狗猛，人挈器而入⑦，且酤公酒，狗迎而噬之⑧，此酒所以酸而不售也。'夫国亦有猛狗，用事者是也⑨。有道术之士⑩，欲干万乘之主⑪，而用事者迎而龁之⑫，此亦国之猛狗也。左右为社鼠，用事者为猛狗，主安得无壅⑬，国安得无患乎？"

【注释】

①涂：用泥巴涂抹。

②重：权。

③案据：安定，平息。

④腹：比喻庇护，包庇。

⑤表：标识。这里指卖酒的招牌，即古代的广告。

⑥里：乡里。

⑦挈（qiè）：提。

⑧噬（shì）：咬。

⑨用事：当权管事。

⑩道术：本事，才能。

⑪干：进言献策以求重用。万乘（shèng）之主：大国之君。古代以拥有兵车数量多少来衡量国家实力大小。一车四马为一乘，万乘，即拥有万辆兵车，本为天子之制，春秋战国时，权力下移，大国也有万乘。

⑫龁（hé）：咬。

⑬壅（yōng）：堵塞，蒙蔽。

【译文】

景公说："这是什么意思啊？"

晏子答道："那社，捆扎木头涂抹上泥巴，老鼠因此就寄居在里面，用烟火熏它怕烧了木头，用水灌它怕泡坏了泥巴，这老鼠之所以不能得以杀灭，就因为社的缘故。国家也有社鼠，君主的左右亲信就是。他们在朝廷内不论好事坏事都对君主隐瞒，在朝廷外面就对老百姓卖弄权力。不杀了他们，他们就会作乱；要杀他们，可君主又会出面安抚平息，庇护宽赦他们。这也就是国家的社鼠。宋国有个卖酒的人，使用的器具很清洁，树立的招牌也很长，可是酒酸了卖不出去，他问邻里是什么原因，邻里说：'您的狗太凶了，人家提着酒器进来，想要买您的酒，可是狗迎面扑上来咬他，这就是酒之所以变酸而卖不出去的原因。'国家也有这样的凶狗，那些当权管事的人就是。有的人很有本事学问，想到大国之君面前施展，可是那些当权管事的人就迎面扑上去咬他，这也就是国家的凶狗。左右亲信为社鼠，当权管事者为凶狗，君主怎么能不被蒙蔽，国家怎么会没有忧患呢？"

景公问欲令祝史求福
晏子对以当辞罪而无求第十

【题解】

齐景公自感体弱多病,想通过求神来致福。晏子指出,要想得福,平时的政令行为必须上从天意下合民心,多向神灵反省请罪而不敢有所求;而景公的所作所为,正和这些相反。祝宗:祝官与宗官,都是掌管祭祀祝祷的官。

景公问晏子曰:"寡人意气衰,身病甚。今吾欲具圭璧牺牲①,令祝宗荐之乎上帝宗庙②,意者祀可以干福乎③?"

晏子对曰:"婴闻之,古者先君之干福也,政必合乎民,行必顺乎神。节宫室④,不敢大斩伐,以无逼山林⑤;节饮食,无多畋渔⑥,以无逼川泽;祝宗用事⑦,辞罪而不敢有所求也。是以神民俱顺,而山川纳禄⑧。今君政反乎民,而行悖乎神⑨。大宫室,多斩伐,以逼山林;羡饮食⑩,多畋渔,以逼川泽。是以民神俱怨,而山川收禄。司过荐罪⑪,而祝宗祈福,意者逆乎!"

【注释】

①圭(guī)璧：祭祀所用的玉器。牺牲：祭祀所用的牲口，如猪牛羊之类。

②祝宗：祝官与宗官，都是掌管祭祀祝祷的官。荐：献。

③意者：料想。干：求。

④节：节制。

⑤逼：胁迫，侵害。

⑥畋(tián)：打猎。

⑦用事：办理事务。这里指进行祭祀祈祷活动。

⑧纳：使人收纳，即进献之意。禄：福。这里指取用不尽的财富。

⑨悖(bèi)：违逆，违背。

⑩羡：多余。这里与前面的"节"相对，意为奢侈。

⑪司过：古代官名，掌纠正过失。荐：举。

【译文】

齐景公问晏子："寡人精神元气衰弱，身体的疾病也很严重。现在我想备办美玉礼器和牛羊祭品，让祝官宗官把这些敬献给上帝和祖宗神灵，我想通过祭祀可以求福吧？"

晏子回答说："我听说，古代先君要求福，政治必定符合民心，行为必定顺从神的意志。修建宫室有节制，不敢大肆砍伐树木，以便不侵害山林资源；饮食有节制，没有过多地狩猎捕鱼，以便不侵害山川湖泽的野生资源；祝官宗官祭祀祈祷时，只是请罪而不敢有所要求。因此神灵和民众都很顺从，而山川也献财造福。如今您的政治违背了民心，而行为背逆了神的意志。大建宫室，过多砍伐，于是侵害了山林资源；饮食奢侈，过多渔猎，于是侵害了山川湖泽的野生资源。因此民众和神灵都怨恨，而山川也收回了财富。司过官在列举罪过，而祝官宗官却在求福，我想这是互相违背的吧！"

公曰:"寡人非夫子无所闻此,请革心易行。"于是废公阜之游①,止海食之献;斩伐者以时②,畋渔者有数;居处饮食,节之勿羡;祝宗用事,辞罪而不敢有所求也。故邻国忌之③,百姓亲之,晏子没而后衰。

【注释】

①公阜(fù):地名。

②以时:按照时令。

③忌:顾忌,忌惮。

【译文】

景公说:"寡人要是没有先生您就听不到这样的话,请让我改变想法和行为。"于是打消了去公阜游玩的念头,不再让人进献海鲜食品;砍伐树木按照时令进行,狩猎捕鱼有限定的次数;住房饮食,有节制而不奢侈;祝官宗官祭祀祈祷,只请罪而不敢有所要求。因此邻国有所顾忌,百姓都来亲附,直到晏子死后齐国才衰败下去。

景公问古之盛君其行如何
晏子对以问道者更正第十一

【题解】

齐景公向晏子打听古代盛德之君的德行。晏子列举了盛君的种种贤明之处，并批评景公，既然询问道理，就要有所触动，设法改正自己的缺点；而景公横征暴敛、骄奢淫逸，百姓积怨已深，他却不当回事。

景公问晏子曰："古之盛君，其行如何？"

晏子对曰："薄于身而厚于民①，约于身而广于世②。其处上也，足以明政行教，不以威天下；其取财也，权有无③，均贫富，不以养嗜欲。诛不避贵，赏不遗贱；不淫于乐④，不遁于哀⑤。尽智导民而不伐焉⑥，劳力事民而不责焉⑦。政尚相利，故下不以相害为行；教尚相爱，故民不以相恶为名。刑罚中于法⑧，废置顺于民。是以贤者处上而不华⑨，不肖者处下而不怨⑩。四海之内，社稷之中，粒食之民⑪，一意同欲，若夫私家之政，生有厚利，死有遗教⑫。此盛君之行也。臣闻问道者更正，闻道者更容。今君税敛重，故民心离；市买悖⑬，故商旅绝⑭；玩好充，故家货殚⑮。积邪在于上，蓄怨藏于民，嗜欲备于侧，毁非满于国，而公不图。"

【注释】

①薄：与"厚"，均指财物供养方面。

②约：约束。广：心胸宽广，对人宽容。

③权：权衡，均衡。

④淫：过度。

⑤遁(xún)于哀：哀伤不止。遁，通"巡"，徘徊。这里是沉溺不能自拔之意。按：以上两句，即孔子"乐而不淫，哀而不伤"之旨。

⑥伐：夸耀。

⑦责：求。

⑧中(zhòng)：合。

⑨华：通"哗"，喧哗。这里意为大肆张扬炫耀。

⑩不肖：与"贤"相对，即不贤。

⑪粒食：以谷米为食。这是普通百姓的饭食，与上层贵族的"肉食"相对。

⑫遗教：留下美德以教育后人。

⑬悖(bèi)：乱。

⑭商旅：流动的商人。

⑮家货：指百姓家中的财物。殚(dān)：尽。

【译文】

齐景公问晏子道："古代那些功业盛大的君王，他们的行为是怎样的？"

晏子回答说："他们微薄待己而丰厚待民，约束自己而宽容天下。他们身居上位，能充分以此实行贤明的政治并推行教化，不用威力制服天下；他们征收财物，权衡有无，均等贫富，不用以滋长自己的嗜好贪欲。实行惩罚不回避尊贵者，实行奖赏不遗漏卑贱者；不过分地欢乐，不沉溺于悲哀。竭尽才智来引导百姓而不自夸，辛苦劳累为民办事而无所求。政治方面崇尚互利，所以下面的人们不以互相损害为日常行为；教化方面崇尚相爱，所以百姓不以互相憎恶来为自己正名。施行刑罚符合法律，罢免任用都顺应民心。所以贤能的人身居上位而不张扬炫耀，不贤的人处于下层也毫无怨言。四海之内，全国之中，凡是吃谷食米的百姓，同心同德，就像那私人家庭中的家政，生前攒下丰厚的家产，死后留下美德教育后人。这就是功业盛大的君王的行为。我听说询问道理是想要改正自己，所以听到道理后脸色表情就会有所变化。如今您收税繁重，所以民心离散；市场混乱，所以商人绝迹；您爱好的玩物充足了，所以百姓家中的财物就竭尽了。邪僻之气积存在上面，怨恨之气储藏在百姓中间，满足您嗜好贪欲的东西齐备在您的身边，各种诋毁非难的意见充满了全国，可是您对这些都不当一回事。"

　　公曰："善。"于是令玩好不御^①，公市不豫^②，宫室不饰，业土不成^③，止役轻税。上下行之，而百姓相亲。

【注释】

①御：进献。

②公市：市场交易。豫：欺诈。

③业土：已经动工的土石工程。业，已经。

【译文】

　　景公说："说得好。"于是下令不再进献好玩的物品，市场交易不许欺诈，宫室不再装饰，已动工的土石工程不再继续完成，停止徭役减轻赋税。上上下下照此实行，于是百姓们都亲附景公。

景公问谋必得事必成何术
晏子对以度义因民第十二

【题解】

　　齐景公向晏子询问怎样才能谋事必得、做事必成。晏子对他讲述了谋事要衡量于道义、做事要随顺于民心的道理。并指出景公既不是那种尽善尽美的好君王，但也不是那种一身毛病又不肯请教的坏君王，他时有过错，但能请教，虽有危险，但还能保全一生。

　　景公问晏子曰："谋必得①，事必成，有术乎②？"
　　晏子对曰："有。"
　　公曰："其术如何？"
　　晏子曰："谋度于义者必得③，事因于民者必成④。"

【注释】

　　①得：实现，成功。
　　②术：方法。
　　③度：衡量。
　　④因：依据，随顺。

【译文】

齐景公问晏子道："谋划一定能实现，做事一定能成功，有什么方法吗？"

晏子回答说："有。"

景公问："这方法是怎样的呢？"

晏子说："谋划衡量于道义就必定能实现，做事随顺于民心就必定能成功。"

公曰："奚谓也[①]？"

对曰："其谋也，左右无所系[②]，上下无所縻[③]；其声不悖，其实不逆[④]；谋于上不违天，谋于下不违民。以此谋者必得矣。事大则利厚，事小则利薄，称事之小大[⑤]，权利之轻重[⑥]，国有义劳，民有加利。以此举事者必成矣[⑦]。夫逃义而谋[⑧]，虽成不安[⑨]；傲民举事[⑩]，虽成不荣[⑪]。故臣闻：义，谋之法也；民，事之本也。故反义而谋，倍民而动[⑫]，未闻存者也。昔三代之兴也[⑬]，谋必度于义，事必因于民；及其衰也，建谋反义，兴事伤民。故度义因民，谋事之术也。"

【注释】

①奚：何。

②左右：与下句的"上下"均指来自各方面的非道义的人为因素。

③縻（mí）：与上句的"系"同义，牵系，束缚。

④"其声"二句：二句互文。"声"即名，名声，名义；"实"即实际，事功。春秋战国时，注重名实之辨，虽各家理论有别，但都主张名实相副，不相违背。

⑤称：称量，权衡。

⑥权：与"称"同义。

⑦举：兴，兴办。

⑧逃：背离。

⑨安：太平，没有危险。

⑩傲：傲视，漠视。

⑪荣：昌盛，兴旺发达。

⑫倍：通"背"，违背。

⑬三代：指夏、商、周三个朝代。

【译文】

景公问："这说的是什么意思呢？"

晏子回答说："这种谋划，没有左右方面的牵累，也没有上下方面的束缚；它的名义不违背实际，它的实际不违背名义；谋划对上不违背天意，谋划对下不违背民心。按照这样来谋划就必定能实现。事情大利益也大，事情小利益也小，称量事情的大小，权衡利益的轻重，国家有符合道义的劳作，民众能获得增加的利益。按照这样来做事就必定能成功。背离道义去谋划，即使成功了也不会平安无恙；漠视民意去做事，即使成功也不会昌盛兴旺。所以下臣我听说：道义，是谋划的法则；民心，是做事的根本。因此违反道义而谋划，背离民意而行动，没听说这样的国家会长存的。从前夏商周三代兴盛的时候，谋划必定要衡量于道义，做事必定要随顺于民心；到了它们衰败时，出谋划策违反道义，兴办事情伤害百姓。所以衡量道义随顺民心，是谋划做事的方法。"

公曰："寡人不敏，闻善不行，其危如何？"

对曰："上君全善①，其次出入焉②，其次结邪而羞问③。全善之君，能制出入之君；时问之君，虽日危④，尚可以没身⑤；羞问之君，不能保其身。今君虽危，尚可没其身也。"

【注释】

①上君:德行最好的君王。

②出入:意为在"善"中出入,即有时善有时不善。

③结:结交,沾染。

④日:一天天。一说,字当作"曰"。

⑤没(mò)身:终其一生。意为保全一生正常地活着。

【译文】

景公说:"寡人不聪敏,听到好的却不能实行,这样有什么危险呢?"

晏子回答说:"最好的君王是尽善尽美的,差一等的君王则时有偏差,再差一等的君王则沾染邪僻而羞于请教。尽善尽美的君王,能制服时有偏差的君王;能时有请教的君王,虽然一天天危险,但还能保全一生;羞于请教的君王,就不能保全一生了。如今您虽然危险,但还能保全一生。"

景公问善为国家者何如
晏子对以举贤官能第十三

【题解】

　　齐景公向晏子请教治国之道。晏子告诉他,要重用贤能,并告诫景公,判定是否贤能,不要凭他们的漂亮言辞和别人的毁誉,而是要观察他们的所作所为。

　　景公问晏子曰:"莅国治民①,善为国家者,何如?"

　　晏子对曰:"举贤以临国②,官能以敕民③,则其道也。举贤官能,则民与君矣④。"

【注释】

　　①莅国:统治国家。

　　②举:举用,提拔。临国:治理国家。

　　③官能:以能人为官,即任用能人。敕:整饬,整治,治理。

　　④与:亲附。

【译文】

　　齐景公问晏子道:"统治国家治理百姓,善于搞好国家的人,是怎样的呢?"

晏子回答说:"提拔贤人来治理国家,任用能人来管理百姓,这就是治国之道。提拔贤人任用能人,百姓就亲附君王了。"

公曰:"虽有贤能,吾庸知乎^①?"

晏子对曰:"贤而隐^②,庸为贤乎? 吾君亦不务乎是^③,故不知也。"

【注释】

①庸:岂,怎么。

②隐:隐藏。这里指不被发现。

③务:努力,致力。是:这方面。指发现提拔贤能之人。

【译文】

景公说:"即使有贤人能人,我怎么知道呢?"

晏子回答说:"贤人如果不被发现,怎么算是贤人呢? 您也不致力于这方面,所以不知道。"

公曰:"请问求贤。"

对曰:"观之以其游^①,说之以其行^②。无以靡曼辩辞定其行^③,无以毁誉非议定其身^④,如此,则不为行以扬声^⑤,不掩欲以荣君^⑥。故通则视其所举^⑦,穷则视其所不为^⑧,富则视其所分,贫则视其所不取。夫上士,难进而易退也^⑨;其次,易进而易退也;其下,易进而难退也。以此数物者取人^⑩,其可乎!"

【注释】

①游：交游。

②说：评说，评价。

③靡曼：华丽。

④身：身份，地位。

⑤扬声：以花言巧语宣扬自己。

⑥荣君：求荣于君，即在君王面前求得尊显荣耀的地位。

⑦通：通达，得志。

⑧穷：困窘，不得志。

⑨难：不肯轻易。进：进身为官。退：指辞官退隐。

⑩物：事。

【译文】

景公说："让我向您请教怎么求贤。"

晏子回答说："通过他的交游观察他，通过他的行为评价他。不要凭他的华丽雄辩的言辞判定他的行为，也不要凭人们对他的诋毁赞誉或非议确定他的身份，这样，他就不会为了标榜行为而放声宣扬自己，也不会掩饰自己的欲望来向君王求得尊显荣耀的身份。所以当他得志时就看他所荐举的是什么样的人，当他不得志时就看他所不做的是什么样的事情，当他富裕时就看他把财物分给什么样的人，当他贫困时就看他所不求取的是什么样的东西。上等的士人，不肯轻易进身为官而轻易辞官退隐；次一等的，轻易进身也轻易退隐；下等的，轻易进身却不肯轻易退隐。凭这些事情去选取人才，大概就可以了吧！"

景公问君臣身尊而荣难乎
晏子对以易第十四

【题解】

　　齐景公询问晏子关于为君为臣之道。晏子告诉他，做君王的，要节制奉养，照顾百姓；做臣子的，要忠于职守，言而有信，不超越职权。同时晏子也向景公指出导致君王地位危险、臣子身败名裂的种种表现。

　　景公问晏子曰："为君身尊民安，为臣事治身荣①，难乎，易乎？"

　　晏子对曰："易。"

　　公曰："何若？"

　　对曰："为君，节养，其余以顾民，则身尊而民安；为臣，忠信而无逾职业②，则事治而身荣。"

【注释】

　　①治：事情办得好。荣：尊显荣耀。

　　②忠：忠于职守，尽责尽职。逾：超越。

【译文】

齐景公问晏子道:"做君王的,身份尊贵百姓安定;做臣子的,事情办得好身份也荣显,这样困难呢? 还是容易呢?"

晏子回答说:"容易。"

景公说:"应该怎样呢?"

晏子回答说:"做君王的,节制自己的奉养,其余的用以照顾百姓,这样自身就尊贵而且百姓也安定;做臣子的,忠于职守,言而有信,并且不超越职权,这样就能把事情办好而且身份也荣显。"

公又问:"为君何行则危? 为臣何行则废①?"

晏子对曰:"为君,厚藉敛而托之为民②,进谗谀而托之用贤,远公正而托之不顺。君行此三者则危。为臣,比周以求进③;逾职业,防下隐利而求多;从君,不陈过而求亲。人臣行此三者则废。故明君不以邪观民④,守则而不亏⑤,立法仪而不犯⑥,苟有所求于民,不以身害之,是故刑政安于下⑦,民心固于上⑧。故察士不比周而进⑨,不为苟而求⑩,言无阴阳⑪,行无内外⑫,顺则进⑬,否则退,不与上行邪,是以进不失廉,退不失行也。"

【注释】

①废:身败名裂。

②藉敛:征收赋税。藉,通"籍"。托:推托,借口。

③比周:不正当的勾结。进:提拔,进身为官。

④观:使人观,即显示。

⑤则:法则,常规。亏:损害。

⑥仪:准则,规则。

⑦安：安稳不变，顺利实施。

⑧固：坚定，稳固。

⑨察士：明察事理的士人。

⑩苟：苟且，不正当。

⑪阴阳：阴一套阳一套。

⑫内外：表里不一。

⑬顺：顺理顺心，指既符合道义常理，又符合个人的志向原则。

【译文】

景公又问："做君王的行为怎样就会危险？做臣子的行为怎样就会身败名裂？"

晏子回答说："做君王的，繁重地征收赋税却借口是为了百姓，进用谗言阿谀之人却借口是任用贤人，疏远无私正直之人却借口他们不顺从。君王实行这三条就会危险。做臣子的，拉帮结伙以求提拔上进；超越职权，防备下属隐瞒私利而贪求多取；随从君王，不指陈过错而只求亲近。做臣子的实行这三条就会身败名裂。所以贤明的君王不向百姓显示自己的邪僻，严守法则而不加以损害，树立法度规则而不加以冒犯，如果对百姓有所索求，也不以自身欲求而伤害百姓，因此刑法政令在百姓中得以安稳实施，民心也紧密依附于君王。所以明察事理的士人不拉帮结伙以便进身提拔，不为不正当的利益而索取，说话不阴阳两面，行为没有表里不一，顺理顺心就进身为官，否则就辞官退隐，不和君王一起做邪僻之事，因此进身为官不丧失廉正，辞官退隐也不丧失品行。"

景公问天下之所以存亡
晏子对以六说第十五

【题解】

齐景公向晏子请教天下存亡的原因。晏子教他要从六个方面去观察分析。

景公问晏子曰："寡人持不仁^①，其无义耳也^②。不然，北面与夫子而义^③。"

晏子对曰："婴，人臣也，公曷为出若言^④？"

【注释】

①持不仁：没有仁德。持，有。

②义：理应。与"宜"义同。

③"北面"句：古时君王南面，臣子北面。这里景公说"北面"，意为自己不适宜为君，应当北面为臣，把君位让于晏子。按：古代宗法制，君位世袭，君臣名位，至关重要，景公当然不会是真的要让位，无非是表示一种谦虚诚恳的态度而已。与，给予。

④曷：何。

【译文】

齐景公问晏子道："寡人没有仁德，大概是不适宜为君了。要不然，我脸朝北为臣而把君位让于先生您才适宜。"

晏子回答说："我晏子，是个臣子啊，您怎么说出这样的话来？"

公曰："请终问天下之所以存亡①。"

晏子曰："缦密不能②，麁苴不学者诎③。身无以用人，而又不为人用者卑。善人不能戚④，恶人不能疏者危。交游朋友，无以说于人，又不能说人者穷⑤。事君要利⑥，大者不得，小者不为者馁⑦。修道立义，大不能专⑧，小不能附者灭⑨。此足以观存亡矣。"

【注释】

①终：穷究，彻底。

②缦密：精微细密。

③麁(cū)：同"麤(粗)"。苴(jū)：粗。诎(qū)：屈，受挫。

④戚：亲近。

⑤穷：困窘。

⑥事：侍奉。要(yāo)：求，取。

⑦馁(něi)：同"馁"，饥饿。

⑧专：专有，完全具有。

⑨附：附带，兼有。

【译文】

景公说："我想向您刨根问底地请教天下之所以存亡的原因。"

晏子说："精微细密的事不会做，粗疏的事又不愿学，这样的人就要受挫。自身没有用人的本事，却又不为别人所用，这样的人就卑微。好人不能亲近，坏人又不能疏远，这样的人就危险。与人结交朋辈往来，没什么让人喜欢，又不能喜欢别人，这样的人就困窘。侍奉君王爱求取利益，大利得不到，小利又不愿要，这样的人就要挨饿。修养道德树立仁义，大的方面不能完全具有，小的方面又不能附带兼有，这样的人就要灭亡。从这些方面就足以观察天下存亡的道理了。"

景公问君子常行曷若
晏子对以三者第十六

【题解】

　　齐景公向晏子请教君子应有的日常行为。晏子从衣着、言语、处事三个方面加以归纳分析。

　　景公问晏子曰："君子常行曷若^①？"

　　晏子对曰："衣冠不中^②，不敢以入朝；所言不义，不敢以要君^③；身行不顺^④，治事不公，不敢以莅众^⑤。衣冠无不中，故朝无奇僻之服^⑥；所言无不义，故下无伪上之报；身行顺，治事公，故国无阿党之义^⑦。三者，君子之常行也。"

【注释】

　　①曷若：何如。

　　②中：适当。

　　③要（yāo）：要挟。这里意为强谏，迫使对方听从。

　　④顺：与"逆"相对，指行为正当，循理合宜。

　　⑤莅众：统治、管理百姓。

⑥僻：偏僻，怪诞。

⑦阿（ē）：偏袒，偏私。党：结党。义：情义。这里指私情私义。

【译文】

齐景公问晏子道："君子的日常行为是怎样的？"

晏子回答说："衣冠不适当，就不敢穿戴着上朝；所说的话不符合道义，就不敢以此强求君王听从；自身行为不正当合理，处理事情不公正无私，就不敢以此管理众民。衣冠没有不适当的，所以朝廷中就没有奇异怪诞的服饰；所说的话没有不符合道义的，所以臣下就没有欺骗君王的虚假报告；自身行为正当合理，处理事情公正无私，所以国内就没有偏私结党的私情私义。这三个方面，就是君子的日常行为。"

景公问贤君治国若何
晏子对以任贤爱民第十七

【题解】

　　齐景公问晏子关于贤君如何治国问题。晏子以任用贤人、爱护百姓、奉养节俭、不欺凌别国等几个方面作了回答。

　　景公问晏子曰："贤君之治国若何？"

　　晏子对曰："其政任贤，其行爱民；其取下节，其自养俭；在上不犯下，在治不傲穷^①；从邪害民者有罪^②，进善举过者有赏。其政，刻上而饶下^③，赦过而救穷；不因喜以加赏，不因怒以加罚；不从欲以劳民，不修怒而危国^④；上无骄行，下无谄德；上无私义，下无窃权^⑤；上无朽蠹之藏，下无冻馁之民^⑥；不事骄行而尚同，其民安乐而尚亲。贤君之治国若此。"

【注释】

　　①治：安定。穷：困窘，处境艰难。

　　②从（zòng）：同"纵"，放纵。

③刻：苛刻，严厉。饶：饶恕，宽容。

④怒：当为"怨"字的形误。修怨，指结怨于诸侯。

⑤窃权：私权。意为不遵法度，私自弄权。

⑥馁（něi）：挨饿。

【译文】

齐景公问晏子道："贤明的君王是怎么治理国家的？"

晏子回答说："他在政治上是任用贤人，在行为上是爱护百姓；他对百姓索取有节制，对自己奉养很节俭；居于上位却不侵犯下属臣民，当国家安定时也不傲视处境艰难的国家；对放纵邪恶残害百姓的人加罪惩罚，对进献良言检举过失的人给予奖赏。他的政治，对上严厉而对下宽容，赦免有过失的救助困窘的；不因为自己高兴就施行奖赏，不因为自己生气就施加惩罚；不为了放纵欲望而劳役百姓，不结怨于诸侯而危害国家；在上的君王没有骄纵的行为，在下的臣子没有谄媚的德性；在上的君王不讲私情私义，在下的臣子不敢私自弄权；使朝廷上没有腐烂朽蠹的藏货，使民间没有受冻挨饿的百姓；不从事骄纵的行为而崇尚上下同心，他的百姓安居乐业而崇尚相亲相爱。贤明的君王就是这样治理国家的。"

景公问明王之教民何若
晏子对以先行义第十八

【题解】

　　齐景公向晏子请教关于贤君如何教育百姓问题。晏子在回答中，特别强调了统治者必须率先实行仁义，对百姓有所要求或禁止，自己也都要率先奉行。

　　景公问晏子曰："明王之教民何若？"

　　晏子对曰："明其教令，而先之以行义；养民不苛①，而防之以刑辟②。所求于下者，必务于上③；所禁于民者，不行于身。守于民财④，无亏之以利⑤，立于仪法⑥，不犯之以邪，苟所求于民⑦，不以身害之，故下从其教也；称事以任民⑧，中听以禁邪⑨，不穷之以劳，不害之以罚，苟所禁于民，不以事逆之，故下不敢犯其上也。古者百里而异习，千里而殊俗，故明王修道，一民同俗⑩，上以爱民为法，下以相亲为义，是以天下不相违。此明王之教民也。"

【注释】

①养：教养，教育。

②刑：法。辟(bì)：法。

③务：努力。

④守：守护，保护。

⑤亏：损害。利：指统治者的个人私利。

⑥仪：准则。

⑦苟：如果。

⑧称：称量，衡量。任：用，役使。

⑨中：不偏倚，公正。听：听讼，断案。

⑩一民同俗：即"一同民俗"。

【译文】

齐景公问晏子道："贤明的君王是怎么教育百姓的？"

晏子回答说："宣明他的教令，而自己率先奉行道义；教育百姓不苛求，而以法律防止他们犯罪。对下民有所要求的，在上面的人一定要努力做到；对百姓有所禁止的，自身就不要实行。保护百姓的财产，不要以一己私利去损害它，建立规则法度，不以邪僻行为违犯它，如果对百姓有所索求，也不以自身欲求而伤害百姓，因此下民就会听从他的教育；称量事情的大小来役使百姓，公正地断案以禁止邪恶行为，不因劳役使百姓困窘，不以刑罚迫害百姓，如果对百姓有所禁止，自己就不要因某些事由而违犯禁令，因此下民就不敢冒犯在上的了。古代百里不同习惯，千里不同风俗，所以贤明君王制定治国之道，统一民风民俗，在上的君王以爱护百姓为法则，在下的百姓以相亲相爱为道义，所以天下人都不互相违逆。贤明的君王就是这样教育百姓的。"

景公问忠臣之事君何若
晏子对以不与君陷于难第十九

【题解】

齐景公问晏子忠臣应当如何侍奉君王。晏子说，臣子应当向君王进言献策，使君王免于危难；如果君王不听臣子的良言，并因此陷于危难，臣子不必与君王共患难。

景公问于晏子曰：“忠臣之事君何若^①？”
晏子对曰：“有难不死^②，出亡不送^③。”

【注释】

①事：服事，侍奉。
②不死：指不为君王而死。
③亡：逃亡。送：相逐，跟随。

【译文】

齐景公问晏子道：“忠臣是怎样侍奉君王的？”
晏子回答说：“君王有难他不为之而死，君王出逃他不随之出逃。”

公不说,曰:"君裂地而封之①,疏爵而贵之②,君有难不死,出亡不送,其说何也?"

对曰:"言而见用③,终身无难,臣奚死焉④?谋而见从,终身不亡,臣奚送焉?若言不见用,有难而死之,是妄死也⑤;谋而不见从,出亡而送之,是诈伪也。故忠臣也者,能纳善于君⑥,不能与君陷于难。"

【注释】

①裂:分割,划分。

②疏:分。

③言:说话,建议。见:被。

④奚:何。

⑤妄死:意为死得随随便便、毫无价值。妄,虚妄,胡乱。

⑥纳:使之纳,即进献。

【译文】

景公不高兴,说:"君王划割土地封赏给他,分封爵位使他尊贵,可是君王有难他不为之而死,君王出逃他也不跟随,这种说法有什么道理呢?"

晏子回答说:"臣子提的建议能被采纳,君王就终身没有危难,臣子何必要为他而死呢?出的主意能被听从,君王就终身不会逃亡,臣子有什么可跟随的呢?如果建议不被采纳,君王有了危难就为之而死,这是白白送死;主意不被听从,君王出逃就跟随而去,这是虚情假意。因此所谓忠臣,就是能给君王进献良言善策,不能和君王一起陷于危难。"

景公问忠臣之行何如
晏子对以不与君行邪第二十

【题解】

齐景公向晏子询问关于忠臣的品行问题。晏子告诉他,忠臣必须敢于向君王进谏,任人唯贤,为人正派等等,最后说,该进则进,该退则退,不与君王一起做邪僻之事。

景公问晏子曰:"忠臣之行何如?"

对曰:"不掩君过,谏乎前①,不华乎外②;选贤进能,不私乎内③;称身就位④,计能受禄;睹贤不居其上,受禄不过其量;不权居以为行⑤,不称位以为忠⑥;不掩贤以隐长⑦,不刻下以谀上;君在不事太子⑧,国危不交诸侯;顺则进⑨,否则退,不与君行邪也。"

【注释】

①前:当面。

②华:华丽。这里指以华丽的言辞粉饰美化。

③私:偏私。内:指个人小圈子之内,如亲友、亲信等。

④称：称量，衡量。就：归于，进入。

⑤权居：衡量官位高低。权，权衡。居，位，官位。

⑥称位：与"权居"同义。

⑦掩：掩盖，压制。隐：隐蔽，埋没。

⑧事：服事，侍奉。

⑨顺：顺理顺心，指既符合道义常理，又符合个人的志向原则。

【译文】

齐景公问晏子道："忠臣的品行是怎样的？"

晏子回答说："不掩盖君王的过错，当面劝谏，不在外面美化粉饰；选拔贤人进用能人，不偏私于自己人；衡量自身德行以担任合适的官职，估计自身能力以接受应得的俸禄；看到贤于自己的人就不居于他的上位，接受俸禄不超过自己应得的数量；不以官位高低作为自己行为的准则，也不以官位高低为尽忠的标准；不压制贤人隐蔽人家的长处，对下不苛刻对上不阿谀；国君还在时不侍奉太子，国家危难时不结交诸侯；顺理顺心就进身为官，否则就辞官退隐，不与国君一起做邪僻的事情。"

景公问佞人之事君何如
晏子对以愚君所信也第二十一

【题解】

齐景公问晏子"佞人"是如何侍奉君王的。晏子在回答中刻画了这种人心思难测、虚伪狡诈、阿谀势利、两面三刀、背信弃义等丑恶面目，最后指出，这种人往往为愚蠢的君王所信任。佞（nìng）人：善于以花言巧语献媚的人。

景公问："佞人之事君如何？"

晏子对曰："意难，难不至也①。明言行之以饰身，伪言无欲以说人，严其交以见其爱②。观上之所欲，而微为之偶③；求君逼迩④，而阴为之与⑤。内重爵禄，而外轻之以诬行⑥；下事左右⑦，而面示公正以伪廉。求上采听，而幸以求进⑧。傲禄以求多，辞任以求重。工乎取⑨，鄙乎予⑩；欢乎新⑪，慢乎故⑫；吝乎财，薄乎施。睹贫穷若不识，趋利若不及⑬。外交以自扬⑭，背亲以自厚⑮。积丰羡之养⑯，而声矜恤之义⑰。非誉乎情⑱，而言不行身。涉时所议，而好论贤不肖⑲。有之己，不难非之人⑳；无之己，不难求之人。其言强梁而信㉑,其进敏逊而顺㉒。此佞人之行也,明君之所诛㉓,愚君之所信也。"

【注释】

①"意难"二句:大意为佞人的心思深密难测,难在猜不到其真正意图。按:此二句文义难通,可能原文有误,这里只能勉强索解,仅供参考。

②严:密切。见(xiàn):同"现",显示。

③微:伺机。偶:合,迎合。

④遍、迩(ěr):二字都是"近"的意思。这里指亲近的人。

⑤阴:暗中。与:同党。

⑥诬:欺骗,虚假。

⑦下:卑下,低三下四。

⑧幸:希冀。

⑨工:擅长,善于。

⑩鄙:鄙视,不愿为。予:施予别人。

⑪欢:喜欢,表示热情。新:指刚得势的新贵。

⑫慢:怠慢。故:指失势的老友旧臣。

⑬趋:奔赴,追逐。

⑭外:指其他诸侯国。

⑮厚:重。指加重权势地位。

⑯羡:盈余。养:指奉养之物。

⑰声:口头上说。矜:怜悯。

⑱非:非难,诋毁。誉:赞扬。

⑲不肖:与"贤"相对,不贤。

⑳不难:轻易。

㉑言:指平时对常人说话。强梁:强横武断。信:不容置疑,肯定。

㉒进：指向君王进言。敏：聪敏，乖巧。逊：谦逊，恭谦。

㉓诛：责罚。

【译文】

齐景公问晏子道："佞人侍奉君王是怎样的？"

晏子回答说："他们的心思难测，难在无法真正猜到。他们明说要实行某事以掩饰自己，谎称自己没有私欲以取悦于别人，与所交往的人关系密切以显示亲近。了解君王的欲望，伺机迎合；访求君王亲近的人，暗中做他们的同党。内心看重爵位俸禄，而在外表上却以虚假的行为表示轻视；低三下四地侍奉君王的左右，而表面上以虚假的清廉显示奉公正直。希求君王采纳听从自己的意见，想以此得到提拔进取。傲视俸禄是为了求得更多，辞去任职是为了得到重用。擅长索取，轻视施予；对待新贵很热情，对待故旧却很怠慢；对钱财很悭吝，施予别人很微薄。看到贫苦困窘的人就好像不认识，追逐利益就好像赶不上。结交他国诸侯以显扬自己，为加重自己的权势不惜背弃亲友。家中积存着丰盛多余的奉养之物，却满口怜悯体恤的大义之言。诋毁赞扬别人完全依照自己的好恶，崇尚空谈但不身体力行。涉及时人所议论的话题，就喜欢评论别人的好坏。自己有所长处，就轻易以此非难别人；自己所没有的，就轻易要求别人具有。他们平时说话强横武断不容置疑，向君王进言则乖巧恭谦而温顺。这就是佞人的品行，是贤明的君王所责罚的，是愚蠢的君王所信任的。"

景公问圣人之不得意何如
晏子对以不与世陷乎邪第二十二

【题解】

齐景公问晏子关于圣人不得意时的情景。晏子回答说,君王做事违背天意民心,忠言逆耳,善恶不分,这时圣人就辞官隐居,洁身自好,不与世道同流合污。随后,晏子又描绘了圣人得意时政治清平的情景。

景公问晏子曰:"圣人之不得意何如?"

晏子对曰:"上作事反天时,从政逆鬼神,藉敛殚百姓①;四时易序②,神祇并怨③;道忠者不听④,荐善者不行⑤;诙过者有责⑥,救失者有罪。故圣人伏匿隐处,不干长上⑦,洁身守道,不与世陷乎邪,是以卑而不失义,瘁而不失廉⑧。此圣人之不得意也。"

【注释】

①藉敛:征收赋税。殚:穷尽。

②四时易序:四季改变了顺序,意为气候时令异样反常。

③神:天神。祇(qí):地神。

④道：陈说。

⑤荐：进献。

⑥赉(lài)：赏赐。

⑦干：求官。长(zhǎng)上：君王。

⑧瘁(cuì)：劳累，困病。这里指处境困顿。

【译文】

齐景公问晏子道："圣人不得意的时候是怎样的？"

晏子回答说："君王兴办事情违反天时节令，处理政事违背鬼神意志，征收赋税竭尽百姓财物；四季时令错乱反常，天神地神共同怨恨；陈说忠言却不被听取，进献良策也不能实行；奉承过错的有赏，拯救失误的有罪。所以圣人藏身隐居，不向君王求取官职，洁身自好严守道义，不与世道一起陷入邪恶之中，因此身份卑微而不丧失道义，劳苦困乏而不失其廉洁。这就是圣人不得意的时候。"

公曰："圣人之得意何如？"

对曰："世治政平。举事调乎天，藉敛和乎民；百姓乐其政，远者怀其德；四时不失序，风雨不降虐①；天明象而致赞②，地长育而具物；神降福而不靡③，民服教而不伪；治无怨业④，居无废民⑤。此圣人之得意也。"

【注释】

①虐：灾害。

②象：指有吉祥之兆的天象。赞：助。

③靡：尽。

④怨：通"蕴"，郁结，烦乱。业：事。

⑤废：废弃无用，闲置无业。

【译文】

景公问:"圣人得意的时候是怎样的呢?"

晏子答道:"世道安定,政治平和。举行事业与天时节令调和,征收赋税与百姓利益一致;百姓们乐意国家的政治,远方人怀念君主的德行;四季正常不错乱,风调雨顺不降灾;上天显明吉兆之象前来相助,大地生长化育万物齐备;神灵降福源源不断,百姓顺服教化无虚假;政治清平没有郁结烦乱之事,百姓安居没有闲置无业之人。这就是圣人得意的时候。"

景公问古者君民用国不危弱
晏子对以文王第二十三

【题解】

齐景公向晏子请教古人治国不危不衰的道理。晏子以周文王为例，强调了修治道德、禁绝暴虐的重要性。君：统治，主宰。用：治理。

景公问晏子曰："古者君民而不危，用国而不弱，恶乎失之①？"

晏子对曰："婴闻之，以邪莅国、以暴和民者危②；修道以要利、得求而返邪者弱③。古者文王④，修德不以要利，灭暴不以顺纣⑤，干崇侯之暴而礼梅伯之醢⑥，是以诸侯明乎其行，百姓通乎其德，故君民而不危，用国而不弱也。"

【注释】

①恶（wū）：何。失：字义难通，原文当有脱误。一说，"失"当为"先"字的形误，姑从。

②莅国：治国。和：顺。这里是使顺服的意思。

③要（yāo）：求，取。

④文王：即周文王，名姬昌，商末周部族领袖，在位期间，励精图治，
国势强盛。后来其子姬发(周武王)继承其志，一举灭商。

⑤纣(zhòu)：人名，即商纣王，商代最后一位君主，暴虐无道，为周
武王所灭。

⑥干：冒犯。崇侯：人名，即崇侯虎，商纣王的宠臣，为人阴险残暴。
当时姬昌(周文王)为三公之一，崇侯虎在纣王面前谗言，纣王便
把文王囚禁起来。梅伯：人名，纣王臣，纣王把他杀害并制成肉
酱，分送给诸侯，文王为之流泪，并把纣王的暴行告诉天下诸侯。
醢(hǎi)：肉酱。

【译文】

齐景公问晏子道："古时候要使统治百姓而没有危难，治理国家而
不衰败，应该首先做什么？"

晏子回答说："我听说，以邪僻治理国家、用暴虐使百姓顺服的就会
有危难；修治道德以求得利益、得到所求的利益后又返回邪僻的就要衰
败。古时候的周文王，修治道德而不以道德求得利益，除灭暴虐而不以
暴虐顺从纣王，冒犯崇侯虎的暴虐，而以礼义对待梅伯被剁成肉酱的事
件，因此诸侯都明白他的品行，百姓都了解他的道德，所以他统治百姓
而没有危难，治理国家而不衰败。"

景公问古之莅国者任人如何
晏子对以人不同能第二十四

【题解】

　　齐景公向晏子请教古代贤君的用人之道。晏子告诉他，要任人唯贤，不要任用阿谀谄媚、结党营私的小人；即使是贤人，也不能求全责备，而要善于发挥人才的长处。莅(lì)国：治国。

　　景公问晏子曰："古之莅国治民者，其任人何如？"

　　晏子对曰："地不同生①，而任之以一种，责其俱生不可得②；人不同能，而任之以一事，不可责遍成③。责焉无已，智者有不能给④；求焉无餍⑤，天地有不能赡也⑥。故明王之任人，谄谀不迩乎左右⑦，阿党不治乎本朝⑧；任人之长，不强其短，任人之工⑨，不强其拙。此任人之大略也。"

【注释】

①生：同"性"。

②责：求。

③遍：普遍，全都。

④给(jǐ):丰足。

⑤餍(yàn):满足。

⑥赡:丰足。

⑦迩(ěr):近。

⑧阿(ē):偏私。党:结党,拉帮结派。

⑨工:擅长,精通。

【译文】

　　齐景公问晏子道:"古代那些善于统治国家治理民众的君王,他们是怎么任用人才的?"

　　晏子回答说:"土地各有不同的性能,却都种植同一种东西,要求它们都能正常生长是不可能的;人各有不同的才能,却都委任他们做同一种事情,也不可要求他们都能成功。要求无止境,再聪明的人也有不能满足要求的时候;求取永不足,天地也有不能充分供应的时候。所以贤明的君王任用人才,谄媚阿谀的人不能近在身边,偏私结党的人不能在朝廷办事;任用人的长处,不勉强他的短处,任用人的精通方面,不勉强他的笨拙方面。这就是任用人才的大致情况。"

景公问古者离散其民如何
晏子对以今闻公令如寇雠第二十五

【题解】

　　齐景公向晏子了解古代祸国殃民之君的行为。晏子列举了诸如妄自尊大、独断专行、穷兵黩武、赏罚不公等罪行之后，矛头直指景公：如今百姓一听到您的命令就像遇到了仇敌，这就是祸国殃民的表现。寇雠(chóu)：仇敌。

　　景公问晏子曰："古者离散其民而陨失其国者①，其常行何如？"

　　晏子对曰："国贫而好大，智薄而好专；贵贱无亲焉，大臣无礼焉；尚谗谀而贱贤人②，乐简慢而玩百姓③；国无常法，民无经纪④；好辩以为智，刻民以为忠；流湎而忘国⑤，好兵而忘民；肃于罪诛⑥，而慢于庆赏；乐人之哀，利人之难；德不足以怀人，政不足以惠民；赏不足以劝善⑦，刑不足以防非。此亡国之行也。今民闻公令如寇雠，此古之离散其民陨失其国者之常行也。"

【注释】

①陨失：丧失，毁灭。

②尚：尊崇，重视。

③简慢：怠慢无礼。玩：轻视。

④经纪：法纪纲常。

⑤流湎：流连沉湎于享乐，放纵无度。

⑥肃：严，严厉。

⑦劝：激励。

【译文】

齐景公问晏子道："古代那些使百姓流离失散并使国家丧失毁灭的君王，他们的一贯行为是怎样的？"

晏子回答说："国家贫困却喜欢妄自尊大，智慧浅薄却喜欢独断专行；对人不论贵贱都不亲近，对大臣也很无礼；重用谗言阿谀的小人而轻贱贤人，乐于怠慢无礼而轻视百姓；国家没有常行不变的法律，百姓没有法纪纲常可循；以善于诡辩为智，以苛刻待民为忠；放纵无度而忘了国家，喜欢用兵而忘了百姓；对罪罚诛杀很严厉，对庆功赏赐很怠慢；以别人的哀痛为快乐，从别人的危难中获利；品德不足以使人怀念，政治不足以恩惠百姓；奖赏不足以激励善良，刑罚不足以防止邪恶。这都是亡国的行为。如今百姓一听到您的命令就像遇到了仇敌，这就是使百姓流离失散使国家丧失毁灭的一贯行为。"

景公问欲和臣亲下
晏子对以信顺俭节第二十六

【题解】

齐景公向晏子请教如何与臣子和谐与下民亲近。晏子在回答中，强调了信、顺、俭、节四个方面。信即诚信；顺即尊重对方，不要干扰；俭即减省，少征赋税，不与民争利；节即节制，不要挥霍奢侈、大兴土木。

景公问晏子曰："吾欲和臣亲下，奈何？"

晏子对曰："君得臣而任使之，与言信，必顺其令，赦其过；任大臣无多责焉，使迩臣无求嬖焉①；无以嗜欲贫其家，无信谗人伤其心；家不外求而足②，事君不因人而进③，则臣和矣。俭于藉敛④，节于货财；作工不历时⑤，使民不尽力；百官节适⑥，关市省征⑦；山林陂泽⑧，不专其利；领民治民，勿使烦乱；知其贫富，勿使冻馁⑨，则民亲矣。"

【注释】

①迩（ěr）：近。嬖（bì）：宠幸。
②外求：指俸禄之外的索求。

③人：指私人关系、人为因素。进：晋升，提拔。

④藉敛：征收赋税。

⑤作工：指兴办各种劳役工程。历：超过。

⑥节适：精简适当。

⑦关：关卡要塞。市：集市。

⑧陂(bēi)：池岸。

⑨馁(něi)：挨饿。

【译文】

　　齐景公问晏子道："我想与臣子和谐与民众亲近，该怎么办？"

　　晏子答道："君王得到臣子而任命使用他们，和他们说话要讲信用，一定要尊重他们所发的命令，赦免他们的过错；任用大臣不要求全责备，使用近臣不要宠幸偏爱；不要以自己的嗜好欲求而使他们贫困，不要信任谗言小人而伤了他们的心；使他们家产无需在俸禄之外别有索求而丰足，侍奉君王不靠私人关系而得到提拔晋升，这样臣子就与您和谐了。减省各种赋税，有节制地使用财物；兴办工程不超过时限，役使人们不要用尽民力；各种官吏的编制要精简适当，减省关卡集市的税收；对于山林池泽，不要独专其中的利益；领导百姓治理百姓，不要使他们受到烦困扰乱；了解他们的贫富状况，不要让他们受冻挨饿，这样百姓就与您亲近了。"

　　公曰："善！寡人闻命矣。"故令诸子无外亲谒①，辟梁丘据无使受报②；百官节适，关市省征，山林陂泽不禁；冤报者过③，留狱者请焉④。

【注释】

①谒：求见。

②辟(bì)：除，罢免。梁丘据：人名，齐景公的宠臣。报：判罪。

③过：探访。

④请：问。

【译文】

　　景公说："说得好！寡人听从您的教诲了。"因此就命令儿子们不要与外人亲近来往,罢免梁丘据而不让他受理案件；各种官吏的编制精简适当,减省关卡集市的税收,山林池泽不禁止百姓渔猎；蒙受冤案者有人探访,滞留监狱者有人过问。

景公问得贤之道
晏子对以举之以语考之以事
第二十七

【题解】

　　齐景公向晏子请教求贤之道。晏子告诉他,要通过言谈选拔,通过办事考察,重在行为,不要流于外表形式。

　　景公问晏子曰:"取人得贤之道何如?"

　　晏子对曰:"举之以语①,考之以事,能谕②,则尚而亲之③,近而勿辱④。以取人,则得贤之道也。是以明君居上,寡其官而多其行⑤,拙于文而工于事⑥,言不中不言,行不法不为也。"

【注释】

　　①举:举用,选拔。

　　②谕:通晓,明白。

　　③尚:崇尚,尊重。

④辱：无礼。

⑤多：推重。

⑥拙：粗略。文：文饰。指外在形式。工：精巧，讲究。

【译文】

齐景公问晏子道："想求取人才得到贤人该怎么做呢？"

晏子答道："通过言谈选拔他，通过办事考察他，能通晓事理，就尊重亲近他，亲近而不失礼。以此求取人才，就能得到贤人了。因此贤明的君王居于上位，少设置官位而多看重行为，粗略于外表形式而讲究具体事情，话不中肯不说，行为不合法不做。"

景公问臣之报君何以晏子对以报以德第二十八

【题解】

齐景公问晏子做臣子的应该如何报答君王。晏子的回答是：以德报君。所谓德，就是君王有道则从，无道则谏，君臣之间，也要"双向选择"。

景公问晏子曰："臣之报君何以？"

晏子对曰："臣虽不知①，必务报君以德②。士逢有道之君，则顺其令；逢无道之君，则争其不义③。故君者择臣而使之，臣虽贱，亦得择君而事之④。"

【注释】

①知(zhì)：同"智"，明智。

②务：努力。

③争(zhèng)：通"诤"，劝谏。

④事：服事，侍奉。

【译文】

齐景公问晏子道:"臣子用什么报答君王呢?"

晏子回答说:"臣子虽然不明智,也一定努力以德报答君王。士人遇见有道之君,就顺服他的命令;遇见无道之君,就要对他的不义进行劝谏。所以君王要挑选臣子来使用,臣子虽然微贱,也必须挑选君王来侍奉。"

景公问临国莅民所患何也
晏子对以患者三第二十九

【题解】

　　齐景公问晏子,治理国家最担心什么。晏子指出三点:一是忠诚的臣子不被信任,二是被信任的臣子不忠诚,三是君臣不同心。临、莅:都是统治的意思。

　　景公问晏子曰:"临国莅民,所患何也?"

　　晏子对曰:"所患者三:忠臣不信,一患也;信臣不忠,二患也;君臣异心,三患也。是以明君居上,无忠而不信,无信而不忠者。是以君臣同欲①,而百姓无怨也。"

【注释】

　　①欲:心愿,想法。

【译文】

　　齐景公问晏子道:"治理国家统治民众,所忧虑的是什么呢?"

　　晏子回答说:"所忧虑的有三点:忠诚的臣子不被信任,这是所忧虑的第一点;被信任的臣子不忠诚,这是所忧虑的第二点;君臣不同心,这是所忧虑的第三点。所以贤明的君王居于上位,没有忠诚而不被信任的,也没有被信任而不忠诚的。因此君臣同心,而百姓没有怨恨。"

景公问为政何患
晏子对以善恶不分第三十

【题解】

　　齐景公问晏子治理国家最怕什么。晏子说，最怕的是善恶不分，而要分清善恶，当国君的首先要特别审慎地选择好身边的人。

　　景公问于晏子曰："为政何患①？"

　　晏子对曰："患善恶之不分。"

　　公曰："何以察之？"

　　对曰："审择左右。左右善，则百僚各得其所宜②，而善恶分。"

【注释】

　　①为政：从事政治，即治理国家。患：担心，忧虑。

　　②僚：官吏。

【译文】

　　齐景公问晏子道："治理国家最担心什么？"

　　晏子回答说："最担心好坏不分。"

景公说:"怎么明察好坏呢?"

晏子回答说:"审慎地选择身边的人。身边的人好,那么所有的官吏都各自得到所适合的位置,因而好坏就分清了。"

孔子闻之曰:"此言也信矣①! 善进②,则不善无由入矣③;不善进,则善无由入矣。"

【注释】

①信:确实,正确。

②进:进用,入朝为官。

③由:途径,缘由。入:与"进"同义。

【译文】

孔子听到这话后说:"这话说得很对啊! 好人得以进用,不好的人就没有缘由进来了;不好的人得以进用,好人就没有缘由进来了。"

景公问何修则夫先王之游
晏子对以省耕实第一

【题解】

　　齐景公喜欢到处游玩，问晏子要怎么做才能效法先王的出游盛举。晏子批评他，先王出游是为了视察春耕秋收等，是帮助百姓的；而景公出游纯粹是纵情玩乐，扰民劳民，与先王不同。修：修治，作为。则：效法。

　　景公出游，问于晏子曰："吾欲观于转附、朝舞①，遵海而南，至于琅琊②。寡人何修，则夫先王之游？"

　　晏子再拜曰："善哉！君之问也。婴闻之，天子之诸侯为巡狩③，诸侯之天子为述职④。故春省耕而补不足者谓之游⑤，秋省实而助不给者谓之豫⑥。夏谚曰：'吾君不游，我曷以休⑦？吾君不豫，我曷以助？一游一豫，为诸侯度⑧。'今君之游不然，师行而粮食⑨，贫者不补，劳者不息。夫从下历时而不反谓之流⑩，从高历时而不反谓之连⑪，从兽而不归谓之荒⑫，从乐而不归谓之亡。古者圣王无流连之游、荒亡之行。"

【注释】

①转附、朝舞：二山名，具体不详。

②琅琊(yá)：山名，在今山东胶南南。

③之：往。巡狩(shòu)：天子巡行视察诸侯所守之地。

④述职：诸侯向天子陈述其职内工作。

⑤省(xǐng)：察看，探视。

⑥实：农作物结实。这里指田地收获。给(jǐ)：丰足，富裕。

⑦休：休止，完成。

⑧度：法度，准则。

⑨师：众。指景公出游时，大批人员随行。粮食：粮，粮食；食，食用。意为景公及其随从巡游各处，都要耗费当地大量粮食。

⑩从(zòng)：同"纵"，放纵，纵情。下：指在低处、水中游玩。历时：超过正常的时间。

⑪高：指在高处、山上游玩。

⑫兽：指打猎。

【译文】

齐景公外出游玩，问晏子道："我想到转附山、朝舞山去看看，然后沿着海岸往南，到达琅琊山。我该怎么做，才能效法先王出游的盛举呢？"

晏子作了两个揖说："您问得太好了！我听说，天子到诸侯那儿去叫做巡狩，诸侯到天子那儿去叫做述职。所以春天视察耕种情况而补助有所不足的叫做游，秋天视察收获情况而补助不充裕的叫做豫。夏代的谚语说：'我们君王不游春，我们春耕怎完成？我们君王不游秋，我们不足谁补助？游个春游个秋，要给诸侯作规矩。'如今您的出游不是这样，大队人马出行而吃掉当地大量粮食，贫苦的得不到补助，劳作的得不到休息。纵情玩水超时而不回的叫做流，纵情游山超时而不回的叫做连，纵情打猎而不回的叫做荒，纵情玩乐而不回的叫做亡。古代圣明的君王没有流连之类的出游、荒亡之类的出行。"

公曰:"善。"命吏计公禀之粟^①,藉长幼贫氓之数^②。吏所委发廪出粟以予贫民者三千钟^③;公所身见癃老者七十人^④,振赡之^⑤,然后归也。

【注释】

①禀(lǐn):通"廪",公廪,国家粮仓。

②藉:通"籍",登记。氓(méng):居于郊野之民。这里泛指百姓。

③委:委托。这里指受委托。发:开。钟:古代容量单位。多用以计量粮食。田氏代齐前,齐国实行"公量",以四升为豆,四豆为区,四区为釜,十釜为钟。

④身:亲身。癃(lóng):驼背、侏儒或无法行走等疾病。这里泛指各种残疾。

⑤振:"赈"的本字,救济。赡(shàn):供给,供养。

【译文】

景公说:"说得好!"就命令官吏统计国家粮仓里的粮食,登记老少贫民的数量。官吏所受命开仓放粮发给贫民的粮食有三千钟;景公所亲自遇见的残疾衰老的有七十人,都给予救济供养,然后回去。

景公问桓公何以致霸
晏子对以下贤以身第二

【题解】

　　齐桓公是个很有作为的君王,但他也具有穷奢极欲、好酒好色等昏君常有的毛病,因此齐景公困惑不解:像这样的君王,怎么也会称霸诸侯呢?晏子批评他,只知桓公小过而不知其大节。桓公能知人善任,礼贤下士,这是他之所以能称霸的大节所在。

　　景公问于晏子曰:"昔吾先君桓公,善饮酒,穷乐①,食味方丈②,好色无别③。辟若此④,何以能率诸侯以朝天子乎⑤?"

　　晏子对曰:"昔吾先君桓公,变俗以政,下贤以身⑥。管仲⑦,君之贼也⑧,知其能足以安国济功⑨,故迎之于鲁郊⑩,自御⑪,礼之于庙⑫。异日,君过于康庄⑬,闻宁戚歌⑭,止车而听之,则贤人之风也⑮,举以为大田⑯。先君见贤不留⑰,使能不怠,是以内政则民怀之⑱,征伐则诸侯畏之。今君闻先君之过,而不能明其大节。桓公之霸也,君奚疑焉?"

【注释】

①穷：极尽。

②方丈：一丈见方。形容齐桓公摆放食品的地方之大。

③好色无别：指齐桓公乱伦之事。相传齐桓公曾与未出嫁的七个
　（或九个）姑姊妹（即父亲的姊妹）私通。无别，意为不分亲疏。

④辟：邪僻。

⑤率诸侯以朝天子：指齐桓公多次会盟诸侯，共尊东周天子之事。

⑥下贤：置身于贤人之下，即礼贤下士。身：亲身。

⑦管仲：人名，名夷吾，字仲，齐桓公时政治家，辅佐齐桓公称霸
　诸侯。

⑧君之贼者：桓公的仇敌。公元前686年，齐襄公被杀，他的两个
　兄弟公子纠和公子小白争相赶回齐都临淄以夺君位。当时管仲
　辅佐公子纠，为帮助主子，他用箭射杀小白，结果只是射中了小
　白的衣带钩。而小白乘机装死，骗过了公子纠与管仲，抢先回
　国，夺了君位，即齐桓公。但桓公听从师傅鲍叔牙的劝告，不但
　不记管仲这一箭之仇，反而重用他，终成霸业。

⑨济：实现，成功。

⑩郊：边境。

⑪御：驾车。

⑫礼：以礼相待。庙：太庙，朝堂。古代帝王祭祀、议事的地方。礼
　之于庙，表示极为隆重盛情。

⑬康庄：四通八达的大道。

⑭宁戚：人名，春秋时卫国人，家贫，替商人拉车到齐，夜晚在城门
　外喂牛，叩击牛角唱歌，齐桓公听见了，判定此人有非常之才，便
　拜为大夫，加以重用。

⑮风：风范。

⑯举：举用，提拔。大田：官名，田官之长。

⑰留：滞留，埋没。

⑱怀：感念，心悦诚服。

【译文】

齐景公问晏子道："从前我们的先君桓公，喜欢饮酒，极尽欢乐，饮食美味摆满一丈大的地方，爱好女色不分亲疏。行为如此邪僻，为什么还能率领诸侯朝见天子呢？"

晏子回答道："从前我们的先君桓公，能以政治改变传统习俗，亲身礼贤下士。管仲，本来是桓公的仇敌，但桓公知道他的才能足以安定国家成就功业，于是到鲁国边境迎接他，亲自驾车，在太庙中以礼相待。又有一天，桓公经过康庄大道，听到宁戚的歌声，便停下车子倾听，发现大有贤人的风范，便举用他为田官之长。先君见了贤人不埋没，使用能人不怠慢，因此治理内政而百姓感念他，对外征讨而诸侯畏惧他。如今您只是听说先君的过失，而不能明了他的大节。对于桓公的霸业，您还有什么可怀疑的呢？"

景公问欲逮桓公之后
晏子对以任非其人第三

【题解】

齐景公认为他的实力超过当年的齐桓公，想效法桓公，成就霸业。晏子指出，当年桓公左右是贤人，而景公的左右都是些谗佞小人，所以无法赶上桓公。逮：及，赶上。

景公问晏子曰："昔吾先君桓公，从车三百乘①，九合诸侯②，一匡天下③。今吾从车千乘，可以逮先君桓公之后乎？"

晏子对曰："桓公从车三百乘，九合诸侯，一匡天下者，左有鲍叔④，右有仲父⑤。今君左为倡⑥，右为优⑦，谗人在前，谀人在后，又焉可逮桓公之后者乎？"

【注释】

①从：使之跟从，即统领之意。车：兵车。乘（shèng）：四马一车为一乘。古代常以兵车数量衡量国家实力。三百乘，是较为弱小者。下文的"千乘"，则是中等实力。

②九：泛指多次。合：会合，会盟。

③匡:匡正。指纠正诸侯不尊天子而各自为政、互相攻伐的混乱
　局面。

④鲍叔:人名,即鲍叔牙,帮助齐桓公夺取君位,并极力举荐管仲
　为相。

⑤仲父:人名,即管仲,春秋时政治家,辅佐齐桓公称霸诸侯,桓公
　尊他为仲父。

⑥倡(chāng):古代以歌舞供人取乐的艺人。

⑦优:古代以戏谑表演供人取乐的艺人。

【译文】

　　齐景公问晏子道:"从前我们的先君桓公,统领兵车三百辆,就能多次会盟诸侯,把天下混乱局面匡正于一体。如今我统领兵车一千辆,能以此紧跟在桓公的身后吗?"

　　晏子回答说:"桓公之所以统领兵车三百辆,能多次会盟诸侯,匡正天下于一体,是因为他左边有鲍叔牙,右边有管仲。如今您左边有歌伎,右边有戏子,喜欢谗言的人在身前,善于阿谀的人在身后,又怎么能紧跟在桓公的身后呢?"

景公问廉政而长久
晏子对以其行水也第四

【题解】

这是晏子与齐景公关于为人处世技巧的对话。晏子认为，同样是廉正之人，如果像水一样以柔处世，就能长久；如果像石一样以刚处世，就会很快消亡。政：通"正"。

景公问晏子曰："廉政而长久，其行何也？"

晏子对曰："其行水也。美哉水乎清清！其浊无不雩涂①，其清无不洒除②，是以长久也。"

【注释】

①雩（yú）涂：通"污涂"，污染涂抹。

②洒除：洗涤。

【译文】

齐景公问晏子道："清廉正直而能长久于世的人，他的品行该是怎样的？"

晏子回答说："他的品行就像水。那晶亮亮的水是多么美啊！它混浊时没有东西不能被它污染涂抹,它清澈时没有东西不能被它洗涤干净,所以它能长久。"

公曰:"廉政而遬亡①,其行何也?"

对曰:"其行石也。坚哉石乎落落②! 视之则坚,循之则坚③,内外皆坚,无以为久,是以遬亡也。"

【注释】

①遬:当作"遫",同"速"。

②落落:形容石头坚硬的样子。

③循:抚摩。

【译文】

景公问:"清廉正直却很快就消亡于世的人,他的品行该是怎样的?"

晏子回答说:"他的品行就像石头。那硬邦邦的石头是多么坚硬啊! 看它就觉得坚硬,摸它也觉得坚硬,里里外外都坚硬,无法长久,所以很快就消亡了。"

景公问为臣之道晏子对以九节第五

【题解】

齐景公向晏子询问做臣子的基本道理,晏子归纳了九个方面。

景公问晏子曰:"请问为臣之道。"

晏子对曰:"见善必通^①,不私其利;荐善而不有其名;称身居位,不为苟进^②;称事受禄,不为苟得;体贵侧贱^③,不逆其伦;居贤不肖^④,不乱其序;肥利之地,不为私邑;贤质之士,不为私臣;君用其所言,民得其所利,而不伐其功^⑤。此臣之道也。"

【注释】

①通:推广通行。

②苟:苟且,不正当。

③体、侧:都是"置身"的意思。

④贤:指地位高。不肖:不贤,指地位低。

⑤伐:夸耀。

【译文】

齐景公问晏子道:"请问做臣子的基本道理。"

晏子回答说:"见到好的事物就一定推广通行,不从中牟取私利;荐善举贤而不博取好名声;衡量自身能力以居于合适的位置,不苟且求官上进;衡量事业成就以接受合理的俸禄,不苟且求取获得;身份有尊有卑,不违背伦理;地位有高有低,不颠倒次序;不把利润丰厚的土地占为私人的领地;不把品质贤能的士人据为私人的下属;君王采用他的建议,百姓得到他的好处,而他却不夸耀自己的功劳。这就是做臣子的基本道理。"

景公问贤不肖可学乎
晏子对以强勉为上第六

【题解】

齐景公问晏子是否可以学习贤人。晏子告诉他,只要一心向善,坚持不懈,就能居于众人之上。勉:努力。强:发愤,自强。

景公问晏子曰:"人性有贤不肖,可学乎?"

晏子对曰:"《诗》云:'高山仰之,景行行之。'①之者其人也②。故诸侯并立,善而不怠者为长;列士并学,终善者为师。"

【注释】

①"高山仰之"两句:见于《诗经·小雅·车舝》,但今本《诗经》中"之"作"止"。景,大。行,前一"行"字读 háng,意为大道;后一"行"字读 xíng,意为行走。这里高山比喻崇高的品德,大道比喻光明正确的道路。

②之:往。其人:指仰望高山、沿着大道前进的人,亦即向往高尚品德、坚持走正道的人。

【译文】

齐景公问晏子道："人性有好的和不好的，可以学好吗？"

晏子回答说："《诗》上说：'高山令人仰望，大道引人前行。'不断前进的就是那些景仰高尚走正道的人。所以各国诸侯并立，德行良好而又坚持不懈的就成为尊长；列位士人共学，学好而坚持到底的就成为老师。"

景公问富民安众
晏子对以节欲中听第七

【题解】

　　齐景公向晏子请教如何能让百姓富裕安定。晏子告诉他，一要节制私欲，二要断案公正。中：公正。听：听讼，断案。

　　景公问晏子曰："富民安众，难乎？"

　　晏子对曰："易。节欲则民富，中听则民安。行此两者而已矣。"

【译文】

　　齐景公问晏子道："让百姓富裕安定，很难吗？"

　　晏子回答说："很容易。您节制私欲，百姓就富裕；您断案公正，百姓就安定。只要实行这两条就可以了。"

景公问国如何则谓安
晏子对以内安政外归义第八

【题解】

齐景公问晏子：一个国家怎样才算是安定？晏子说，国内的百姓安心于这个国家的政治，别国的百姓也归服于这个国家的仁义，这样就算是安定了。

景公问晏子曰："国如何则可谓安矣？"

晏子对曰："下无讳言，官无怨治①；通人不华②，穷民不怨；喜乐无羡赏③，忿怒无羡刑；上有礼于士，下有恩于民；地博不兼小，兵强不劫弱；百姓内安其政，外归其义④。可谓安矣。"

【注释】

①怨(yùn)：通"蕴"，郁积，纠结。

②通人：仕途通顺、得志显达之人。

③羡：多余。

④外：指他国的百姓。一说，前面当有"诸侯"二字，可参。

【译文】

齐景公问晏子道:"国家要怎么样才算是安定呢?"

晏子回答说:"在下面的人没有隐讳不说的话,官吏手中没有纠结不清的政事;显达之人不奢华,困窘之民不哀怨;君王不因一时高兴而滥行奖赏,也不因一时愤怒而滥施刑罚;上对士人有礼,下对民众有恩;土地广博却不兼并小国,军队强大却不侵犯弱国;国内的百姓安心于这个国家的政治,别国的百姓也归服这个国家的仁义。这样就算是安定了。"

景公问诸侯孰危
晏子对以莒其先亡第九

【题解】

　　齐景公问晏子哪个国家最可能灭亡，晏子认为一定是莒国。莒
(jǔ)：春秋时国名，在今山东莒县一带。

　　景公问晏子曰："当今之时，诸侯孰危？"
　　晏子对曰："莒其先亡乎！"
　　公曰："何故？"
　　对曰："地侵于齐，货竭于晋，是以亡也。"

【译文】

　　齐景公问晏子道："当今之世，哪个诸侯国最危险？"
　　晏子回答说："大概是莒国要最先灭亡的吧！"
　　景公问："为什么？"
　　晏子回答说："它的土地被齐国侵占，财物被晋国掠光，所以要最先
灭亡。"

晏子使吴吴王问可处可去
晏子对以视国治乱第十

【题解】

晏子出使吴国,吴王问他,什么样的国家才是值得居留或应该离去的。晏子告诉他,安定有序的国家值得居留,混乱无序的国家则应该离开。

晏子聘于吴①,吴王曰:"子大夫以君命辱在敝邑之地②,施贶寡人③,寡人受贶矣。愿有私问焉。"

晏子逡遁而对曰④:"婴,北方之贱臣也,得奉君命,以趋于末朝⑤,恐辞令不审⑥,讥于下吏⑦,惧不知所以对者。"

【注释】

①聘:古代国与国之间派遣使者访问。

②子大夫:对大夫的当面尊称。辱:谦词,屈尊。敝邑:对别国人谦称自己的国家。

③贶(kuàng):赐予。

④逡遁(qūnxún):与"逡巡"、"逡循"等同义,欲进又止的样子。这

里是形容晏子说话有所保留的谦恭之态。遁,通"循"、"巡"。

⑤趋:小步快走。这是古人表示恭敬的一种走姿。末朝:指对方的朝堂。这是一种自谦的说法,意为自己不配在对方的朝堂之上,而只能在朝堂的末端边角。

⑥辞令:应酬答对的言辞。审:明确无误。

⑦讥于下吏:是"被您讥笑"的一种自谦的说法,意为自己只配让对方的小官吏讥笑。下吏,小官吏。

【译文】

晏子出访吴国,吴王说:"大夫您奉君王之命屈尊来到敝国,给寡人带来了恩赐,寡人拜受恩赐了。但愿能私下向您请教点儿事情。"

晏子谦恭小心地回答说:"我晏婴,只是北方的微贱之臣,能奉君王之命,来到贵国朝廷的一角行走,唯恐应答之中有所差错,被您的小官吏们讥笑,诚惶诚恐不知道该怎么回答您。"

吴王曰:"寡人闻夫子久矣,今乃得见,愿终其问。"

晏子避席对曰①:"敬受命矣。"

【注释】

①避席:古人席地而坐,离座起立,表示敬意。

【译文】

吴王说:"寡人久闻先生您的大名,今天才得以相见,但愿能尽兴地向您请教。"

晏子离座回答道:"我恭敬地听从您的吩咐。"

吴王曰:"国如何则可处,如何则可去也?"

晏子对曰:"婴闻之,亲疏得处其伦,大臣得尽其忠,民无怨治①，国无虐刑，则可处矣。是以君子怀不逆之君，居治国之位②。亲疏不得居其伦，大臣不得尽其忠，民多怨治，国有虐刑，则可去矣。是以君子不怀暴君之禄，不处乱国之位。"

【注释】

①怨(yùn)：通"蕴"，郁积，纠结。

②位：官位，职位。

【译文】

吴王问："国家要怎样才值得居留，怎样才应该离去？"

晏子答道："我听说，人们的亲疏远近都能保持应有的伦理关系，大臣们都能对君王竭诚尽忠，百姓中没有纠结难理的事务，国家中没有残酷暴虐的刑罚，这样的国家就值得居留。所以君子向往不违背正道的君王，在太平安定的国家居官任职。人们的亲疏远近不能保持应有的伦理关系，大臣们不能对君王竭诚尽忠，百姓中有许多纠结难理的事务，国家中有残酷暴虐的刑罚，这样的国家就应当离去。所以君子不贪恋暴君的俸禄，不在混乱的国家居官任职。"

吴王问保威强不失之道
晏子对以先民后身第十一

【题解】

吴王问晏子怎样才能长久保持威势强大而不衰败。晏子回答的首要一条，就是要先考虑民众的利益，而把自身利益放在后面。

晏子聘于吴①，吴王曰："敢问长保威强勿失之道若何？"

晏子对曰："先民而后身，先施而后诛；强不暴弱，贵不凌贱，富不傲贫；百姓并进②，有司不侵③，民和政平；不以威强退人之君④，不以众强兼人之地。其用法，为时禁暴⑤，故世不逆其志；其用兵，为众屏患⑥，故民不疾其劳⑦。此长保威强勿失之道也，失此者危矣！"

吴王忿然作色，不说。晏子曰："寡君之事毕矣⑧，婴无斧锧之罪⑨，请辞而行。"遂不复见。

【注释】

①聘：古代国与国之间派遣使者访问。

②百姓：这里当指各个姓氏家族。

③有司：主管某一事务的部门或官吏。

④退：让别人退到自己之下，即压制、贬抑。

⑤时：时世，社会。

⑥屏（bǐng）：摒除。

⑦劳：指兵役、徭役。

⑧寡君：对别国人谦称自己的国君。

⑨斧锧（zhì）：古代处死犯人的刑具，以斧砍杀，锧为砧板。

【译文】

晏子出访吴国，吴王问："我冒昧请教，怎样才能长久保持威势强大而不衰败呢？"

晏子回答说："民众利益在先而顾及自身在后，施行恩惠在先而责罚过失在后；强者不侵暴弱者，尊贵的不欺凌卑贱的，富裕的不傲视贫困的；各家各族共同发展兴旺，政府官吏不侵扰百姓，民众和睦政治清平；不以威势之强压制别国的君王，不以人多之强兼并别国的土地。国君施行刑法，是为社会禁止暴虐的，所以世人不违背他的意志；国家对外用兵，是为众人摒除祸患的，所以民众不怨恨这样的徭役。这样才能长久保持威势强大而不衰败，不这样可就危险啦！"

吴王脸上愤然变色，心中很不高兴。晏子说："敝国君王交代的事情我已经完成了，我总算没犯下杀头之罪，请让我告辞而走吧。"于是不再与吴王见面。

晏子使鲁鲁君问何事回曲之君
晏子对以庇族第十二

【题解】

晏子出使鲁国,鲁君问晏子:为什么要侍奉邪僻不正的君王呢? 晏子回答说:只是为了庇护自己的家族。回曲:邪曲,不正道。

晏子使鲁,见昭公①,昭公说曰:"天下以子大夫语寡人者众矣②,今得见而羡乎所闻③,请私而无为罪。寡人闻大国之君④,盖回曲之君也,曷为以子大夫之行,事回曲之君乎?"

晏子逡循对曰⑤:"婴不肖⑥,婴之族又不若婴,待婴而祀先者五百家,故婴不敢择君。"

【注释】

①昭公:鲁国国君,姓姬,名裯,谥"昭"。

②子大夫:对大夫的当面尊称。语(yù):对人说。

③羡:盈余,多出。

④大国之君:指齐国国君。

⑤逡(qūn)循:与"逡巡"、"逡遁"等同义,欲进又止的样子。这里是

形容晏子说话有所保留的谦恭之态。

⑥不肖：与"贤"相对，不贤。

【译文】

晏子出使到鲁国，拜见鲁昭公，鲁昭公高兴地说："天下有很多人把大夫您的事情告诉我了，如今见了您更觉得情况比听说的还要好，我想私下向您请教，可别怪罪。寡人听说，大国的君王，大概都是些邪僻不正的君王，以大夫您的德行，为什么要侍奉这种邪僻不正的君王呢？"

晏子谦恭小心地回答："我晏婴不贤，我们家族的人又不如我，全族五百家都要靠我来祭祀先人，所以我不敢挑选君王。"

晏子出，昭公语人曰："晏子，仁人也。反亡君①，安危国，而不私利焉②；僇崔杼之尸③，灭贼乱之徒，不获名焉；使齐外无诸侯之忧，内无国家之患，不伐功焉④；锟然不满⑤，退托于族⑥。晏子可谓仁人矣。"

【注释】

①反亡君：从字面看，当解释为"使逃亡在外的国君返回国家"。但在现有文献中，不见晏子有此事迹。按：晏子曾事齐庄公，庄公与近臣崔杼之妻私通，并羞辱崔杼，崔杼与人合谋杀了庄公。晏子认为，国君如果是为国家而死，自己就应该以死相陪，可是庄公之死是因为私事，所以不必为他而死。于是他伏在庄公尸体上痛哭，以尽人臣之礼。从本篇下文看，"反亡君"当指此事。如果这样，则本句暂解为"违背为君王而死的俗礼"（译文依此），但颇勉强。有人认为原文可能有误，"反"当为"哭"之误（张纯一《晏子春秋校注》），但无版本依据，仅可参考。

②不私利焉：齐庄公死后，崔杼拥立景公，与大夫庆封为左右相。

后来崔杼家族内乱，庆封乘机尽灭崔氏，崔杼自杀，庆封专权。三年后，齐国几家大夫联合攻打庆封，庆封出逃。平定此乱后，景公封给晏子六十个城邑，晏子推辞不受。

③僇（lù）崔杼之尸：庆封出逃后，齐国人安葬了齐庄公，并将崔杼的尸体当众展示。僇，通"戮"，"僇尸"即"戮尸"，陈尸示众，是对死者的一种惩罚。

④伐：夸耀。

⑤锃（chěn）然：不自满的样子。

⑥退：退让，谦虚。

【译文】

　　晏子出去后，鲁昭公对人说："晏子，真是仁德的人啊。他破除为亡君而死的俗礼，让危乱的国家安定，却不从中获取私利；把崔杼陈尸示众，消灭了作恶为乱的人，他也没获得美名；他使齐国外无被诸侯侵犯的忧虑，内无动乱的祸患，却不夸耀自己的功劳；他毫不自满，很谦虚地把一切推托到只是为了家族的原因上。晏子真可称得上是仁德的人啊！"

鲁昭公问鲁一国迷何也
晏子对以化为一心第十三

【题解】

鲁昭公认为自己能和整个国家的人共谋国事,可是国家还是混乱,他为此迷惑不解。晏子指出,所共谋国事的人,都是附和国君的亲信,所谓全国人的思想,其实只是国君一个人的思想,自然就听不到有益的建议了。

晏子聘于鲁,鲁昭公问焉曰:"吾闻之:莫三人而迷①。今吾以一国虑之,鲁不免于乱,何也?"

晏子对曰:"君之所尊举而富贵、入所以与图身、出所以与图国,及左右逼迩,皆同于君之心者也。挢鲁国化而为一心②,曾无与二③,其何暇有三? 夫逼迩于君之侧者,距本朝之势④,国之所以殆也;左右谗谀,相与塞善,行之所以衰也;士者持禄,游者养交,身之所以危也。《诗》曰:'芃芃棫朴,薪之槱之;济济辟王,左右趋之。'⑤此言古者圣王明君之使以善也。故外知事之情,而内得心之诚,是以不迷也。"

【注释】

①莫三人而迷：这可能是古代的谚语，意谓凡事多和众人共商，就不会产生迷惑。

②挢(jiǎo)：举，全。

③曾：乃，竟然。

④距：通"拒"，抗衡，相当。

⑤"芃芃(péng)棫(yù)朴"四句：见《诗经·大雅·棫朴》。芃芃，草木茂密丛杂的样子。棫，木名，亦名"白桵"。朴，丛生。薪，木柴。这里意为砍伐为木柴。槱(yǒu)，积聚木柴以备燃烧。济济：仪容庄敬美好的样子。辟(bì)，君王，指周文王。趋，快步急走，形容贤臣在明君身边亦步亦趋、积极奔走。今本《诗经》字作"趣"。这几句诗，以棫木茂密丛生比喻贤人德盛人多，以伐木积薪比喻广揽积聚贤人，歌颂君王贤明，贤人争相效力。

【译文】

晏子出访鲁国，鲁昭公问他："我听说：三人共谋，决不迷惑。我如今和整个国家的人共同谋虑，可是鲁国还是免不了混乱，这是为什么呢？"

晏子回答说："您所尊崇举用的对内与您共谋自身的事情、对外与您共谋国家大事的人，以及您的左右亲信，都是和您的思想完全相同的人。把全鲁国人的思想化为一个人的思想，连两人都没有，哪儿有三人呢？那些近在您身边的人，其势力与本朝廷相当，国家就因此危乱；左右亲信谗言阿谀，共同阻塞良好的建议，国事就因此衰败；在朝做官的保住自己的俸禄，在外游说的培养个人的交情，君王自身就因此危险。《诗》上说：'繁密茂盛的棫树丛，砍作薪柴聚成堆；风度翩翩的周文王，左右大臣勤奔随。'这是说古代的圣王明君能以善良之道使用人才，所以他外能知道事物的实情，内能获得人们的诚心，因此不迷惑。"

鲁昭公问安国众民
晏子对以事大养小谨听节敛第十四

【题解】

鲁昭公向晏子请教如何能使国家安定，人口繁衍。晏子告诉他，要尊奉大国，资助小国；谨慎断案，减少赋税。

晏子聘于鲁，鲁昭公问曰："子大夫俨然辱临敝邑^①，窃甚嘉之^②，寡人受贶^③，请问安国众民如何？"

晏子对曰："婴闻傲大贱小则国危，慢听厚敛则民散^④。事大养小，安国之器也^⑤；谨听节敛，众民之术也。"

【注释】

①俨（yǎn）然：庄重的样子。辱：谦词，屈尊。敝邑：对别国人谦称自己的国家。

②窃：谦辞，私下。嘉：善，美。这里表示荣幸的意思。

③贶（kuàng）：赐。

④慢：怠慢，马虎。听：听讼，断案。

⑤器：工具，手段。

【译文】

晏子出访鲁国，鲁昭公问道："大夫先生您庄重地屈尊莅临敝国，我私下甚感荣幸，寡人敬受恩赐了，请问要使国家安定，人口众多，该怎么做呢？"

晏子回答说："我听说，傲视大国轻视小国，国家就危险；断案马虎收税繁重，百姓就离散。尊奉大国资助小国，这是使国家安定的手段；断案认真收税有节制，这是使人口众多的办法。"

晏子使晋晋平公问先君得众若何
晏子对以如美渊泽第十五

【题解】

　　晏子出使晋国，晋平公向晏子询问齐桓公是如何得到民众拥护的。晏子以深渊大泽为喻，称赞齐桓公善于包容。同时，晏子也对齐庄公和齐景公作了评价。晋平公：晋国国君，姓姬，名彪，谥"平"。

　　晏子使晋，晋平公飨之文室①，既静矣，以宴。平公问焉曰："昔吾子先君得众若何②？"

　　晏子对曰："君飨寡君，施及使臣③，御在君侧，恐惧不知所以对。"

【注释】

①飨(xiǎng)：与下文的"宴"，均为古代君王宴请来宾的礼节，先飨后宴。飨礼最重，以大牢（牛羊猪）和酒待宾，以表敬意；宴礼则以饮酒为主，以示友好欢乐。文室：饰有花纹彩绘的华丽宫室。

②吾子先君："吾子"是对对方的尊称。"吾子先君"即"您的先君"，当指齐桓公，曾多次会盟诸侯，成就霸业。

③施（yì）：蔓延，扩展。

【译文】

晏子出使晋国，晋平公在装饰华丽的宫室里设飨礼款待他，结束后，又设宴礼。晋平公问晏子："从前您的先君是怎样得到众人拥护的？"

晏子答道："您把宴请我们国君的礼节，延展到我这个使臣的身上，我侍奉在您的身边，诚惶诚恐而不知道该如何回答。"

平公曰："闻子大夫数矣①，今乃得见，愿终闻之。"

晏子对曰："臣闻君子如美渊泽，容之，众人归之，如鱼有依，极其游泳之乐；若渊泽决竭，其鱼动流。夫往者维雨乎，不可复已。"

【注释】

①数（shuò）：屡次，频繁。

【译文】

晋平公说："常闻大夫先生的大名，今天才得以见到，但愿能尽兴地聆听您的高见。"

晏子答道："我听说，君子就像美好的深渊大泽，包容一切，众人归附他，就像鱼儿有了依托，享尽游泳的快乐；如果深渊大泽溃决枯竭，鱼儿就游走流失了。它们所归往的只有雨水充足的地方啊，不可能再回来了。"

公又问曰："请问庄公与今君孰贤①？"

晏子曰："两君之行不同，臣不敢知也。"

【注释】

①庄公：指齐庄公。今君：指齐景公，庄公的异母弟。

【译文】

晋平公又问："请问齐庄公和当今的国君哪个更贤明？"

晏子说："两位君王的行为不同，我不敢评判。"

公曰："王室之不正也，诸侯之专制也①，是以欲闻子大夫之言也。"

对曰："先君庄公不安静处，乐节饮食，不好钟鼓②，好兵作武，与士同饥渴寒暑。君之强，过人之量；有一过不能已焉，是以不免于难③。今君大宫室，美台榭④，以辟饥渴寒暑⑤，畏祸敬鬼神。君之善，足以没身⑥，不足以及子孙矣。"

【注释】

①"王室"二句：指春秋之世，礼崩乐坏，诸侯称霸，周天子名存实亡的情况。

②钟鼓：指音乐。

③"有一过"二句：齐庄公与大夫崔杼之妻棠姜私通，后被崔杼所杀。

④台：高台，上有宫殿楼阁，用以登临观赏朝拜娱乐等。榭（xiè）：建在高台上的敞屋。

⑤辟：躲避。

⑥没（mò）身：终其一生。意为保全一生正常地活着。

【译文】

晋平公说："周王室名存实亡，诸侯专权，所以我想听听大夫您的高见。"

　　晏子答道:"先君庄公,不安于平静处世,乐于节制饮食,不喜欢钟鼓音乐,爱好兴兵动武,能与士人同饥渴共寒暑。先君的强力,超过了常人的能量;但有一个过错不能自制,所以无法免于杀身之祸。当今的君王,把宫室修建得很大,把高台楼阁装饰得很华美,以此来避免饥渴寒暑;但他畏惧灾祸,敬事鬼神。君王的善行,只足以保全自己一生,不足以恩及子孙后代。"

晋平公问齐君德行高下
晏子对以小善第十六

【题解】

晏子出使晋国,晋平公要他对齐君的德行进行评价。晏子先以外交之礼答以"还好",后来在晋平公的直言追问下,才作出"无可称道"的评价。

晏子使于晋,晋平公问曰:"吾子之君①,德行高下如何?"晏子对以"小善"。

公曰:"否,吾非问小善,问子之君德行高下也。"

晏子蹴然曰②:"诸侯之交,绍而相见③,辞之有所隐也。君之命质,臣无所隐,婴之君无称焉。"

【注释】

①吾子:对对方的尊称。

②蹴(cù)然:局促不安的样子。

③绍而相见:通过介绍而相见。意谓彼此是经外交途径来往,并非知心朋友私下相见。

【译文】

晏子出使晋国,晋平公问他:"您的君王,德行高尚还是低劣?"晏子以"还好"回答。

晋平公说:"不,我不是问是否还好,我是问您的君王的德行是高尚还是低劣。"

晏子不安地说:"诸侯交往,彼此通过介绍而相见,所以言辞必须有所隐讳。现在您的命令这么质朴坦率,我也没什么可隐讳的了,我的君王没有什么值得称道的。"

平公蹴然而辞送,再拜而反曰:"殆哉吾过^①!谁曰齐君不肖^②!直称之士^③,正在本朝也。"

【注释】

①殆哉吾过:意谓自己是贤明之君,能容直言之士,那么自己的过错也会有人直言不讳,所以危险。

②不肖:与"贤"相对,不贤。

③称:举,举过。

【译文】

晋平公不安地送别了晏子,两拜之后返回,说道:"危险啊!我的过错看来也要被人指出了。谁说齐国君王不贤!敢于直言举过的人,就在他自己的朝廷上。"

晋叔向问齐国若何
晏子对以齐德衰民归田氏第十七

【题解】

晏子出使晋国,和晋国大夫叔向交谈中,分析了齐国公室衰微、齐国必将为新兴的田氏所取代的形势。叔向也分析了晋国类似的情形。

晏子使于晋①,叔向从之宴②,相与语。叔向曰:"齐其何如?"

晏子对曰:"此季世也③,吾弗知,齐其为田氏乎④!"

【注释】

①晏子使于晋:据《左传·昭公三年》载,晏子此行是为齐景公向晋国求婚以续弦。

②叔向:人名,晋国大夫,复姓羊舌,名肸(xī),字叔向。

③季世:古人排行,以孟(伯)、仲、叔、季为序,故以"季世"为末世。

④田氏:指田无宇,又叫"陈桓子"、"田桓子",齐国大夫。其先陈完,原为陈国公子。陈国内乱,他出奔到齐国,改姓田(陈、田古音相近),被齐桓公任为卿。此后其家族势力渐强,到田无宇时,

他以大斗出贷、小斗收进等办法，收买人心，觊觎王位。后来其后代果然弑齐君、专齐国之政，最终夺取齐国王位，史称"田氏代齐"。

【译文】

晏子出使晋国，叔向陪他宴饮，互相谈话。叔向问："齐国怎么样？"晏子说："到了末世了，我不知道会怎样，齐国大概会属于田氏吧！"

叔向曰："何谓也？"

晏子曰："公弃其民，而归于田氏。齐旧四量：豆、区、釜、钟①，四升为豆，各自其四，以登于釜，釜十则钟②。田氏三量，皆登一焉，钟乃巨矣③。以家量贷，以公量收之。山木如市④，弗加于山⑤；鱼盐蜃蛤⑥，弗加于海。民参其力⑦，二入于公，而衣食其一；公积朽蠹，而老少冻馁⑧；国之都市⑨，屦贱而踊贵⑩；民人痛疾，或燠休之⑪。昔者殷人诛杀不当⑫，僇民无时⑬；文王慈惠殷众，收恤无主，是故天下归之。民无私与⑭，维德之授。今公室骄暴，而田氏慈惠，其爱之如父母，而归之如流水，欲无获民，将焉避之？箕伯、直柄、虞遂、伯戏⑮，其相胡公太姬⑯，已在齐矣⑰。"

【注释】

①区（ōu）：古代的量器。

②"各自"三句：意为从豆到区、从区到釜，都是四进位，即四豆为区，四区为釜；到釜以后，就十进位到钟。这样一钟等于六百四十升。

③"田氏"三句：意为田氏私家的量具豆、区、釜，都比齐国的公量加一个进位，即私量的一豆由公量的四升加为五升，私量的一区由

公量的四豆加为五豆（即二十升），私量的一釜由公量的四区加
为五区（八十升），而由釜到钟仍然是十进位。这样一钟就等于
八百升，要比公量的钟多出一百六十升，故言"钟乃巨矣"。

④如：到。

⑤加：指价格贵出。

⑥蜃蛤（shèngé）：大蛤蜊，一种贝壳类海味。

⑦参（sān）：同"三"。

⑧馁（něi）：饿。

⑨国：国都。

⑩屦（jù）贱而踊贵：屦，用麻、葛制成的鞋子；踊，古代受过刖刑（断
　足）的人用以连接脚的装置，类似现在的假腿。市场上鞋子便宜
　而假腿贵，形容齐景公滥用刖刑，断足的人很多。

⑪或：有的人，指田氏。燠休（yùxǔ）：抚慰病痛的声音。

⑫殷人：商代人，指商纣王。

⑬僇（lù）：通"戮"，杀戮。无时：不分时候，意为任意。

⑭私：不公正，偏执。与：亲近。

⑮箕伯、直柄、虞遂、伯戏：人名。相传这四个人都是舜的后代、田
　（陈）氏的远祖。

⑯相：当为"祖"字之误。胡公：人名，姓妫名满，以舜的后代，被周
　武王封于陈国，称为"胡公"，是陈国的始祖。太姬：胡公妃。

⑰已在齐矣：意为以上那些陈氏家族的列祖列宗的神灵，都已经
　来到了齐国，准备接受齐国的宗庙祭祀。齐国是姜太公的封
　国，其宗庙之主是姜姓，改为陈氏，说明陈氏取代姜姓而拥有
　齐国。

【译文】

叔向问："为什么这么说呢？"

晏子说："我们的国君抛弃了他的百姓，百姓们就归附田氏了。齐

国原有四种量器：豆、区、釜、钟，四升为一豆，每级以四倍升上一级，一直上升到釜，釜则十倍为一钟。而田氏的豆、区、釜三种量器都以加大一倍递升，钟的容量就很大了。他用私家的大量器借出，用公家的小量器收还。山上的木料运到市场，价格却不高于山上；鱼盐大蛤在市场上，价格也不高于海边。百姓所付出的劳力如果分为三份，两份归于国君，只有一份供自己维持衣食；国君积藏的财物腐朽生虫，而百姓老老少少却受冻挨饿；国都的市场上，鞋子便宜而假腿昂贵；百姓有痛苦疾病，田氏抚恤慰问他们。从前商纣王诛杀不当，随意杀戮百姓；而周文王以仁慈恩惠对待殷商百姓，收养体恤无家可归的人，所以天下人都归附他。百姓是不会偏执地亲近谁的，只把心交给仁德的人。如今公室骄横暴虐，而田氏仁慈恩惠，百姓爱戴他如同父母，归附他如同流水，想让他无法得到百姓拥护，却怎么能避开民心的归向呢？箕伯、直柄、虞遂、伯戏等这些田氏家族的远祖，以及陈国的开国始祖胡公、太姬，他们的神灵已经在齐国了。"

叔向曰："虽吾公室，亦季世也。戎马不驾，卿无军行[1]，公乘无人[2]，卒列无长[3]。庶民罢弊[4]，宫室滋侈；道殣相望[5]，而女富溢尤[6]。民闻公命，如逃寇雠[7]。栾、郤、胥、原、孤、续、庆、伯[8]，降在皂隶。政在家门[9]，民无所依；而君日不悛[10]，以乐慆忧[11]。公室之卑，其何日之有！谗鼎之铭曰[12]：'昧旦丕显[13]，后世犹怠。'况日不悛，其竜久乎[14]！"

晏子曰："然则子将若何？"

叔向曰："人事毕矣，待天而已矣！晋之公族尽矣[15]。肸闻之，公室将卑，其宗族枝叶先落，则公从之。肸之宗十一族，维羊舌氏在而已，肸又无子，公室无度，幸而得死，岂其获祀焉。"

【注释】

①卿无军行(háng)：意谓军队缺乏统帅。卿，诸侯所属的高级长官。

②公乘(shèng)：诸侯的兵车。人：指护卫兵车的武士。

③卒：古代军队编制，百人为一卒。以上四句形容晋国军备松懈，军力衰弱。

④罢(pí)弊：疲惫困乏。罢，疲。

⑤殣(jìn)：饿死。相望：面面相对。形容死人很多。

⑥女：指受国君宠爱的姬妾。溢：满。尤：特别，更加。

⑦寇雠(chóu)：贼寇，仇敌。

⑧栾、郤、胥、原、狐、续、庆、伯：晋国的八家老贵族。

⑨家门：指大夫。大夫的领地曰"家"。

⑩悛(quān)：悔改。

⑪慆(tāo)：隐藏，掩藏。

⑫馋：鼎名。

⑬昧旦：天将亮未亮时。丕显：大明。指盛大光明的事业。

⑭竜(néng)：能。

⑮晋之公族：晋国是姬姓诸侯，公族即指晋国中属于姬姓的各家各族。

【译文】

叔向说："虽然我们晋国还是公室，但也是末世了。战马不驾车，卿的手下没有军队，国君的兵车上没有武士，部队行列中没有长官。百姓疲惫困乏，而宫室更加奢侈；道路上饿死者的尸体一个挨着一个，而宠姬的家里却特别富足。百姓听到国君的命令，就好像逃避贼寇仇敌一样。栾、郤、胥、原、狐、续、庆、伯这八家老贵族，已经降为低贱的仆役。国家大政掌握在大夫私家手里，黎民百姓无依无靠；可是国君却天天不改悔，用享乐来掩藏忧患。公室如此卑微，还能存有几天？谗鼎上的铭文说：'黎明即起勤大业，子孙后代仍懈怠。'何况天天不改悔，他还能长久吗？"

晏子说："那么您打算怎么办？"

叔向说："人所能及的事已经完结了，现在只能等待老天安排啦！晋国的公室家族已经衰败到尽头了。我听说，公室将要卑微，它的宗族旁支就像树的枝叶一样先行凋落，最后跟着的就是国君了。我的同宗一共有十一个家族，只有我们羊舌氏家族还在，我又没有儿子，公室没有了法度，我能善终就是侥幸，难道还能得到后人的祭祀吗？"

叔向问齐德衰子若何
晏子对以进不失忠退不失行第十八

【题解】

晋国大夫叔向问晏子齐国衰败个人将怎么办的问题。晏子认为，作为臣子，侍奉君王就要忠心耿耿不苟且迎合，君王昏庸，辞官退隐，也不能失去德行。

叔向问晏子曰："齐国之德衰矣，今子何若？"

晏子对曰："婴闻事明君者，竭心力以没其身，行不逮则退，不以诬持禄；事惰君者，优游其身以没其世[①]，力不能则去，不以谀持危。且婴闻君子之事君也，进不失忠，退不失行。不苟合以隐忠，可谓不失忠；不持利以伤廉，可谓不失行。"

叔向曰："善哉！《诗》有之曰：'进退维谷。'[②] 其此之谓欤！"

【注释】

①优游：悠闲自得，有独善其身之意。

②进退维谷：所引诗句见于今本《诗经》的《大雅·桑柔》。谷，
　困境。

【译文】

叔向问晏子道："齐国的道德已经衰败了，现在您准备怎么办？"

晏子回答说："我听说，侍奉贤明之君，应尽心尽力终其一生，德行
达不到就退隐，不以虚假欺骗来保持俸禄；侍奉昏庸之君，就悠闲自守
终其一世，能力不胜任就辞官，不以阿谀谄媚来维持危险地位。而且我
听说，君子侍奉君王，进身为官不失忠心，辞官退隐不失德行。不苟且
迎合君王而隐没自己的忠心，可称为不失忠心；不为保全私利而伤害廉
洁品德，可称为不失德行。"

叔向说："说得好啊！《诗》中有这么一句：'进退维谷。'大概说的就
是这个吧！"

叔向问正士邪人之行如何
晏子对以使下顺逆第十九

【题解】

　　晋国的叔向向晏子询问正直之士与邪僻之人的行为表现。晏子从得志和潦倒、事君和交友，在朝为官和辞官退隐等几个方面作了表述。

　　叔向问晏子曰："正士之义、邪人之行，何如？"

　　晏子对曰："正士处势临众而不阿私①，行国足养而不忘故②。通则事上使恤其下③，穷则教下使顺其上。其事君也，尽礼行忠，不为苟禄④，不用则去而不议；其交友也，谕身行义⑤，不为苟戚⑥，不同则疏而不诽。不毁进于君，不以刻民尊于国。故用于上则民安，行于下则君尊。故得众上不疑其身，用于君不悖于行。是以进不丧己，退不危身。此正士之行也。邪人则不然。用于上则虐民，行于下则逆上。事君苟进不道忠，交友苟合不道行⑦。持谀巧以亏禄，比奸邪以厚养⑧。矜爵禄以临人⑨，夸体貌以华世⑩。不任于上则轻议，不笃于友则好诽⑪。故用于上则民忧，行于下则君危。

是以其事君近于罪，其交友近于患。其得上辟于辱⑫，其为生偾于刑⑬。故用于上则诛，行于下则弑。是故交通则辱⑭，生患则危⑮。此邪人之行也。"

【注释】

①处势：得势。临众：位居众人之上。阿(ē)：偏袒。

②行国：漫游国中。《诗经·魏风·园有桃》："心之忧矣，聊以行国。"指不得志时。足养：仅足以养身。意谓无力兼善天下。

③通：指仕途通畅顺达。

④苟：苟且，不正当。

⑤谕：告知，使人知晓。身：通"信"，诚信。

⑥戚：亲，亲近。

⑦行：当为"义"字之误。

⑧养：给养，财富。

⑨矜：自负。

⑩华：炫耀。

⑪笃：结实，深厚。

⑫辟：通"僻"，偏，偏爱。

⑬为生：意为掌管人的生杀大权。偾(fèn)：倒向，偏重。

⑭交通：交往。

⑮生患：意为与之一同生活或患难。

【译文】

叔向问晏子道："正直之士的仁义、邪僻之人的品行，是怎样的？"

晏子回答说："正直之士，得势而高居众人之上时却不偏袒徇私，不得志而到处漫游只能自养时也不忘旧友故交。通达显贵时就侍奉在上的人使之体恤下面的人，穷困潦倒时就教育在下的人使之顺从在上的人。他侍奉君王，尽礼效忠，不求取不正当的俸禄，不被重用就辞官去职而不议论是非；他结交朋友，坦诚重义，不营求不正当的亲密关系，彼此不合就自行疏远而不诽谤对方。不以诋毁他人而进用于国君，不以苛刻待民而尊显于国内。所以他受重用而居于上层时能使民众安定，漫游在社会底层时也能使君王尊贵。因此他得到众人拥护时君王也对他毫无疑心，受到君王重用时也不违背自身的品行。所以他上进为官也不丧失自我，辞官退隐也不危害自身。这就是正直之士的品行。而邪僻之人就不是这样。他受重用而居于上层时就对百姓施虐，漫游在社会底层时就违逆犯上。侍奉君王苟且求进不遵忠诚之道，结交朋友苟且求合不循信义之节。依靠阿谀讨巧来求得俸禄，竞相为奸行邪以增加财富。以高官厚禄自负而对人居高临下，以身份外表自夸而对世人炫耀显摆。不受君王任用就轻率地发表议论，不被朋友深交就喜欢诽谤对方。因此他受重用而居于上层时民众就要担忧，游荡在社会底层时君王就面临危险。所以他侍奉君王就即将成为君王的罪人，他结交朋友就即将成为朋友的祸害。他一旦得到高官尊位就好羞辱他人，一旦掌握人的生杀大权就爱使用刑罚。因此他受重用而居于上层时就会诛杀无辜，游荡在社会底层时就会犯上弑君。所以和他结交来往就会受到羞辱，和他同生活共患难就会有危险。这就是邪僻之人的品行。"

叔向问事君徒处之义奚如
晏子对以大贤无择第二十

【题解】

  晋国的叔向向晏子请教在朝事君或无官居闲该奉行什么样的道义问题。晏子把在朝事君的应有表现列为上、次、下三等，并指出，真正的大贤之人，则不论隐居还是为官都没什么区别，随着时世变化取其所宜。至于无官居闲之人，晏子也列举了"君子"、"狂僻之民"和"处封之民"三种。最后，晏子还列举了"傲上"、"乱贼"、"乱国"等三种有罪之人。事君：侍奉君王，指在朝为官。徒处：闲居，不做官。

  叔向问晏子曰："事君之伦^①，徒处之义，奚如？"

  晏子对曰："事君之伦，知虑足以安国^②，誉厚足以导民^③，和柔足以怀众，不廉上以为名，不倍民以为行^④，上也；洁于治己，不饰过以求先，不谗谀以求进，不阿以私^⑤，不诬所能^⑥，次也；尽力守职不敢怠，奉官从上不敢惰，畏上故不苟，忌罪故不辟^⑦，下也。三者，事君之伦也。及夫大贤，则徒处与有事无择也^⑧，随时宜者也。有所谓君子者，能不足以补上，退处不顺上，治唐园^⑨，考菲履^⑨，共恤上令^⑪，弟长乡里⑫,不夸言,不愧行⑬,君子也。不以上为本,不以民为忧,内不恤其家,外不顾其游⑭,夸言愧行,自勤于饥寒⑮,不及丑侪⑯,命之曰狂僻之民,明上之所禁也。进也不能及上,退也不能徒处,作穷于富利之门⑰,毕志于畎亩之业⑱,穷通行无常处之虑⑲,佚于心⑳,通利不能,穷业不成,命之曰处封之民㉑,明上之所诛也。有智不足以补君,有能不足以劳民,俞身徒处㉒,谓之傲上;苟进不择所道,苟得不知所恶,谓之乱贼;身无以与君,能无以劳民,饰徒处之义,扬轻上之名,谓之乱国。明君在上,三者不免罪。"

叔向曰:"贤不肖㉓,性夫! 吾每有问,而未尝自得也。"

【注释】

①伦:与下文的"义",均指道理、法则。

②知(zhì):同"智"。

③誉:声誉,名望。厚:重。

④倍:通"背",违背,背弃。

⑤阿(ē):偏袒。

⑥诬:无中生有。

⑦辟(bì):刑,法。

⑧有事:指有职位,做官。

⑨唐园:园地。唐,通"塘"。

⑩考:敲打。菲履:草鞋。

⑪共(gōng)恤:谨守,不冒犯。共,通"恭"。恤,安。

⑫弟(tì):同"悌",本指敬事兄长。这里泛指尊敬。长(zhǎng):以之为长,即尊敬。

⑬愧:通"傀",怪异。

⑭游：交游。指朋友。

⑮勤：操心，忧虑。

⑯丑侪(chái)：类，辈。指同类的人。

⑰作穷：困窘，无奈。

⑱畎(quǎn)亩：田园。

⑲穷：困窘不得志。通：仕途通达得志。

⑳佚：放荡，浮躁。

㉑处封：屏处于边疆，即"固步自封"之意。封，疆。

㉒俞：安。

㉓不肖：与"贤"相对，不贤。

【译文】

叔向问晏子："在朝事君或无官居闲，该奉行什么样的道义？"

晏子答道："在朝事君的道义是，才智谋略足以安定国家，德高望重足以引导百姓，平和柔顺足以容纳众人，不以廉正事君来沽名钓誉，不以违背百姓为日常行为，这是最上等的；洁身自好，不以掩饰过错来超越别人，不以谗言阿谀来求得提拔，不以私情偏袒亲友，不妄称自己有何才能，这是次一等的；尽心尽力忠于职守，不敢怠慢，奉行公事服从君王，不敢松懈，因敬畏君王而不苟且从事，因忌惮获罪而不敢犯法，这是下等的。这三种，是在朝事君该奉行的道义。至于那些大贤之人，则不论退隐居闲还是为官在职都没什么区别，随着时世变化取其所宜而已。有人们常说的君子，才能不足以补益君王，就退隐居家不侍从君王，整整园圃，打打草鞋，恭守君令不违抗，尊敬乡里乡亲，说话不虚夸，行为不怪异，这就是君子。不以君王之事为根本，不把民众之事放在心，对内不体恤家庭，对外不顾念朋友，夸夸其谈行为怪异，只为自己的温饱之事操心劳累，不顾及同类他人，这叫做狂妄邪僻之人，是贤明的君王所禁忌的。进朝却不能侍奉君王，退隐却不能安于闲居，想致富求利却困窘无门，最终只求以耕种田园为业，这种人不论困窘还是得志所作所为都没长远打算，心思放荡浮躁，得志时不能利人，困窘时不能立业，这叫做固步自封之人，是贤明的君王所责罚的。有智慧而不足以补益君王，有才能而不足以为民效劳，安身闲居，这叫做傲视君王；苟且求进而不选择应遵循的道义，苟且求取而不知该有所摒弃，这叫做为寇作乱；自身没什么可奉献君王，又没有能耐可为民效劳，以无官居闲美化自己，以轻视君王显扬名声，这叫做祸乱国家。贤明的君王在上，这三种人都不能免于治罪。"

叔向说："贤与不贤，是天性吧！我每每有疑问，却都不曾自己找到答案。"

叔向问处乱世其行正曲
晏子对以民为本第二十一

【题解】

叔向觉得，身处乱世时，如果坚持正直人格就无法顾及百姓，要顾及百姓就难免要牺牲道义委曲求全。晏子认为，必须以民为本，保住了百姓，也就不会失去人格道义。

叔向问晏子曰："世乱不遵道，上辟不用义①。正行则民遗，曲行则道废。正行而遗民乎？与持民而遗道乎？此二者之于行，何如？"

晏子对曰："婴闻之，卑而不失尊，曲而不失正者，以民为本也。苟持民矣，安有遗道？苟遗民矣，安有正行焉？"

【注释】

①辟：邪僻。

【译文】

叔向问晏子："世道混乱违背了事理，君王邪僻不施行仁义。如果行为正直，百姓就要被抛弃；如果行为邪僻，事理就要被废灭。是坚持行为正直而抛弃百姓呢？还是保住百姓而抛弃事理呢？在这二者之间，该如何选择自己的行为呢？"

　　晏子回答道："我听说，地位卑下而不失去尊贵的德行，委曲求全而不失去正直的品格，这就在于以民为本。如果保住了百姓，哪会抛弃事理？如果抛弃了百姓，哪有正直的行为？"

叔向问意孰为高行孰为厚
晏子对以爱民乐民第二十二

叔向向晏子请教思想行为问题。晏子认为，最高尚的思想行为，就是爱护百姓、使百姓快乐。意：指思想、观念等。一说，当为"德"，"德"字古作"悳"，与"意"字形近而误。

　　叔向问晏子曰："意孰为高？行孰为厚？"
　　对曰："意莫高于爱民，行莫厚于乐民。"

【译文】

　　叔向问晏子："哪种思想最高尚？哪种行为最淳厚？"
　　晏子答道："最高尚的思想是爱护百姓，最淳厚的行为是使百姓快乐。"

　　又问曰："意孰为下？行孰为贱？"
　　对曰："意莫下于刻民，行莫贱于害身也①。"

【注释】

①害身：因为苛刻待民，最终殃及自身，故曰"害身"。一说，"身"当
　　为"民"字之误。

【译文】

　　叔向又问："哪种思想最卑下？哪种行为最低贱？"

　　晏子答道："最卑下的思想是苛刻待民，最低贱的行为是作恶太多
而最终害了自己。"

叔向问啬吝爱之于行何如
晏子对以啬者君子之道第二十三

【题解】

　　叔向向晏子请教关于啬、吝、爱的品行问题。晏子认为，"啬"是君子之道，而"吝"和"爱"则是小人之行，并对这三个概念作了简要的解释说明。

　　叔向问晏子曰："啬、吝、爱之于行何如？"
　　晏子对曰："啬者，君子之道；吝、爱者，小人之行也。"

【译文】

　　叔向问晏子："啬、吝、爱在品行上有何表现？"
　　晏子答道："啬，是君子之道；吝和爱，是小人的品行。"

　　叔向曰："何谓也？"
　　晏子曰："称财多寡而节用之，富无金藏，贫不假贷，谓之啬；积多不能分人，而厚自养，谓之吝；不能分人，又不能自养，谓之爱。故夫啬者，君子之道；吝、爱者，小人之行也。"

【译文】

叔向说:"此话怎讲?"

晏子说:"衡量财物的多少而有节制地使用,富裕时不藏钱财,贫困时不向人借贷,这叫做啬;积蓄很多却不愿意分给别人,而用于供养自己的则很丰厚,这叫做吝;不愿意把钱财分给别人,也舍不得用以供养自己,这叫做爱。所以说,啬,是君子之道;吝和爱,是小人的品行。"

叔向问君子之大义何若
晏子对以尊贤退不肖第二十四

【题解】

叔向询问关于君子大义问题,晏子作了具体而简要的回答。

叔向问晏子曰:"君子之大义何若?"

晏子对曰:"君子之大义,和调而不缘①,溪盎而不苛②,庄敬而不狡③,和柔而不铨④,刻廉而不刿⑤,行精而不以明污,齐尚而不以遗罢⑥,富贵不傲物⑦,贫穷不易行,尊贤而不退不肖⑧。此君子之大义也。"

【注释】

①缘:循,顺。

②溪盎:该词费解,今取吴则虞先生之说,字当作"傒醯",因传写致误。傒醯,古代齐国方言,意为"大"。

③狡:急。

④铨:通"踜",卑屈。

⑤刻:严正。廉:端方,有棱角。刿(guì):伤。

⑥齐尚：即尚同，崇尚统一平等。罢(pí)：指疲弱无能之人。

⑦物：人。

⑧不肖：与"贤"相对，不贤。

【译文】

叔向问晏子："君子的大义应该如何？"

晏子答道："君子的大义应当是，与人和谐却不盲目顺从，宽宏大量而不苛刻，庄重恭敬而不急躁，温和柔顺而不卑弱，严正端方而不伤人，品行精纯而不因此显明别人的污点，崇尚平等而不遗弃疲弱无能之人，富贵时对人不高傲，贫穷时不改变品行，尊重贤人而不嫌弃不贤的人。这就是君子的大义。"

叔向问傲世乐业能行道乎
晏子对以狂惑也第二十五

【题解】

叔向问晏子,有一种人,既不能治国也不会治家,自甘贫困,傲视现实,这种人生之道是否可取。晏子认为,所谓道,是用来治理天下、匡正世道的,如果做不到这些,只是以傲世贫困为荣,那就是没有受过道德礼义教化的糊涂狂乱之人。

叔向问晏子曰:"进不能事上,退不能为家,傲世乐业,枯槁为名[1],不疑其所守者,可谓能行其道乎?"

晏子对曰:"婴闻古之能行道者,世可以正则正,不可以正则曲。其正也,不失上下之伦[2];其曲也,不失仁义之理。道用,与世乐业;不用,有所依归[3]。不以傲上华世[4],不以枯槁为名。故道者,世之所以治,而身之所以安也。今以不事上为道,以不顾家为行,以枯槁为名,世行之则乱,身行之则危。且天之与地,而上下有衰矣[5];明王始立,而居国为制矣;政教错[6],而民行有伦矣。今以不事上为道,反天地之衰矣;以不顾家为行,倍先圣之道矣;以枯槁为名,则世塞政教之涂矣。有明上，不可以为下；遭乱世，不可以治乱。说若道，谓之惑；行若道，谓之狂。惑者狂者，木石之朴也^⑦，而道义未戴焉^⑧。"

【注释】

①枯槁：指因贫困而形容憔悴的样子。

②上下之伦：指君臣父子等上下尊卑秩序。

③有所依归：指以独善其身为人生归宿。

④华：华丽。这里意为炫耀。一说，通"哗"，喧哗，即"哗众取宠"之意。

⑤衰（cuī）：等差，即按一定的标准递减。

⑥错：通"措"，设置。

⑦木石之朴：未经雕刻加工的原始粗朴的木头石块，比喻未经礼义教化的人。

⑧戴：通"载"，施加，蒙受。

【译文】

叔向问晏子："进身为官却不能侍奉君王，引退辞官却不能治理家庭，以傲视现实为乐事，以贫困憔悴而闻名，从不怀疑自己所遵守的这些人生信条，这种人可以称得上是能奉行其为人之道的吗？"

晏子回答说："我听说，古代那些能奉行为人之道的人，世道能匡正就匡正，不能匡正就委曲求全。当他匡正世道时，不抛弃上下尊卑等伦理秩序；当他委曲求全时，也不抛弃仁义道德的道理原则。思想主张能实行，就以与世人共事为乐；不能实行，也有自己的人生归宿。不以傲视君王来炫耀于世，也不以贫困憔悴来博取美名。因此所谓道，是用来治理天下社会，又是个人安身立命的东西。如果以不侍奉君王为正道，以不顾家庭为品行，以贫困憔悴为美名，那么世人这么做就会天下大乱，自己这么做就会陷于危险。况且有天和地，就有自上而下的等级差别;贤明的君王刚即位,就要统治国家建立制度;政治教化一设立,民众的行为就有伦理秩序了。如果以不侍奉君王为正道,就违反了天在上地在下的等级差别;以不顾家庭为品行,就违背了先代圣人的道理法则;以贫困憔悴为美名,那么社会上政治教化的途径就堵塞了。有贤明的君王,却不能做好下臣;遇到乱世,却不能治理混乱。乐于此道的叫做糊涂;奉行此道的叫做狂乱。糊涂狂乱的人,就像未经雕琢的木头石块,是没有受过道德礼义教化的。"

叔向问人何若则荣
晏子对以事君亲忠孝第二十六

【题解】

叔向问晏子，人要怎么样才可以称为荣耀。晏子回答了忠、孝、和、信等诸多方面。

叔向问晏子曰："何若则可谓荣矣？"

晏子对曰："事亲孝，无悔往行；事君忠，无悔往辞。和于兄弟，信于朋友。不谄过①，不责得②。言不相坐③，行不相反。在上治民，足以尊君；在下莅修④，足以变人。身无所咎⑤，行无所创⑥。可谓荣矣。"

【注释】

①谄（tāo）过：隐瞒过失。谄，隐讳，掩藏。

②责：求。

③坐：争讼，对质。这里指矛盾、抵触。

④莅：临，监管。修：治。指教化。

⑤咎：罪责。

⑥创:伤,缺失。

【译文】

叔向问晏子:"人要怎样才可称为荣耀呢?"

晏子回答说:"侍奉父母孝顺,对以往的行为没有什么可悔恨的;侍奉君王忠诚,对以往的言辞没有什么可悔恨的。与兄弟和睦,对朋友诚信。不掩藏过错,不贪求所得。言语不自相矛盾,行为不前后相反。做了高官治理民众,足以尊奉君王;身居卑职监管教化,足以让人从善。为人无可指责,行为没有缺失。这样就可称为荣耀了。"

叔向问人何以则可保身
晏子对以不要幸第二十七

【题解】

叔向向晏子请教保存自身之道。晏子认为，人不要有非分之想、侥幸之念，要想获得都要先付出努力。

叔向问晏子曰："人何以则可谓保其身？"

晏子对曰："《诗》曰：'既明且哲，以保其身；夙夜匪懈，以事一人。'①不庶几②，不要幸③，先其难乎而后幸得之，得之时其所也④，失之非其罪也，可谓保其身矣。"

【注释】

①"既明且哲"四句：见《诗经》中的《大雅·烝民》篇。今本"懈"作"解"。明，明白事理。哲，洞察世事。夙，早。一人，指君王。

②庶几：希望。这里指非分之想。

③要（yāo）幸：侥幸。要，求，取。幸，荣幸。

④时：通"是"，此。

【译文】

叔向问晏子:"人要怎样才能算是保全自身?"

晏子回答:"《诗》上说:'既明白事理又洞察世事,以此来保全自身;从早到晚不要懈怠,以此来侍奉君王。'不要有非分之想,不要存侥幸之念,先有艰难而后荣幸得到,能得到就是该得的,得不到也不是什么罪过,这就算是能保存自身了。"

曾子问不谏上不顾民以成行义者
晏子对以何以成也第二十八

【题解】

有一种人，上不谏君王，下不顾百姓，退隐山林，修行炼道。曾子请晏子对这种人作出评价。晏子认为，这种人其实是无能矫情之人，谈不上什么品行道义。曾子：有注家认为即孔子弟子曾参，但据现有说法，曾参生于公元前 505 年，而晏子卒于公元前 500 年。如果此说可靠，则晏子卒时曾参方 5 岁，似不可能有与晏子对话之事。

曾子问晏子曰："古者尝有上不谏上，下不顾民，退处山谷，以成行义者也？"

晏子对曰："察其身无能也，而托乎不欲谏上，谓之诞意也。上惛乱①，德义不行，而邪辟朋党，贤人不用，士亦不易其行，而从邪以求进，故有隐有不隐②。其行法士也？乃夫议上，则不取也。夫上不谏上，下不顾民，退处山谷，婴不识其何以为成行义者也。"

【注释】

①惛（hūn）：糊涂。

②有隐有不隐：意为求进不成则隐，成则不隐，都是为了自身利禄，而不是为了行义。

【译文】

曾子问晏子："古代曾有过那种对上不劝谏君王，对下不顾念百姓，退居山谷，以成就品行道义的人吗？"

晏子答道："考察这种人，本身没什么能耐，却推托说不想劝谏君王，这叫做荒诞矫情。君王糊涂昏乱，仁德道义不能实行，而邪僻小人结为朋党，贤人得不到重用，士人也不更改他们的品行，而这种人却跟从邪僻以求进身为官，所以有的隐退有的不隐退。他们的行为难道是士人所应当效法的吗？他们竟然议论君王，是不可取的。对上不劝谏君王，对下不顾念百姓，退居山谷，我不知道他们这样怎么能算是成就了品行道义。"

梁丘据问子事三君不同心
晏子对以一心可以事百君第二十九

【题解】

晏子先后辅佐过齐灵公、庄公和景公三位君王，景公的宠臣梁丘据因此讥笑晏子多心。晏子说，一心一意，百位君王也能侍奉；三心二意，一个君王也侍奉不了。

梁丘据问晏子曰："子事三君，君不同心，而子俱顺焉，仁人固多心乎？"

晏子对曰："晏闻之，顺爱不懈，可以使百姓；强暴不忠，不可以使一人。一心可以事百君，三心不可以事一君。"

【译文】

梁丘据问晏子："您侍奉三位君王，君王们的心意各不相同，可是您都很能顺应他们，仁人之心本来就多吗？"

晏子答道："我听说，温顺仁爱不懈怠，就可以使唤百家千族；强横暴虐不忠心，连一个人也使唤不了。一心一意，百位君王也能侍奉；三心二意，一个君王也侍奉不了。"

仲尼闻之曰："小子识之[1]，晏子以一心事百君者也！"

【注释】

①小子：孔子对弟子的称呼。识(zhì)：记住。

【译文】

孔子听说后说："弟子们记住了，晏子是用一心来侍奉百位君王的！"

柏常骞问道无灭身无废
晏子对以养世君子第三十

【题解】

周王朝的史官柏常骞向晏子请教关于侍奉君王时，如何能做到既坚持道义又能保存自身问题。晏子告诉他不要固执傲慢，不要轻易进退，不要草率无忌，不要急功近利等等。

柏常骞去周之齐①，见晏子曰："骞，周室之贱史也，不量其不肖②，愿事君子。敢问正道直行则不容于世，隐道危行则不忍③。道亦无灭，身亦无废者，何若？"

晏子对曰："善哉！问事君乎？婴闻之，执一浩倨④，则不取也；轻进苟合，则不信也；直易无讳，则速伤也；新始好利⑤，则无不敝也。且婴闻养世之君子，从轻不为进，从重不为退，省行而不伐⑥，让利而不夸，陈物而勿专⑦，见象而勿强⑧，道不灭，身不废矣。"

【注释】

①周：指东周都城洛邑（今河南洛阳）。

②不肖：与"贤"相对，不贤。

③隐道：隐没正道，即不顾正道。危：通"诡"，欺诈，邪曲。

④执一：固执。浩倨：傲慢，清高。

⑤新始：意为变古易常，追求时尚。

⑥省(xǐng)：反省，检查。伐：自夸。

⑦陈物：摆事实，客观对事。陈，陈列。物，事。

⑧象：法象，事物的现象。

【译文】

柏常骞离开周都来到齐国，见了晏子说："我是周王室卑贱的史官，没掂量自己的不贤，但愿能侍奉您。斗胆请教您，如果遵循正道、品行正直，就为世道所不容；如果不顾正道、品行诡诈，又于心不忍。要做到既不丧失道义，自身也不会受害，该怎么办呢？"

晏子回答："问得好啊！您问的是侍奉君王的道理吧？我听说，固执不化傲慢清高，则不被人所接受；轻易上进苟且附和，则不被人所信任；耿直草率无所忌讳，则很容易受到伤害；追求时尚爱好利益，则没有不失败的。而且我听说，造福社会的君子，不因轻松容易就上进，不因困难劳苦就退隐，对自身品行加以反省而不自夸，对利益总是谦让却不以此标榜，客观对事而不主观专断，对各种现象顺其自然而不勉强，这样就能既不丧失道义，自身也不会受害了。"

卷五　内篇杂上第五

庄公不说晏子晏子坐地讼公而归第一

【题解】

　　齐庄公在饮酒时，当面向晏子表示不喜欢他。晏子声称要和庄公打官司，直接坐在地上，批评了庄公，并预言有灾祸降临庄公，然后辞官而去。庄公：齐庄公，姓姜，名光，齐灵公之子，景公之兄。公元前553至547年在位，后为大夫崔杼所杀，谥"庄"。

　　晏子臣于庄公，公不说，饮酒，令召晏子。

【译文】

　　晏子做齐庄公的臣子，庄公不喜欢他，饮酒时，让人把晏子叫来。

　　晏子至，入门，公令乐人奏，歌曰："已哉已哉！寡人不能说也，尔何来为？"

　　晏子入坐，乐人三奏，然后知其谓己也。遂起，北面坐地。公曰："夫子从席，曷为坐地？"

　　晏子对曰："婴闻讼夫坐地，今婴将与君讼，敢毋坐地乎？婴闻之，众而无义、强而无礼、好勇而恶贤者，祸必及其身,若公者之谓矣。且婴言不用,愿请身去①。"遂趋而归,管籥其家者纳之公②,财在外者斥之市③。曰:"君子有力于民,则进爵禄,不辞富贵;无力于民而旅食④,不恶贫贱。"遂徒行而东,耕于海滨。居数年,果有崔杼之难⑤。

【注释】

①请身:辞官。古人观念,做官就是把自身交给君王,所以辞官就是请求归还自身。

②管籥(yuè)其家者:指家中库房里的钱财。管籥,钥匙。

③斥:排斥,遣散。

④旅食:原指庶人入官,未得正禄,众食于公家。这里当指无官无禄,和庶人一样过日子。旅,众。

⑤崔杼之难:庄公与近臣崔杼之妻私通,并羞辱崔杼,崔杼与人合谋杀了庄公。

【译文】

晏子到来,进了门,庄公命令乐工奏乐,唱着歌道:"算了吧算了吧!寡人不喜欢你,你来做什么呢?"

晏子进来坐下,乐工奏了三遍乐,晏子这才知道歌中所唱指的是自己。于是起身,脸朝北坐在地上。庄公说:"先生您陪我就席,为什么坐在地上?"

晏子回答说:"我听说打官司的人就是坐在地上的,现在我要和您打官司,敢不坐在地上吗? 我听说,拥有众人却无义、势力强大却无礼、崇尚勇力却厌恶贤人的人,必然有灾祸降临身上,这好像说的就是您。而且既然我的话不能采用,但愿辞官离去。"于是快步回到家中,把家中库房的钱财都交纳给庄公,在外面的财产都遣散到集市上,说:"君子能为民出力就加官晋爵,不推辞富贵;不能为民出力就和庶民同食,不嫌弃贫贱。"于是徒步向东而行,到海滨耕田为生。过了几年,果然发生了崔杼杀庄公的祸乱。

庄公不用晏子晏子致邑而退后有崔氏之祸第二

【题解】

齐庄公不喜欢晏子，晏子退还君王所赐的领地，辞官而去。后来庄公为大夫崔杼所杀，晏子认为庄公不是为国家，而是为私事而死，所以他既不陪死，也不逃亡，也不回家，以礼吊唁了庄公而去。

晏子为庄公臣，言大用，每朝，赐爵益邑；俄而不用，每朝，致邑与爵。爵邑尽，退朝而乘，喟然而叹①，终而笑。其仆曰：“何叹笑相从数也②？”晏子曰：“吾叹也，哀吾君不免于难；吾笑也，喜吾自得也，吾亦无死矣。”

【注释】

①喟（kuì）然：喟然，叹气的样子。喟，同“喟”。
②数（cù）：密，紧。

【译文】

晏子做了齐庄公的臣子，先前他的话大受采用，每次上朝，庄公都赐予爵位增加封地；不久他的话不被采用，每次上朝，都被收回封地和爵位。爵位和封地被收光了,他上朝后乘车回家,喟然长叹,最后笑了起来。他的仆人问:"您为什么叹气后又紧跟着笑起来呢?"晏子说:"我叹气,是哀叹我们君王难免于灾祸;我笑,高兴的是我可以悠然自得,也不会因此而死了。"

崔杼果弑庄公①。晏子立崔杼之门,从者曰:"死乎?"晏子曰:"独吾君也乎哉? 吾死也?"曰:"行乎?"曰:"独吾罪也乎哉? 吾亡也?"曰:"归乎?"曰:"吾君死,安归? 君民者,岂以陵民,社稷是主;臣君者,岂为其口实,社稷是养。故君为社稷死,则死之;为社稷亡,则亡之。若君为己死而为己亡,非其私昵,孰能任之? 且人有君而弑之,吾焉得死之? 而焉得亡之? 将庸何归②?"

【注释】

①"崔杼"句:崔杼,齐国大夫。庄公与崔杼之妻私通,并羞辱崔杼,崔杼与人合谋杀了庄公。

②庸:岂,难道。这里用来加强反问语气。

【译文】

崔杼果然杀了庄公。晏子站在崔杼门前,随从问:"您要死吗?"晏子说:"难道是我一个人的君王吗? 我为什么要死?"随从问:"您要逃亡吗?"晏子说:"难道偏偏就是我的罪过吗? 我为什么要逃亡?"随从问:"您要回去吗?"晏子说:"我的君王都死了,我能回到哪儿去? 作为百姓的君主,岂能以地位凌驾于百姓之上,他应当主持国政;作为君王的臣子,岂能只是为了自己口中的饭食,而应当造福国家。所以君王如果是为国家而死,臣子就应当为他而死;如果是为国家逃亡,臣子就应当为他而逃亡。如果君王是为了自己的私事而死,或者是为了自己的私事而逃亡，除非是他私下宠爱的人，其他人谁有责任为他而死而逃亡？况且人家有宠于君王却杀了君王，我岂能为此而死？又岂能为此而逃亡？我还能回到哪儿去？"

门启而入，崔子曰："子何不死？子何不死？"晏子曰："祸始，吾不在也；祸终，吾不知也，吾何为死？且吾闻之，以亡为行者，不足以存君；以死为义者，不足以立功。婴岂其婢子也哉？其缢而从之也？"遂袒免^①，坐，枕君尸而哭，兴，三踊而出^②。人谓崔子必杀之，崔子曰："民之望也，舍之，得民。"

【注释】

①袒：袒露左臂。免：摘除帽子。古以袒免表示哀悼。

②踊：跳跃。这里当指用力跺脚，好像是跳跃的样子。

【译文】

大门开了，晏子进去，崔杼说："您为什么不死？您为什么不死？"晏子说："祸乱开始时我不在场，祸乱结束时我不知情，我为什么要死？况且我听说，以逃亡为高尚行为的人，不足以保存君王；以死为道义的人，不足以建立功勋。我晏婴难道是个婢女吗？难道非要以自缢跟着君王去死吗？"于是袒露左臂除下帽子，坐下，伏在庄公的尸体上痛哭，站起来，然后狠狠地跺了三次脚后出了门。有人劝崔杼务必杀了他，崔杼说："他是民众钦慕仰望的人，放了他，能得人心。"

崔庆劫齐将军大夫盟晏子不与第三

【题解】

崔杼杀了庄公后，与另一大夫庆封共同拥立景公，并劫持了齐国的将军大夫，胁迫他们结盟。晏子不畏强暴，宁死不从，崔杼慑于他的人格和威望，只好放了他。庆：即庆封，齐国大夫。后来崔杼家族内乱，庆封乘机尽灭崔氏，崔杼自杀，庆封专权。三年后，齐国几家大夫联合攻打庆封，庆封出逃。

崔杼既弑庄公而立景公，杼与庆封相之，劫诸将军大夫及显士庶人于太宫之坎上①，令无得不盟者。为坛三仞，坎其下，以甲千列环其内外，盟者皆脱剑而入。维晏子不肯，崔杼许之。有敢不盟者，戟钩其颈，剑承其心，令自盟曰："不与崔、庆而与公室者，受其不祥！"言不疾、指不至血者死②，所杀七人。

【注释】

①太宫：齐国开国君主姜太公（吕尚）的祠庙。在太公祠庙会盟，表示重大神圣。坎：坑穴。古时祭祀或结盟，设祭坛，坛下设坎。

②指不至血：即不歃血。古代结盟，为表信誓，盟誓者必须口含牲
血用手指蘸牲血涂于口旁，称为"歃血"。

【译文】

崔杼杀了齐庄公之后立了景公，他和庆封做了景公的左右相，把诸
位将军、大夫和名士、庶人劫持到姜太公祠庙的祭坎上，命令这些人不
得不与他们结盟。设立了三仞高的祭坛，祭坛下设祭坎，里里外外有千
名全副武装的士兵列队环绕，参加结盟的人都得解下佩剑才能进入。
唯独晏子不肯解剑，崔杼答应了他。有谁胆敢不结盟，就有戟钩着他的
脖子，剑抵着他的胸口，命令他盟誓道："如果不和崔杼、庆封结盟而亲
附王室的，就要遭殃！"凡是说话吞吞吐吐、手指头没蘸到血的就要处
死，被杀害的已有七个人了。

次及晏子，晏子奉杯血，仰天叹曰："呜呼！崔子为无
道，而弑其君，不与公室而与崔、庆者，受此不祥！"俯而饮
血。崔子谓晏子曰："子变子言，则齐国吾与子共之；子不变
子言，戟既在脰①，剑既在心，维子图之也！"晏子曰："劫吾以
刃，而失其志，非勇也；回吾以利②，而倍其君③，非义也。崔
子，子独不为夫《诗》乎？《诗》云：'莫莫葛藟，施于条枚；恺
悌君子，求福不回。'④今婴且可以回而求福乎？曲刃钩之，
直兵推之，婴不革矣。"⑤

【注释】

①脰(dòu)：颈项。

②回：违背。

③倍：通"背"，违背，背叛。

④"莫莫葛藟"四句：见《诗经》的《大雅·旱麓》。莫莫，茂盛的样

子。葛、藟,蔓生植物名。今本"藟"作"蔂"。施(yì),蔓延。条枚,树枝和树干。恺悌,今本字作"岂弟",和乐平易。回,这里指违背祖宗之道。

⑤关于这个事件,《左传·襄公三十六年》有不同记载:"······丁丑,崔杼立而相之,庆封为左相。盟国人于大官,曰:'所不与崔、庆者',晏子仰天叹曰:'婴所不唯忠于君、利社稷者是与,有如上帝!'乃歃。"

【译文】

下一个轮到晏子,晏子手捧装着血的杯子,仰天长叹道:"啊呀!崔杼做此无道之事,杀了君王,我如果不亲附王室而亲附崔杼、庆封,就遭此大殃!"说罢低头喝了血。崔杼对晏子说:"您改变您的话,我就和您共同主宰齐国;如果您不改变您的话,戟已经在您的脖子上,剑已经在您的胸口了,您好好想想吧!"晏子道:"你用利刃劫持我,逼我丧失意志,这不算武勇;你用利益来使我违背正道,让我背叛君王,这是不义的。崔先生,您偏偏没读过《诗》吗?《诗》上说:'茂密繁盛的葛藤,蔓延到了树枝头;快乐可亲的君子,不靠违背正道把福求。'如今我难道将要以违背正道来求福吗?弯弯的利刃钩着我的脖子,直挺挺的利剑推进我的胸口,我也不改变。"

崔杼将杀之,或曰:"不可!子以子之君无道而杀之,今其臣有道之士也,又从而杀之,不可以为教矣。"崔子遂舍之。晏子曰:"若大夫为大不仁①,而为小仁②,焉有中乎③!"趋出,援绥而乘④。其仆将驰,晏子抚其手曰:"徐之!疾不必生,徐不必死,鹿生于野,命县于厨⑤,婴命有系矣⑥!"按之成节而后去⑦。《诗》云:"彼己之子,舍命不渝。"⑧晏子之谓也。

【注释】

①大不仁:指杀了君王。

②小仁:指放了晏子。

③中:中正,正当。

④绥:车上供人拉着以便登车的绳子。

⑤县(xuán):"悬"的本字,挂,牵系。

⑥命有系:意为是死是活都已注定,和跑得快慢都没关系。

⑦按之成节:古人驾车,讲究风度,按照一定的节奏,不快不慢,不慌不忙。

⑧"彼己之子"两句:引诗见《诗经》的《郑风·羔裘》。己,今本字作"其"。渝,改变,违背。

【译文】

　　崔杼想要杀掉晏子,有人说:"不能杀! 您杀了君王是因为他的无道,如今他的臣子是有道之士,您又杀了他,这样就无法教导别人了。"崔杼这才放了晏子。晏子说:"你这位大夫做了大大不仁的事,只是做了这点儿小小的好事,哪儿有什么正当!"于是快步走出,拉着绳子上车走了。他的仆人要驾车奔驰,晏子按着他的手说:"慢慢走! 快跑不见得一定能活命,慢走也不见得一定会死。鹿生长在荒野,性命却系在厨子的手上,我的性命也是系在别人手上啊!"于是车子按着轻稳的节奏离开。《诗》上说:"那位君子,宁可丢命志不改。"这说的就是晏子啊。

晏子再治阿而见信景公任以国政第四

【题解】

晏子以正道治理东阿，齐景公听到的是诋毁之声；后来他有意改用邪道治理，景公反倒听到一片赞扬声。晏子告诉景公，因为他听到的都是小人传言，所以是非黑白全都颠倒了。于是景公信任晏子，把国家大政交给了他。阿(ē)：地名，又名"柯"，后名"东阿"，是齐国的小邑，在今山东阳谷东。

景公使晏子为东阿宰①，三年而毁闻于国。景公不说，召而免之。晏子谢曰："婴知婴之过矣，请复治阿，三年而誉必闻于国。"景公不忍，复使治阿，三年而誉闻于国。

【注释】

①宰：这里指邑宰，主宰一邑事务的长官。

【译文】

齐景公让晏子任阿邑的邑宰，三年时间，诋毁之声传遍全国。景公很不高兴，召来晏子并罢免了他。晏子谢罪说："我知道我的过错了，请再让我治理阿邑，三年后赞扬之声一定能传遍全国。"景公不忍心，就让他再治理阿邑，三年后，果然赞扬之声传遍全国。

景公说,召而赏之,辞而不受。景公问其故,对曰:"昔者婴之治阿也,筑蹊径,急门闾之政①,而淫民恶之;举俭力孝弟②,罚偷窳③,而惰民恶之;决狱不避贵强,而贵强恶之;左右所求,法则予,非法则否,而左右恶之;事贵人体不过礼④,而贵人恶之。是以三邪毁乎外,二谗毁于内,三年而毁闻乎君也。今臣谨更之,不筑蹊径,而缓门闾之政,而淫民说;不举俭力孝弟,不罚偷窳,而惰民说;决狱阿贵强⑤,而贵强说;左右所求言诺,而左右说;事贵人体过礼,而贵人说。是以三邪誉乎外,二谗誉乎内,三年而誉闻于君也。昔者婴之所以当诛者宜赏,而今之所以当赏者宜诛,是故不敢受。"

【注释】

①门闾之政:指乡间里巷的守备防盗事务。闾,里巷的门。

②弟(tì):同"悌",敬事兄长。

③偷:苟且。指不守礼法,行为随便。窳(yǔ):懒惰。

④体:体式,规格。

⑤阿(ē):偏袒。

【译文】

景公很高兴,召来晏子要奖赏他,晏子推辞不接受。景公询问原因,晏子回答说:"当初我治理阿邑时,修建道路,抓紧乡间里巷的防卫事务,于是邪恶之人厌恶我;选拔节俭勤劳孝顺友爱的人,惩罚行为不检好吃懒做的人,于是懒惰之人厌恶我;断案不回避权贵豪强,于是权贵豪强厌恶我;左右随从有所要求,合法的就给予,不合法的就不给予,于是左右随从厌恶我;侍奉达官贵人不超越礼制规格,于是达官贵人厌恶我。所以在外有三种邪僻之人诋毁我,在内有两种谗佞之人诋毁我,三年后诋毁之声就传到您耳边了。这一次下臣我谨慎地改变了做法,

不修建道路，放松乡间里巷的防卫事务，于是邪恶之人高兴了；不选拔
节俭勤劳孝顺友爱的人，不惩罚行为不检好吃懒做的人，于是懒惰之人
高兴了；断案偏袒权贵豪强，于是权贵豪强高兴了；对左右随从的要求
全都答应承诺，于是左右随从高兴了；侍奉达官贵人超越礼制规格，于
是达官贵人高兴了。所以在外有三种邪僻之人赞扬我，在内有两种谗
佞之人赞扬我，三年后赞扬之声就传到您耳边了。当初我受到惩罚的，
其实应当奖赏，而如今我应当奖赏的，其实应当惩罚，所以我不敢
受赏。"

景公知晏子贤，乃任以国政，三年而齐大兴。

【译文】

景公得知晏子贤能，于是就把国家大政交给他，三年后，齐国大为
强盛。

景公恶故人晏子退国乱复召晏子第五

【题解】

齐景公有嫌弃晏子之意,晏子立即辞官。景公亲自治国,结果权力被削弱,国家大乱,景公吃够了苦头,只好又把晏子请回来。

景公与晏子立于曲潢之上①,晏子称曰②:"衣莫若新,人莫若故。"公曰:"衣之新也,信善矣;人之故,相知情。"晏子归,负载③,使人辞于公曰:"婴故老耄无能也④,请毋服壮者之事。"

【注释】

①曲潢(huáng):当为水池名,其形状曲折。潢,积水池。

②称:称引,援引。这里指援引古谚,即下文"衣莫……"二句。

③负载:指把行李装载上车,准备离去。一说,即负戴,背驮头顶,指晏子亲自从事体力活。

④耄(mào):古人以八、九十岁(一说七十岁)为耄。这里泛指老。

【译文】

齐景公与晏子站在曲池之上,晏子援引了一则古谚:"衣是新的好,人是故交好。"景公说:"衣服是新的,确实好;人要是故交,就太了解底细了。"晏子回家，装载行装，派人向景公辞职说："晏婴本来就老迈无能，请别让我承担壮年人的事务。"

公自治国，身弱于高、国^①，百姓大乱。公恐，复召晏子。诸侯忌其威，而高、国服其政。田畴垦辟，蚕桑豢牧之处不足，丝蚕于燕，牧马于鲁，共贡入朝。

【注释】

①高、国：指高氏和国氏，齐国两个家族，世代为齐国公卿，权势很大。

【译文】

景公亲自治国，权力被高氏、国氏所削弱，百姓大乱。景公害怕了，又把晏子召回。各国诸侯都畏忌晏子的威力，高、国两家也顺服晏子的政令。田地开垦，养蚕种桑豢养放牧的地方不够，就到燕国养蚕产丝，到鲁国放牧马群，这两国也都向齐国进贡朝拜。

墨子闻之曰："晏子知道，景公知穷矣。"

【译文】

墨子听了这事，说："晏子懂得道理，景公体会到了困境。"

齐饥晏子因路寝之役以振民第六

【题解】

    齐国饥荒,齐景公不愿发粮救济灾民。晏子于是利用景公大修宫殿之机,有意提高工资,延长工期,让百姓从中得到救济。路寝:古代君王处理政事的宫室,又称"正寝",下有台,上有宫殿楼阁,用以登临观赏朝拜娱乐等。振:"赈"的本字,救济。

    景公之时饥,晏子请为民发粟,公不许。当为路寝之台,晏子令吏重其赁^①,远其兆^②,徐其日而不趣^③。三年,台成而民振,故上说乎游,民足乎食。

【注释】

①赁:雇佣。

②兆:区域。这里指建台工地。

③趣(cù):催促。

【译文】

    齐景公当政时遇到饥荒,晏子请求发放粮食给百姓,景公不允许。恰逢修建路寝大台,晏子命令官吏提高佣工的工钱,让佣工住得离建台工地远些,延缓工期而不催促。三年,台建成了,百姓得到了救济,因此君王游玩得高兴，百姓也有了充足的粮食。

君子曰："政则晏子欲发粟与民而已^①，若使不可得，则依物而偶于政^②。"

【注释】

①政：通"正"，正常。这里意为本意。

②物：事。偶：合。

【译文】

君子评论说："晏子的本意只是给百姓发放粮食而已，如果不能实现，就借助事情而使它合乎本意。"

景公欲堕东门之堤晏子谓不可变古第七

【题解】

齐景公登大堤，觉得太高，就下令降低。晏子告诉他，当初修这么高，是有道理的，并从中表达了要尊重古法，不要轻率改变的观点。东门：指齐都临淄的东城门。

景公登东门防①，民单服然后上②，公曰："此大伤牛马蹄矣，夫何不下六尺哉？"

晏子对曰："昔者吾先君桓公，明君也，而管仲，贤相也。夫以贤相佐明君，而东门防全也。古者不为，殆有为也。蚤岁，淄水至③，入广门④，即下六尺耳，乡者防下六尺⑤，则无齐矣。夫古之重变古常，此之谓也。"

【注释】

①防：防洪堤。

②单服：从字面看，即单衣。意为堤坝高而陡，人们攀登则汗流浃背，故必需穿单衣才行。此说不尽合理。一说，单为"卑"字之误。卑服，即匍匐，意为人们需匍匐而上。此说似更合理。

③淄(zī)：水名，即今山东省境内的淄河。

④广门：从下文看，当指堤坝外的城门。

⑤乡(xiàng)：通"向"，从前。

【译文】

　　齐景公攀登东门外的堤坝，人们都得匍匐爬行才能上去。景公说："这样太伤牛马的蹄子了，为什么不把堤坝降低六尺呢？"

　　晏子回答说："从前，先君桓公是个明君，管仲是个贤相。有贤相辅佐明君，可是这个东门的堤坝也完好不改。古人不降低堤坝，恐怕是有原因的。早年，淄水涌来，流到广门，水位就在坝顶之下的六尺地方，先前如果把堤坝降低六尺，齐国就没了。古人不轻易更改古法常理，指的就是这个理儿。"

景公怜饥者晏子称治国之本
以长其意第八

【题解】

　　齐景公偶然对一个老年饥民起了恻隐之心，晏子趁势引导，让景公救助全国的孤寡老弱之人。

　　景公游于寿宫[1]，睹长年负薪者，而有饥色。公悲之，喟然叹曰："令吏养之！"

　　晏子曰："臣闻之，乐贤而哀不肖[2]，守国之本也。今君爱老，而恩无所不逮，治国之本也。"公笑，有喜色。

　　晏子曰："圣王见贤以乐贤，见不肖以哀不肖。今请求老弱之不养、鳏寡之无室者，论而共秩焉[3]。"公曰："诺。"于是老弱有养，鳏寡有室。

【注释】

①寿宫：齐国宫室名，又名"胡宫"。

②不肖：与"贤"相对，不贤。这里指弱者。

③论：指评定等级次序。共（gōng）：通"供"，供给。秩：禄。这里指衣食用品。

【译文】

齐景公到寿宫游玩,路上见到背着柴火的老人,脸上有饥饿之色。景公为之悲伤,喟然长叹道:"叫官吏供养他!"

晏子说:"下臣听说,能喜欢贤人而怜悯弱者,这是保住国家的根本。如今您能爱护老人,您的恩德就能无处不到,这是治国的根本。"景公笑了,脸有喜色。

晏子说:"圣明的君王见到贤人就喜欢贤人,见到弱者就怜悯弱者。现在请您寻求那些老弱而得不到供养、孤寡而没有家庭的人,按照他们的贫困程度供给衣食。"景公说:"好吧。"于是老弱者都有所供养,鳏夫寡妇都有了家庭。

景公探雀鷇鷇弱反之
晏子称长幼以贺第九

【题解】

齐景公放回一只幼弱的小鸟，晏子趁机赞扬祝贺景公有长幼之道，引导他把这份仁爱之心推而广之，施予百姓，就是圣王之道。鷇（kòu）：待哺的幼鸟。

景公探雀鷇，鷇弱，反之。晏子闻之，不时而入见，公汗出惕然①。晏子曰："君何为者也？"公曰："吾探雀鷇，鷇弱，故反之。"晏子逡巡②，北面再拜而贺曰③："吾君有圣王之道矣！"公曰："寡人探雀鷇，鷇弱，故反之，其当圣王之道者何也？"晏子对曰："君探雀鷇，鷇弱，反之，是长幼也④。吾君仁爱，曾禽兽之加焉⑤，而况于人乎！此圣王之道也。"

【注释】

①惕然：畏惧的样子。

②逡（qūn）巡：往后退却的样子。

③北面：古代君王坐北朝南，所以晏子朝北面对。

④长幼：长幼之道，即尊敬长者爱护幼者之道，这是古代仁义之道
　　的一个方面。

⑤曾：竟然。

【译文】

　　齐景公掏小鸟，见小鸟太幼弱，就把它放回窝。晏子听说了，没等
上朝时间就进宫见景公，景公吓得出了汗。晏子说："您这是怎么啦？"
景公问："我掏小鸟，见小鸟太幼弱，因此就把它放回了窝。"晏子后退几
步，朝北两拜而祝贺道："我的君王有圣王之道了。"景公问："寡人掏小
鸟，见小鸟太幼弱，因此就把它放回了窝，这怎么就符合圣王之道了？"
晏子回答道："您掏小鸟，见小鸟太幼弱，就把它放回窝，这就是长幼之
道了。我的君王有仁爱之心，竟然连禽兽都被施加了，更何况人呢！这
就是圣王之道了。"

景公睹乞儿于涂晏子讽公使养第十

【题解】

齐景公看到道路上有个小乞丐，晏子劝说景公下令让官吏抚养他。

景公睹婴儿有乞于涂者①，公曰："是无归矣！"

晏子对曰："君存，何为无归？使吏养之，可立而以闻。"

【注释】

①婴儿：这里指幼小的儿童。涂：同"途"，道路。

【译文】

齐景公看到有个幼儿在路上行乞，他说："这孩子无家可归啊！"

晏子回答："有您在，他怎么会无家可归呢？让官吏抚养他，等他可以自立后再告诉您。"

景公惭刖跪之辱不朝
晏子称直请赏之第十一

【题解】

　　齐景公出门时服饰行为不合礼，被断足的守门人挡了驾，感到丢了面子，不愿上朝。晏子却认为守门人能如此直率，是君王圣明喜欢从善的表现，应当祝贺，还应当奖赏守门人。刖（yuè）跪：被砍断了腿的守门人。刖，砍足，古代酷刑之一。跪，足。古代多以受过刖刑的人充当守门人。

　　景公正昼，被发①，乘六马，御妇人以出正闱②，刖跪击其马而反之，曰："尔非吾君也③。"公惭而不朝。晏子睹裔款而问曰④："君何故不朝？"对曰："昔者君正昼，被发，乘六马，御妇人以出正闱，刖跪击其马而反之，曰：'尔非吾君也。'公惭而反，不果出，是以不朝。"

【注释】

　　①被（pī）：披。

　　②正闱：官中正门。

③"尔非"句：意指景公行为不端。古代制度，天子也不过一车四
　马，而景公驾六马，是逾礼僭越；而且披头散发，还带着女人，所
　以守门人说他不像个君王。

④裔款：人名，齐景公的近臣。

【译文】

　　齐景公在大白天，披头散发，乘着六马驾的车，载着女人，出宫中正
门，断足守门人拍打着马把他挡回去，说："你不是我的君王。"景公因此
惭愧而不上朝。晏子看到裔款，问道："君王为什么不上朝？"裔款答道：
"先前君王在大白天，披头散发，乘着六马驾的车，载着女人，出宫中正
门，断足守门人拍打着马把他挡回去，说：'你不是我的君王。'景公惭愧
而回，就再也不出门了，因此就没上朝。"

　　晏子入见。景公曰："昔者寡人有罪，被发，乘六马，以
出正闺，刖跪击马而反之，曰：'尔非吾君也。'寡人以子大夫
之赐，得率百姓以守宗庙①，今见戮于刖跪②，以辱社稷，吾犹
可以齐于诸侯乎？"

　　晏子对曰："君勿恶焉。臣闻下无直辞，上有隐恶；民
多讳言，君有骄行。古者明君在上，下多直辞；君上好善，
民无讳言。今君有失行，刖跪直辞禁之，是君之福也，故臣
来庆。请赏之，以明君之好善；礼之，以明君之受谏。"公笑
曰："可乎？"晏子曰："可。"于是令刖跪倍资无征，时朝无
事也。

【注释】

①宗庙：祖宗的神庙。古代以宗庙代表朝廷、国家。

②戮：受辱。

【译文】

晏子进宫朝见。景公说："当初寡人有罪，披头散发，乘着六马驾的车出宫中正门，断足守门人拍打着马把我挡回去，说：'你不是我的君王。'寡人因为有大夫您的赐爱，得以率领百姓保有国家。如今却被断足守门人所羞辱，辱没了国家，我还可以和各国诸侯平起平坐吗？"

晏子回答说："您不要为此而感到羞耻。下臣我听说，在下的人没有直率的言辞，在上的人就有看不见的罪恶；民众多有不敢说的话，君王就会有骄纵的行为。古代贤明的君王在上，下面就多有直率的言辞；君王喜欢从善，民众就没有不敢说的话。如今您有不当的行为，断足守门人就直言加以阻止，这是您的福气，所以下臣前来庆贺。请奖赏他，以表明您喜欢从善；以礼待他，以表明您接受劝谏。"景公笑道："这样可以吗？"晏子说："可以。"于是景公命令给断足守门人加倍的俸禄，免征赋税，即使没事也可以随时朝见。

景公夜从晏子饮晏子称不敢与第十二

【题解】

齐景公在半夜里想找人一起饮酒，先后来到晏子、司马穰苴和宠臣梁丘据家。但晏子和司马穰苴只关心国事，不愿与景公半夜饮酒取乐，只有梁丘据陪景公饮酒。司马穰苴(ránqjū)：人名，齐国大夫，姓田，名穰苴，官司马，精通兵法，是著名的军事家。

景公饮酒，夜移于晏子，前驱款门曰①："君至！"晏子被玄端②，立于门曰："诸侯得微有故乎③？国家得微有事乎？君何为非时而夜辱④？"公曰："酒醴之味、金石之声⑤，愿与夫子乐之。"晏子对曰："夫布荐席、陈簠簋者⑥，有人，臣不敢与焉。"公曰："移于司马穰苴之家。"

【注释】

①款：叩，敲。

②被(pī)：披。玄端：古代一种黑色的礼服。

③得微：得无，莫非。

④辱：辱没，屈驾。

⑤醴（lǐ）：甜酒。金石：金石，用金属和玉石制作的各种乐器，如钟、磬等。这里泛指音乐。

⑥荐：垫席。簠簋（fǔguǐ）：古代两种食器名。

【译文】

齐景公饮酒，夜里转移到晏子家，前面开路的人敲门道："君王来到！"晏子披着礼服，站在门口说："莫非是各国诸侯那儿有什么变故吗？莫非是国家中出了什么事儿吗？您为何不在正常时间而半夜里屈驾光临呢？"景公说："有美味的甜酒、美妙的音乐，想和先生快乐一番。"晏子回答说："那种铺设垫席、陈列杯盘的事儿，自有别人，下臣我不敢参与其中。"景公说："那就转移到司马穰苴家里去。"

前驱款门，曰："君至！"穰苴介胄操戟①，立于门曰："诸侯得微有兵乎②？大臣得微有叛者乎？君何为非时而夜辱？"公曰："酒醴之味、金石之声，愿与夫子乐之。"穰苴对曰："夫布荐席、陈簠簋者，有人，臣不敢与焉。"公曰："移于梁丘据之家。"

【注释】

①介：甲，铠甲。胄（zhòu）：头盔。

②兵：指军事行动，战争。

【译文】

前面开路的人敲门道："君王来到！"司马穰苴身披铠甲戴着头盔手持长戟，站在门口说："莫非是各国诸侯发动战争了吗？莫非是国中大臣有反叛行为了吗？您为何不在正常时间而半夜里屈驾光临呢？"景公说："有美味的甜酒、美妙的音乐，想和先生快乐一番。"司马穰苴回答说："那种铺设垫席、陈列杯盘的事儿，自有别人，下臣我不敢参与其中。"景公说："那就转移到梁丘据家里去。"

前驱款门，曰："君至！"梁丘据左操瑟^①，右挈竽，行歌而出。公曰："乐哉！今夕吾饮也。微此二子者，何以治吾国？微此一臣者，何以乐吾身？"

【注释】

①梁丘据：人名，齐景公的宠臣。瑟：与下句的"竽"，都是古代乐器。

【译文】

前面开路的人敲门道："君王来到！"梁丘据左手拿着瑟，右手提着竽，唱着歌出来。景公说："今晚我饮酒真快乐啊！要是没有那两位先生，怎么治理我的国家？要是没有这一位臣子，我怎么能快乐？"

君子曰："圣贤之君，皆有益友，无偷乐之臣^①。景公弗能及，故两用之，仅得不亡。"

【注释】

①偷：苟且随便，不加检点。

【译文】

君子评论道："圣明贤德的君王，都有有益的朋友，而没有放纵享乐的臣子。景公达不到圣明贤德，所以两种人都用，只能做到不亡国。"

景公使进食与裘
晏子对以社稷臣第十三

【题解】

齐景公使唤晏子为自己进食递衣，晏子拒绝，告诉景公，自己是管理国家内政外交的大臣，这些不是自己的本职工作。这件事使景公明白了要以礼待人。

晏子侍于景公，朝寒，公曰："请进暖食。"晏子对曰："婴非君奉馈之臣也^①，敢辞。"公曰："请进服裘。"对曰："婴非君茵席之臣也^②，敢辞。"

公曰："然夫子之于寡人何为者也？"对曰："婴，社稷之臣也。"公曰："何谓社稷之臣？"对曰："夫社稷之臣，能立社稷，别上下之义，使当其理；制百官之序，使得其宜；作为辞令，可分布于四方。"

自是之后，君不以礼不见晏子。

【注释】

①馈（kuì）：进食于人。

②茵：褥、毯之类垫坐之物的通称。

【译文】

晏子陪侍齐景公，早晨寒冷，景公说："请送热食来。"晏子回答说："我不是为您进献食物的小臣，不敢从命。"景公说："请拿皮袍来。"晏子回答说："我不是为您铺褥设垫的小臣，不敢从命。"

景公说："那么先生您对于寡人来说是什么人呢？"晏子答道："我是国家大臣。"景公问："什么叫国家大臣？"晏子答道："所谓国家大臣，能稳固国家，分清君臣上下的礼义，使之符合上下有别的道理；制定百官的等级次序，使之各居适当的位置；制作外交辞令，使之可以分别传布到四方各国。"

从此以后，景公不敢不以礼见晏子。

晏子饮景公止家老敛
欲与民共乐第十四

【题解】

晏子请齐景公到自己家饮酒，但不让管家向百姓征收钱财以更新酒器，因为他主张上下同乐。饮（yìn）：使之饮。家老：老管家，家臣。敛：征收钱财。

晏子饮景公酒，令器必新。家老曰："财不足，请敛于氓。"

晏子曰："止！夫乐者，上下同之。故天子与天下，诸侯与境内，大夫以下各与其僚，无有独乐。今上乐其乐，下伤其费，是独乐者也，不可！"

【译文】

晏子请齐景公饮酒，命令所用的食器一定要新的。老管家说："家财不足，请向民众征收一些。"

晏子说："别说了！所谓快乐，要上下同享。所以天子和天下百姓同乐，国君与国内百姓同乐，大夫以下各自与他们的下属同乐，没有独享快乐的。如果在上的享受他的快乐，而让下面的百姓伤财破费，这就是独享快乐，是不可以的！"

晏子饮景公酒公呼具火
晏子称诗以辞第十五

【题解】

晏子请齐景公到家饮酒，天黑时，景公要求准备灯火继续饮酒，晏子则引《诗》以申饮酒之礼，拒绝了景公举火夜饮的要求。

晏子饮景公酒①，日暮，公呼具火，晏子辞曰："《诗》云'侧弁之俄'②，言失德也；'屡舞傞傞③'，言失容也；'既醉而出，并受其福'，宾主之礼也；'醉而不出，是谓伐德④'，宾主之罪也。婴已卜其日，未卜其夜⑤。"

【注释】

①饮(yìn)：使之饮。

②侧弁(biàn)之俄(包括以下数句)：见《诗经》的《小雅·宾之初筵》。侧弁之俄，形容人酒后帽子歪戴的丑态。侧，倾斜。弁，古代贵族所戴的一种帽子。俄，倾斜的样子。

③屡舞傞傞(suō)：形容人酒后乱舞不停的丑态。傞傞，动作不停的样子。

④伐：损害，败坏。

⑤"婴已"二句：意为只准备白天饮酒，不打算继续到晚上。

【译文】

晏子请齐景公饮酒，天黑了，景公叫人准备灯火，晏子推辞说："《诗》上说'帽子歪歪斜斜'，说的是酒后丧失德行；'手舞足蹈不停'，说的是酒后失态；'醉了就走，大家都有福'，这是宾主应有之礼；'醉了不走，叫做缺德'，这是宾主都有罪过。我只为白天饮酒占过卜，没为晚上占卜。"

公曰：'善。'举酒祭之，再拜而出，曰："岂过我哉，吾托国于晏子也①？以其家贫善寡人，不欲其淫侈也，而况与寡人谋国乎？"

【注释】

①"岂过"二句：意为把国家大政委托给晏子是对的。

【译文】

景公说："说得好！"举酒祭祀，作了两个揖后出了门，说道："我把国家委托给晏子，难道有错吗？他以贫寒的家境好好款待我，不愿过于奢侈，更何况和我共同谋划国事呢？"

晋欲攻齐使人往观
晏子以礼侍而折其谋第十六

【题解】

晋国想攻打齐国，事先派使者到齐国探听虚实。使者在宴会上故意提出些非礼要求，都被晏子和太师识破，他们坚持以礼相待，晋国于是放弃了攻齐计划。

晋平公欲伐齐[①]，使范昭往观焉[②]。景公觞之，饮酒酣，范昭起曰："请君之弃樽[③]。"公曰："酌寡人之樽，进之于客。"范昭已饮，晏子曰："彻樽[④]，更之。"樽觯具矣[⑤]，范昭佯醉，不说而起舞，谓太师曰[⑥]："能为我调成周之乐乎[⑦]？吾为子舞之。"太师曰："冥臣不习[⑧]。"范昭趋而出。

【注释】

①晋平公：晋国国君，姓姬，名彪，谥"平"。

②范昭：人名，晋国大夫。

③弃樽（zūn）：用过的酒樽。樽，古代的一种酒器。一说，"弃"当为"卒"字之形误。卒，通"倅"，副；卒樽即副樽。古代国君饮酒，用

樽不止一个，故有副樽。范昭作为来宾、大夫身份，而要求使用
景公的酒樽，是无礼行为。

④彻：撤除。

⑤觯（zhì）：古代的一种酒器，青铜制，形似尊而小，用以饮酒。

⑥太师：周代官名，乐工之长，掌协理音律。

⑦调（tiáo）：谐调。这里指演奏音乐。成周：西周统治者为了加强
对东方的统治，在洛邑（今河南洛阳）另建东都，称为"成周"。后
来东周以此为都城。这里指周王朝。

⑧冥臣：古代太师之职，往往由盲人担任，故自称"冥臣"。冥，昏暗
不明。

【译文】

晋平公企图攻打齐国，派范昭前往齐国打探虚实。齐景公给他敬
酒，饮酒酣畅时，范昭起身说："请把君王用过的酒樽给我。"景公说："把
寡人的酒樽斟满酒，进献给客人。"范昭饮完了酒，晏子说："把这个酒樽
撤了，换上别的。"酒樽酒杯都备好了，范昭假装酒醉，不高兴地起身跳
舞，对太师说："你能为我演奏周王朝的音乐吗？我给你配舞。"太师答
道："盲臣我没学过。"范昭快步走出。

　　景公谓晏子曰："晋，大国也，使人来将观吾政，今子怒大
国之使者，将奈何？"晏子曰："夫范昭之为人也，非陋而不知礼
也，且欲试吾君臣，故绝之也。"景公谓太师曰："子何以不为客
调成周之乐乎？"太师对曰："夫成周之乐，天子之乐也，调之，
必人主舞之。今范昭人臣，欲舞天子之乐，臣故不为也。"

【译文】

　　景公对晏子说："晋国是个大国，派人来观察我们的国政，如今您激

怒了大国的来使，打算怎么办？"晏子说："这个范昭的为人，并非鄙陋不知礼节，他是要试探我们君臣的，所以我拒绝了他。"景公对太师说："您为什么不给客人演奏周王朝的音乐呢？"太师答道："那周王朝的音乐，是天子享用的音乐，演奏这种音乐，一定得是国君才能配舞。如今范昭只是个臣子，却想给天子的音乐配舞，所以下臣我不演奏。"

范昭归，以报平公，曰："齐未可伐也。臣欲试其君，而晏子识之；臣欲犯其乐，而太师知之。"于是辍伐齐谋。

【译文】

范昭回国，把情况向晋平公汇报，说："齐国不能攻打。下臣我想试探他们的君王，却被晏子识破了；下臣我想冒犯他们的音乐礼仪，却被太师看穿了。"于是停止了攻打齐国的计划。

仲尼闻之曰："善哉！不出于尊俎之间①，而折冲于千里之外②，其晏子之谓也。而太师其与焉。"

【注释】

①尊俎(zǔ)之间：指宴席。尊，酒樽。俎，古代祭祀或宴席上用于盛放肉食的一种器具。

②折冲：使敌方的战车折还，即抵御或击退敌人。冲，古代用以冲击敌城的战车。

【译文】

孔子听说了这事，说："太妙了！不出于杯盘之间，而却敌于千里之外，说的就是晏子。而且太师也是同类人。"

景公问东门无泽年谷而对以冰
晏子请罢伐鲁第十七

【题解】

　　齐景公要攻打鲁国，路上捕获了一个叫东门无泽的俘虏，向他询问鲁国的年成，对方以冰的情况回答。晏子从中演绎出不可攻打鲁国的理由，劝说景公罢兵。年谷：年成，一年的粮食收成。

　　景公伐鲁，傅许①，得东门无泽。公问焉："鲁之年谷何如？"对曰："阴冰凝②，阳冰厚五寸③。"公不知，以告晏子。

　　晏子对曰："君子也。问年谷而对以冰，礼也。阴冰凝、阳冰厚五寸者，寒温节④，节则刑政平，平则上下和，和则年谷熟⑤。年充众和而伐之，臣恐罢民弊兵⑥，不成君之意。请礼鲁以息吾怨，遣其执以明吾德⑦。"

　　公曰："善。"乃不伐鲁。

【注释】

　　①傅：附着。这里意为来到。许：地名，具体不详。或以为即许田。但许田是西周时成王赐给周公以便鲁君赴京朝见途中住宿的封

地,在今河南许昌东部,离齐、鲁两国甚远,齐伐鲁,一般不会经
过此地。

②阴:背阴之处。

③阳:向阳之处。

④节:符合气候节令,适度。

⑤熟:指粮食收成好。

⑥罢(pí):疲乏,劳累。

⑦执:俘虏。

【译文】

齐景公派兵攻打鲁国,来到许地,捕获了一个叫东门无泽的人。景
公问他:"鲁国今年粮食收成怎样?"对方答道:"背阴处冰凝结得很紧,
向阳处冰厚五寸。"景公听不懂,把这话告诉晏子。

晏子答道:"这人是个君子。问他年成他以冰的情况回答,这是合
乎礼的。背阴处冰凝结得很紧、向阳处冰厚五寸,说明气候冷热符合节
令,符合节令了国家法度政令就清平,国家清平了上上下下就和睦,上
下和睦了年成就好。人家年成丰足国民和睦我们却要攻打它,下臣我
担心会使百姓劳累军队困败,不能实现您的愿望。请以礼对待鲁国,以
平息我们的怨恨;遣还他们的俘虏,以表明我们的仁德。"

景公说:"说得好。"于是不再攻打鲁国。

景公使晏子予鲁地
而鲁使不尽受第十八

【题解】

　　齐景公派晏子给鲁国赠送土地，鲁君只接受了一部分，晏子称赞鲁君处于卑弱之势而行为廉正，谦让有礼，与众不同。

　　景公予鲁君地山阴数百社①，使晏子致之②。鲁使子叔昭伯受地③，不尽受也。晏子曰："寡君献地，忠廉也④，曷为不尽受？"

　　子叔昭伯曰："臣受命于君曰：'诸侯相见，交让，争处其卑，礼之文也；交委多⑤，争受少，行之实也。礼成文于前⑥，行成章于后，交之所以长久也。'且吾闻君子不尽人之欢，不竭人之忠，吾是以不尽受也。"

【注释】

　　①山：指泰山。阴：山的北面。社：古代以二十五家为一社。

　　②致：送交。这里指办理交割事宜。

　　③子叔昭伯：人名，鲁国大夫。

④忠：诚恳。廉：清廉。意为别无贪求。

⑤委：付出，给予。

⑥文：与下句的"章"，是"文章"一词的间隔用法。文章，错杂的色
　彩或花纹。古人有"青与赤谓之文，白与赤谓之章"之说。这里
　以文章比喻礼仪制度与实际行为相得益彰，完美一体。译文中
　为了便于表述，权且以"纹理"和"色彩"表示。

【译文】

　　齐景公把泰山以北的一块住有数千户人家的土地送给鲁国国君，派晏子去交割。鲁国派子叔昭伯接受土地，但没有全部接受。晏子说："我们国君献地给你们，是真心诚意别无贪求的，为什么不全部接受呢？"

　　子叔昭伯说："下臣我听我们君王告诫说：'诸侯之间相见，要相互谦让，争相处于卑下地位，这是礼仪的明文；相互多付出，争相少接受，这是实际中的行为。前有礼文成就纹理，后有行为成就色彩，友好邦交因此就能长久。'而且我听说君子不能把别人的垂爱享尽，不能把别人的诚意用光，所以我不能全部接受土地。"

　　晏子归，报公，公喜笑曰："鲁君犹若是乎？"

　　晏子曰："臣闻大国贪于名，小国贪于实，此诸侯之公患也。今鲁处卑而不贪乎尊，辞实而不贪乎多，行廉不为苟得，道义不为苟合，不尽人之欢，不竭人之忠，以全其交。君之道义，殊于世俗，国免于公患。"

　　公曰："寡人说鲁君，故予之地。今行果若此，吾将使人贺之。"

　　晏子曰："不①！君以骊予之地②，而贺其辞，则交不亲，而地不为德矣。"

【注释】

①不(fǒu)：同"否"。

②驩(huān)：通"欢"，喜欢。

【译文】

晏子回国，向景公汇报，景公很高兴，笑着说："鲁国国君还能这样吗？"

晏子说："我听说，大国贪图名声，小国贪图实利，这是诸侯们的通病。如今鲁国处于卑弱之势而不贪图尊贵之名，辞退实利而不贪图多得，行为廉正不随便求利，遵循道义不随便结交，不把别人的垂爱享尽，不把别人的诚意用光，以维护它的邦交。鲁君的道义，和世俗不同，鲁国克服了那些通病。"

景公说："寡人喜欢鲁君，所以给他土地。如今他的行为果然如此，我要派人祝贺他。"

晏子说："不可以的！您是因为喜欢才给他土地，又祝贺他辞退土地之事，这样交往就不亲密，同时给的土地也成不了恩德了。"

公曰："善。"于是重鲁之币①，毋比诸侯；厚其礼，毋比宾客。君子于鲁，而后明行廉辞地之可为重名也。

【注释】

①币：礼物。

【译文】

景公说："说得好。"于是给鲁国的礼物特别重，有别于对待别的诸侯；接待鲁国来使的礼节特别隆重，有别于对待别国来宾。君子通过鲁国这件事，从此明白了行为廉正辞让土地是可以成就大名声的。

景公游纪得金壶中书
晏子因以讽之第十九

【题解】

　　齐景公游玩时得到金壶丹书，晏子借破译丹书讽谏景公不要耗尽民力，不要重用小人，否则就有亡国的危险。

　　景公游于纪①，得金壶，发而视之，中有丹书②，曰："无食反鱼，勿乘驽马③。"公曰："善哉！如若言，食鱼无反，则恶其鳔也④；勿乘驽马，恶其不远取道也。"

　　晏子对曰："不然。食鱼无反，毋尽民力乎！勿乘驽马，则无置不肖于侧乎⑤！"

【注释】

①纪：古国名，在今山东寿光南纪台村，公元前690年被齐国所灭。

②丹书：用朱砂书写或镂刻后涂以朱砂的文书。

③驽（nú）马：劣马。

④鳔（sāo）：同"臊"，腥气。

⑤不肖：与"贤"相对，不贤。

【译文】

　　齐景公到纪国故地游玩，得到一个金壶，打开来看，里面有朱砂文书，上写道："无食反鱼，勿乘驽马。"景公说："说得好啊！按照这话的意思，吃鱼不要翻过来，就是讨厌鱼的腥气；不要乘坐驽马车，就是嫌它不能走远路。"

　　晏子说："不是这样。吃鱼不要翻过来，是说不要把民力用尽吧！不要乘坐驽马车，是说不要把小人安在身边吧！"

　　公曰："纪有书，何以亡也？"

　　晏子对曰："有以亡也。婴闻之，君子有道，悬之间①。纪有此言，注之壶，不亡何待乎！"

【注释】

　　①悬之间：意为挂在门上，让人时时看到，起警策作用。间，里巷的门。

【译文】

　　景公问："纪国有这样的文书，为什么还会灭亡呢？"

　　晏子答道："它的灭亡自有原因。我听说，君子有了至理名言，就把它悬挂在大门上。可是纪国有这样的良言，却把它当成水灌进壶里，它不灭亡还能等到什么好结果呢？"

景公贤鲁昭公去国而自悔
晏子谓无及已第二十

【题解】

鲁昭公失了君位，逃亡到齐国，后悔自己不听劝谏，任用小人，齐景公很赞赏，认为他有可能成为贤君。晏子不以为然，认为愚蠢的人总是多后悔，不贤的人总是自以为贤，灾祸发生了才后悔，已经来不及了。鲁昭公：鲁国国君，姓姬，名裯，谥"昭"。

  鲁昭公失国走齐①，景公问焉，曰："子之年甚少，奚道至于此乎②？"昭公对曰："吾少之时，人多爱我者，吾体不能亲；人多谏我者，吾忌不能从。是以内无拂而外无辅③。辅拂无一人，谄谀者甚众，譬之犹秋蓬也，孤其根而美枝叶，秋风一至，偾且揭矣④。"

【注释】

①失国：丢了国家，即被推翻了君位。

②道：缘由。

③拂（bì）：通"弼"，辅佐。

④偾（fèn）：仆倒。揭：掀起，扬起。

【译文】

鲁昭公丢了君位逃亡到齐国，齐景公慰问他，说："你还很年轻，为什么会落到这个地步呢?"鲁昭公答道："我年少之时，很多人爱护我，可是我不能真正地亲近他们;很多人劝谏我，可是我忌讳不听从。因此我在内无人辅佐在外无人帮助。辅佐帮助的没有一个，谄媚阿谀的倒很多，就好比秋天的蓬草，草根孤零零而枝叶却很茂美，秋风一来，它就仆倒在地然后飘飞远去了。"

景公辩其言①，以语晏子②，曰："使是人反其国，岂不为古之贤君乎?"

晏子对曰："不然。夫愚者多悔，不肖者自贤，溺者不问队③，迷者不问路。溺而后问队，迷而后问路，譬之犹临难而遽铸兵④，临噎而遽掘井，虽速亦无及已。"

【注释】

①辩:指言语巧妙诡辩，自有一番道理。

②语(yù):相告。

③队(suì):通"隧"，狭道。这里指河中可以涉水而过的通道。

④遽(jù):急忙。兵:兵器。

【译文】

景公觉得他的话很巧妙有理，就告诉了晏子，说："假使让这个人返回国家为君，岂不是成了和古代贤君一样的君王吗?"

晏子答道："不是这样。愚蠢的人总是多后悔，不贤的人总是自以为贤，溺水的人总是事先不探道，迷路的人总是事先不问路。溺水了以后再探道，迷路了以后再问路，就好比大难临头才急忙铸造兵器，被食物噎住了才急忙挖井，即使速度再快也来不及了。"

晏子使鲁有事已
仲尼以为知礼第二十一

【题解】

晏子出使鲁国,孔子对他的某些不符合礼制规定的动作行为提出质疑,晏子作了合理得体的解释,得到孔子的称赞。

晏子使鲁,仲尼命门弟子往观。子贡反①,报曰:"孰谓晏子习于礼乎? 夫礼曰:'登阶不历②,堂上不趋,授玉不跪。'今晏子皆反此,孰谓晏子习于礼者?"

【注释】

①子贡:人名,姓端木,名赐,字子贡,孔子弟子。

②历:超越。这里指越级而上。

【译文】

晏子出使鲁国,孔子让门下弟子前往观看。子贡看完回来,向孔子报告说:"谁说晏子熟悉礼啊? 礼节规定:'上台阶时不能越级,在堂上不能小步快走,君王授玉时不能跪着接。'现在晏子全都违反了这些规定,谁说晏子熟悉礼啊?"

晏子既已有事于鲁君,退见仲尼。仲尼曰:"夫礼,登阶不历,堂上不趋,授玉不跪。夫子反此,礼乎?"

晏子曰:"婴闻两楹之间①,君臣有位焉,君行其一,臣行其二。君之来速,是以登阶历,堂上趋,以及位也。君授玉卑,故跪以下之。且吾闻之,大者不逾闲②,小者出入可也。"

【注释】

①两楹(yíng)之间:指厅堂中。楹,厅堂前的大柱子。

④闲:约束,法度界限。按:"大者"二句,当为古代谚语或常言。《论语·子张》:"子夏曰:'大德不逾闲,小德出入可也。'"说法类似。

【译文】

晏子把在鲁君那儿的事办完了,退出后去见孔子。孔子说:"按照礼节,上台阶时不能越级,在堂上不能小步快走,君王授玉时不能跪着接。先生您违反了这些,符合礼吗?"

晏子说:"我听说两根大柱之间的厅堂上,君王和臣子各有位置,君王走一步,臣子要走两步。君王来的时候走得快,所以我上台阶要越级,在堂上要小步快走,以便赶到我的位置上。君王授玉时手放得低,所以我要跪着以便降低位置。况且我听说,大的方面不要逾越法度界限,小的方面有点儿出入是可以的。"

晏子出,仲尼送之以宾客之礼。反,命门弟子曰:"不法之礼,维晏子为能行之。"

【译文】

晏子出门,孔子以对待贵宾之礼送他。回来后,对门下弟子说:"不拘泥于规定的礼,只有晏子能够做到。"

晏子之鲁进食有豚亡二肩
不求其人第二十二

【题解】

晏子把吃不完的猪腿藏起来，结果被人偷了，他从中悟出一条道理：正是因为自己有多余东西不分给别人，才会有人偷盗。因此他原谅了偷盗者。豚（tún）：小猪。这里当指蒸熟的全小猪。肩：指小猪的前腿。

晏子之鲁，朝食，进馈膳①，有豚焉。晏子曰："去其二肩②。"昼者进膳③，则豚肩不具。侍者曰："膳豚肩亡。"晏子曰："释之矣④。"侍者曰："我能得其人⑤。"晏子曰："止。吾闻之，量功而不量力，则民尽；藏余不分，则民盗。子教我所以改之⑥，无教我求其人也。"

【注释】

①进：指侍者献上。馈（kuì）：赠人食物。晏子此时在鲁为宾客，所以他的饭食是鲁君所赠。

②去（jǔ）：同"弆"，藏。

③昼：昼分，即中午。

④释：舍，放。意为舍弃此事，不再过问。

⑤其人：指偷走猪腿的人。

⑥之：指藏起猪腿这件事。

【译文】

晏子到鲁国去，早餐时，送来饭食，其中有熟小猪。晏子说："藏起两条猪腿。"中午送来饭食，那猪腿却不见了。侍者说："猪腿丢失了。"晏子说："这事就算了吧。"侍者说："我能捉到这个偷猪腿的人。"晏子说："别这样。我听说，只计量功效而不计量劳力，百姓就会筋疲力尽；藏起多余的东西而不分给别人，就有人会偷盗。你应当教我怎么改正藏猪腿的行为，而不应当教我去捉那个偷猪腿的人。"

曾子将行晏子送之而赠以善言第二十三

【题解】

晏子给曾子送行,赠他三句话,一是要很慎重地对待能改变自己本性的事,二是要很慎重地对待自身修养问题,三是要很慎重地选择自己所处的环境。关于曾子,详见本书《内篇问下第四·曾子问不谏上不顾民以成行义者晏子对以何以成也第二十八》题解。

曾子将行,晏子送之,曰:"君子赠人以轩①,不若以言。吾请以言乎? 以轩乎?"

曾子曰:"请以言。"

晏子曰:"今夫车轮,山之直木也,良匠燥之②,其圆中规③,虽有槁暴④,不复赢矣⑤,故君子慎隐栝⑥。和氏之璧⑦,井里之困也⑧,良工修之,则为存国之宝,故君子慎所修。今夫兰本⑨,三年而成,湛之苦酒⑩,则君子不近,庶人不佩;湛之麋醢⑪,而贾匹马矣⑫。非兰本美也,所湛然也。愿子之必求所湛。婴闻之,君子居必择邻,游必就士。择居所以求士,求士所以辟患也。婴闻汩常移质⑬,习俗移性,不可不慎也。"

【注释】

①轩：古代一种前顶较高而有帷幕的车子，供大夫以上乘坐。

②煣(rǒu)：用火烤木，使之弯曲。

③中(zhòng)：符合。规：校正圆形的工具。

④槁(gǎo)：干枯。暴(pù)："曝"的古字，曝晒。

⑤赢：通"挺"，挺直。

⑥隐：隐(檃)括，把弯木矫正。这里与"煣"连用，比喻对人的本性的改变。

⑦和氏之璧：古代典故，具体说法各有不同，大致是说楚国人卞和，在山间得到一块璞(含玉的石头)，起先不为凡人所识，后有高明的玉工慧眼相识，经雕琢而成价值连城的玉璧。

⑧井里：市井乡里。困："梱"的本字，门限。这里指用作门限的普通石头。

⑨兰本：兰草的根，古人将其加工，或为药用，或取其香。

⑩湛：浸泡。

⑪麋醢(hǎi)：未详何物，从字面看，似为麋鹿肉酱。

⑫贾(jià)：同"价"，价值。匹：相抵，相当。

⑬汩(gǔ)：搅混，污浊。常：平凡，世俗。

【译文】

曾子要走了，晏子给他送行，说："君子与其拿车子赠人，还不如拿话赠人。请问我是拿话赠你呢，还是拿车子赠你？"

曾子说："请拿话赠我。"

晏子说："假如有个车轮子，原本是山上很直的木头，经高明的工匠用火烘烤使之弯曲变形，做成的圆形完全符合规格，这时即使木头干枯再经曝晒，也不会再挺直了，所以君子要很慎重地对待改变自己本性的事。和氏的玉璧，在常人看来只是乡间一块做门限的普通石头，但经高明工匠的加工修治，就成了镇国之宝，所以君子要很慎重地对待修养问题。假如有条兰草根，三年长成，把它浸在苦酒里，那么君子不愿让它近身，凡庸的人也不佩带它；但如果把它浸在麋鹿肉酱里，那它的价值就相当于一匹马了。这并不是兰草根有多好，而是所浸的东西使它这样。希望你一定要找好所浸染的环境。我听说，君子居住时一定要选择好邻居，外出时一定要接近贤士。选择邻居是为了求得贤士，求得贤士是为了避开祸患。我听说人混杂在凡庸中就会改变品质，习染于世俗中就会改变本性，这个问题不可不慎重对待。"

晏子之晋睹齐累越石父
解左骖赎之与归第二十四

【题解】

　　晏子出使途中遇见一个沦为奴仆的名叫越石父的人,认定他是个贤人,就用一匹马把他赎了出来,但回去后不打招呼就径自入门。越石父指出晏子是自恃有恩而看轻自己,要与晏子断交,晏子虚心接受批评,真诚道歉,以礼相待。累(léi):通"缧",缧绁,捆绑犯人或奴仆的绳索。这里指奴仆。父(fǔ):或作"甫",古人名字后缀,表示男性。骖(cān):古代驾车位于两边的马。

　　晏子之晋,至中牟①,睹弊冠反裘负刍息于涂侧者②,以为君子也,使人问焉,曰:"子何为者也?"对曰:"我越石父者也。"晏子曰:"何为至此?"曰:"吾为人臣仆于中牟③,见使将归。"晏子曰:"何为为仆?"对曰:"不免冻饿之切吾身,是以为仆也。"晏子曰:"为仆几何?"对曰:"三年矣。"晏子曰:"可得赎乎?"对曰:"可。"遂解左骖以赎之,因载而与之俱归。

【注释】

①中牟：地名，在今河南鹤壁西。

②刍（chú）：喂牲口的草料。涂：同"途"，道路。

③臣仆：奴仆。

【译文】

　　晏子到晋国去，来到中牟，看到有个头戴破帽反穿皮衣背着草料在路边休息的人，认定他是个君子，派人前去询问道："您是什么人？"那人答道："我叫越石父。"晏子问："您为什么来到这儿？"越石父答道："我在中牟给人当奴仆，受差遣办完事即将回去。"晏子问："您为什么要当仆人？"越石父答道："无法摆脱自身的饥寒交迫，所以当了奴仆。"晏子问："做仆人有几年了？"越石父答道："三年了。"晏子问："可以赎身吗？"越石父答道："可以。"于是晏子解下车子左边的马送给他赎身，然后载着他一起回去。

　　至舍，不辞而入，越石父怒而请绝。晏子使人应之曰："吾未尝得交夫子也，子为仆三年，吾乃今日睹而赎之，吾于子尚未可乎？子何绝我之暴也。"越石父对之曰："臣闻之，士者诎乎不知己①，而申乎知己②。故君子不以功轻人之身，不为彼功诎身之理。吾三年为人臣仆，而莫吾知也；今子赎我，吾以子为知我矣。向者子乘，不我辞也，吾以子为忘；今又不辞而入，是与臣我者同矣。我犹且为臣，请鬻于世③。"

【注释】

①诎（qū）：委屈，屈服，与"申"相对。

②申：伸展，伸张。

③鬻（yù）：卖。

【译文】

到了旅馆，晏子没打招呼就自己进去了，越石父很生气地要和晏子绝交。晏子派人回应他道："我本不曾和您交往过，您当了三年奴仆，我是今天看到您并把您赎了出来，我对您难道还有什么不对吗？您为什么这么突然地要和我绝交呢？"越石父回答说："我听说，士人在不了解自己的人面前可以受委屈，但在了解自己的人面前就应当伸张自己。所以君子不能因为对人有功德就看轻别人，也不因为别人对自己有功德就委屈自己的做人原则。我给人当奴仆三年了，却没人了解我；如今您把我赎了出来，我以为您了解我。先前您上车时，没和我打招呼，我以为是您忘了；如今您又不打招呼进门，这就和奴役我的人同样了。我还是去做奴仆，请把我卖到世上。"

晏子出，请见曰："向者见客之容，而今也见客之意。婴闻之，省行者不引其过①，察实者不讥其辞②。婴可以辞而无弃乎？婴诚革之。"乃令粪洒改席③，尊醮而礼之④。越石父曰："吾闻之，至恭不修涂，尊礼不受摈⑤。夫子礼之，仆不敢当也。"晏子遂以为上客。

【注释】

①省(xǐng)：反省。引：称引，提起。

②辞：谢罪，道歉。

③粪洒：打扫。

④尊醮(jiào)：斟酒。尊，酒樽。醮，古代嘉礼中的一种简单的仪节，斟酒而不互相敬酒。

⑤摈(bìn)：通"傧"，接引宾客。

【译文】

晏子出门,接见越石父说:"先前我只是见到贵客您的外表,如今我才见到贵客您的内心。我听说,对于能反省自身行为的人就不再提起他的过错,对于能明察实际情况的人就不要讥刺他的道歉。我可以向您道歉而不被您拒绝吗?我真诚地改正我的过错。"于是令人打扫另设筵席,斟上酒以礼款待越石父。越石父说:"我听说,最恭敬地待人也不必修整道路,最重的礼节也不必出门迎客。先生您这么以礼相待,我这个做奴仆的不敢当啊。"晏子于是把他作为最上等的客人。

君子曰:"俗人之有功则德,德则骄。晏子有功,免人于厄,而反诎下之,其去俗亦远矣。此全功之道也。"

【译文】

君子评论道:"庸俗的人对别人有功就自以为有恩德,自以为有恩德就骄气凌人。晏子对人有功,把人从困厄中解脱出来,却反倒委屈自己居人之下,他已经远离世俗了。这就是他能功德圆满的道理所在。"

晏子之御感妻言而自抑损
晏子荐以为大夫第二十五

【题解】

晏子的车夫,自以为得志,趾高气扬,而他的妻子却因此瞧不起他,要离开他。车夫因此变得谦虚自制,被晏子荐为大夫。

晏子为齐相,出,其御之妻从门间而窥,其夫为相御,拥大盖①,策驷马②,意气扬扬,甚自得也。既而归,其妻请去。夫问其故,妻曰:"晏子长不满六尺③,身相齐国,名显诸侯。今者妾观其出,志念深矣,常有以自下者。今子长八尺,乃为人仆御;然子之意,自以为足,妾是以求去也。"

【注释】

①拥:指为车盖所簇拥、围护。这是形容车夫坐在车盖下得意的样子。大盖:车盖,马车上用以遮风避日的装置。
②驷:古代以一车四马为"驷"。
③尺:古代一尺只相当于现在的七寸左右。

【译文】

晏子当了齐国的相国,出门时,他的车夫的妻子从门缝里往外窥视,只见车夫给相国驾车,在高大的车盖的簇拥下,赶着四匹马,意气扬扬,十分自得的样子。其后不久车夫回来了,他的妻子请求离开他。车夫询问原因,妻子说:"晏子身高不到六尺,却当了齐国的相国,闻名于天下诸侯。今天我看他出门,心志深沉,总有自居人下的样子。而今你身高八尺,竟给人当奴仆驾车;可是你的内心,还自以为满足,因此我请求离开你。"

其后,夫自抑损。晏子怪而问之,御以实对,晏子荐以为大夫。

【译文】

此后,车夫变得谦虚自制。晏子觉得奇怪就问他,车夫以实情相告,晏子就推荐他当了大夫。

泯子午见晏子晏子恨不尽其意第二十六

【题解】

燕国有个叫泯子午的高人雅士，见了晏子，不敢畅所欲言。晏子以此反省，觉得自己一定失去了很多有高见能帮助自己的人。

燕之游士^①，有泯子午者，南见晏子于齐。言有文章、术有条理、巨可以补国、细可以益晏子者三百篇。睹晏子，恐惧而不能言。晏子假之以悲色^②，开之以礼颜，然后能尽其复也^③。

【注释】

①燕(yān)：春秋时国名，姬姓，在今河北北部和辽宁西部一带地方。游士：游走四方以传播其学说主张的人。

②假：宽。这里意为宽慰。悲色：这里指和悦灿烂的笑容。悲，通"斐"，文采鲜明的样子。

③复：回复，陈说。

【译文】

燕国有个叫泯子午的游士，南行到齐国来见晏子。他有三百篇著作，语言有文采，学说有条理，大的方面能有补于国家，小的方面能有益于晏子。他看到晏子，惊恐得说不出话来。晏子以和悦灿烂的笑容宽慰他，以礼貌的态度开导他，然后他才畅所欲言。

　　客退，晏子直席而坐，废朝移时。在侧者曰："向者燕客侍，夫子胡为忧也？"

　　晏子曰："燕，万乘之国也①；齐，千里之涂也②。泯子午以万乘之国为不足说，以千里之涂为不足远，则是千万人之上也。且犹不能殚其言于我③，况乎齐人之怀善而死者乎？吾所以不得睹者，岂不多矣！然吾失此，何之有也。"

【注释】

①万乘（shèng）：四马一车为一乘。古代常以兵车数量衡量国家实力，拥有万乘兵车，是实力很强的国家。

②涂：同"途"，路途。

③殚：尽。

【译文】

　　客人退出后，晏子在坐席上端坐着，好长时间忘了上朝。身边的人问："先前是燕国的客人陪侍您，先生您现在为什么忧愁啊？"

　　晏子说："燕国，是个强大的国家；到齐国，有千里的路途。泯子午觉得那么强大的国家还不值得他游说，也不以千里路途为遥远，可见他是超过万人之上的人了。这样的人还不能对我畅所欲言，更何况齐国那些有高见而在心中藏到死的人呢？我所没能见到的这些人，岂不是很多吗？我失去了这些人，还能有什么成就。"

晏子遗北郭骚米以养母
骚杀身以明晏子之贤第二十七

【题解】

晏子帮助了一个叫北郭骚的穷人，后来他被景公猜忌逃亡时，见北郭骚没有帮助自己的表示，就后悔自己当初看错了人。晏子走后，北郭骚以及他的朋友相继以死来为晏子昭雪，晏子得知后，再次后悔自己误解了北郭骚。

齐有北郭骚者，结罘罔①，捆蒲苇②，织萉履③，以养其母，犹不足，踵门见晏子曰④："窃说先生之义，愿乞所以养母者。"晏子使人分仓粟府金而遗之，辞金受粟。

【注释】

①罘（fú）：捕兽的网。罔（wǎng）：同"网"。

②捆蒲苇：编草席。捆，敲击。

③萉（fèi）：麻。

④踵（zhǒng）门：亲自登门。踵，脚后跟。

【译文】

　　齐国有个叫北郭骚的人，平时靠结兽网，编草席，打麻鞋来养活母亲，还是不能维持生活，就亲自登门来见晏子说："我私下仰慕先生的仁义，希望能向您乞求些可以供养母亲的东西。"晏子让人分出仓里的粮食和库里的钱送给他，他推辞了钱，接受了粮食。

　　有间，晏子见疑于景公，出奔，过北郭骚之门而辞。北郭骚沐浴而见晏子曰："夫子将焉适？"晏子曰："见疑于齐君，将出奔。"北郭骚曰："夫子勉之矣！"晏子上车太息而叹曰："婴之亡岂不宜哉？亦不知士甚矣。"

【译文】

　　不久，晏子受到齐景公的猜忌，出走逃亡，经过北郭骚的家门向他告辞。北郭骚沐浴后接见晏子说："先生要去哪里？"晏子说："我被齐王猜忌，准备逃亡。"北郭骚说："先生努力吧。"晏子上了车，长叹说："我逃亡岂不是应该的吗？我也太不了解人了。"

　　晏子行，北郭子召其友而告之曰："吾说晏子之义，而尝乞所以养母者焉。吾闻之，养及亲者身伉其难①。今晏子见疑，吾将以身死白之②。"着衣冠，令其友操剑，奉笥而从③，造于君庭，求复者曰："晏子，天下之贤者也，今去齐国，齐必侵矣。方见国之必侵，不若先死，请以头托白晏子也。"因谓其友曰："盛吾头于笥中，奉以托。"退而自刭。

　　其友因奉以托而谓复者曰："此北郭子为国故死，吾将为北郭子死。"又退而自刭。

【注释】

①伉(kàng)：通"抗"，抵挡。

②白：使之清白，昭雪。

③笥(sì)：一种竹制的盛器。

【译文】

晏子走了以后，北郭骚叫来朋友告诉他说："我仰慕晏子的仁义，曾经向他乞求可以供养母亲的东西。我听说，对于供养过自己亲人的人，应当亲身为他抵挡灾难。如今晏子被猜忌，我要用自己的死为他昭雪。"他穿好衣服戴上帽子，让他的朋友拿着剑，捧着竹盒跟在身后，来到朝廷门前，对传话的人说："晏子，是天下最贤明的人，如今他离开了齐国，齐国必受侵犯。与其看见国家被侵犯，不如先死，请让我把脑袋托付给你，来为晏子昭雪。"接着对他的朋友说："把我的脑袋放在竹盒里，捧上托付给他。"说完退下自刎了。

他的朋友于是捧上竹盒托付给传话的人并对他说："这位北郭先生是为国家而死，我将为北郭先生而死。"说完也退下自刎了。

景公闻之，大骇，乘驲而自追晏子①，及之国郊②，请而反之。晏子不得已而反，闻北郭子之以死白己也，太息而叹曰："婴之亡岂不宜哉！亦愈不知士甚矣。"

【注释】

①驲(rì)：驿站专用的车子。

②国郊：边境。

【译文】

齐景公听说了这事，大为惊吓，亲自乘着驿车去追晏子，在边境赶上了他，请他回来。晏子不得已只好回来，听说北郭先生用死来为自己昭雪，长叹道："我逃亡岂不是应该的吗？我又更加不了解人了。"

景公欲见高纠
晏子辞以禄仕之臣第二十八

【题解】

　　齐景公想见晏子的家臣高纠,晏子认为,高纠从来不曾批评过自己,是个为俸禄做官的人,不会对人有所帮助,劝景公不要见他。

　　景公谓晏子曰:"吾闻高纠与夫子游,寡人请见之。"

　　晏子对曰:"臣闻之,为地战者,不能成其王;为禄仕者,不能正其君。高纠与婴为兄弟久矣,未尝干婴之行[①],特禄仕之臣也[②],何足以补君乎?"

【注释】

　　①干:冒犯。这里指批评。

　　②特:只是。

【译文】

　　齐景公对晏子说:"我听说高纠和先生您交往,请让寡人见见他。"

　　晏子答道:"下臣我听说,为土地而战争的人,不可能成就其王业;为俸禄而做官的人,不可能纠正其君王。高纠和我亲如兄弟很久了,却从来不曾批评过我的行为,只是个为俸禄而做官的人,怎么能对君王有所补益呢?"

高纠治晏子家不得其俗乃逐之第二十九

【题解】

　　高纠为晏子担任家臣三年，晏子却把他辞退了，原因是他有三条家规，高纠却一条也不曾遵守。俗：指家规。

　　高纠事晏子而见逐，高纠曰："臣事夫子三年，无得，而卒见逐，其说何也？"

　　晏子曰："婴之家俗有三，而子无一焉。"

【译文】

　　高纠在晏子手下做事而被辞退，他对晏子说："在下侍奉先生三年了，什么也没得到，却最终被辞退，这怎么解释呢？"

　　晏子说："我家有三条家规，而你却一条也没遵守。"

　　纠曰："可得闻乎？"

　　晏子曰："婴之家俗，闲处从容不谈议①，则疏；出不相扬美，入不相削行②，则不与③；通国事无论，骄士慢知者④，则不朝也⑤。此三者，婴之家俗，今子是无一焉。故婴非特食馈之长也⑥,是以辞。"

【注释】

①谈议:指议论学术道德之类的问题。

②削:这里指切磋、批评。

③与:亲近。

④知(zhì):同"智"。

⑤朝:见。

⑥特:只是。馈(kuì):赠人食物。长:主人。

【译文】

高纠问:"可以说给我听听吗?"

晏子说:"我的家规,居家悠闲安逸时不谈学论道,就要被疏远;在外不互相宣扬美德,在内不互相切磋品行,就不被亲近;对全国大事无所评论,对士人骄横对智者傲慢,就不被召见。这三条是我的家规,如今你没有遵守其中任何一条。我并非只是供人吃喝的主子,因此我辞退了你。"

晏子居丧逊答家老仲尼善之第三十

【题解】

晏子带重孝为父亲服丧，他的老家臣认为这不合大夫守丧之礼，他不作正面反驳，而是谦虚地说自己不够资格服大夫之礼。孔子评价说，他这样能避开别人的责备，远离祸害。家老：老家臣。

晏子居晏桓子之丧^①，粗衰^②，斩^③，苴绖带^④，杖，菅屦^⑤，食粥，居倚庐^⑥，寝苫枕草^⑦。其家老曰："非大夫丧父之礼也^⑧。"

晏子曰："唯卿为大夫^⑨。"

【注释】

①晏桓子：人名，晏子的父亲，名晏弱。

②衰（cuī）：古代丧服，用极粗的生麻布制成，披于胸前。

③斩：指"斩衰"，布边不缝起，以示无饰，是古代丧服"五服"中最重的一种，儿子为父亲守丧所服。

④苴（jū）：麻。绖（dié）带：丧服中的麻带，系于头上的叫"首绖"，系于腰间的叫"腰绖"。

⑤菅屦（jiānjù）：草鞋。

⑥倚庐：古人守丧时居住的简陋房子。

⑦苫(shān)：古人居丧时睡的草垫子。

⑧非大夫丧父之礼：晏子所服，是士人之礼。依古礼，为父母服丧，并无等级区别，晏子是依古礼而服，故无不妥。春秋时，始有等级区别，士与大夫服丧之礼有所不同，当时晏子父亲刚死，晏子还未为大夫，但"大夫之子，行从大夫之法"，所以家老认为晏子所服不符礼制。

⑨唯卿为大夫：只有正卿才服大夫之丧服。言外之意，自己是大夫，所以服士人之丧服。这是晏子故意以自贬应答，故下文孔子赞其"逊辞以避咎"。

【译文】

晏子为他的父亲晏桓子服丧，身披毛边的粗麻衣，头上腰间扎着麻带子，手执丧杖，脚穿草鞋，吃的是稀粥，住的是倚木而建的草棚，睡着草垫子以草做枕头。老家人说："这不合大夫为父亲服丧之礼。"

晏子说："只有正卿才服大夫的丧服。"

　　曾子以问孔子，孔子曰："晏子可谓能远害矣。不以己之是驳人之非，逊辞以避咎，义也夫！"

【译文】

曾子就这件事请教孔子，孔子说："晏子真可称作是善于远离祸害的了。他不以自己的正确反驳别人的错误，而是用谦逊的言辞来避开别人的责备，这就是义啊！"

灵公禁妇人为丈夫饰不止
晏子请先内勿服第一

【题解】

　　齐灵公喜欢女人着男装，引起国人仿效，灵公严令，但禁而不止。晏子告诉灵公，宫内不禁，只禁宫外，好比是挂牛头卖马肉；只要宫内先禁止了，宫外自然也就没人再敢着男装了。灵公：景公之父，名环，在位二十八年，谥"灵"。

　　灵公好妇人而丈夫饰者，国人尽服之①。公使吏禁之，曰："女子而男子饰者，裂其衣，断其带。"裂衣断带相望②，而不止。

【注释】

　　①国：这里指国都、都城。

　　②相望：形容多，到处都是。

【译文】

　　齐灵公喜欢让女人着男装，于是都城的女人都跟着这样打扮。灵公令官吏加以禁止，说："凡有女人着男装的，撕破她的衣服，扯断她的衣带。"被撕破的衣服和扯断的带子到处都是，可是这个风气依然不止。

晏子见，公问曰："寡人使吏禁女子而男子饰者，裂断其衣带，相望而不止者，何也？"

晏子对曰："君使服之于内，而禁之于外，犹悬牛首于门，而卖马肉于内也。公何以不使内勿服，则外莫敢为也。"

公曰："善。"使内勿服。不逾月，而国人莫之服。

【译文】

晏子见灵公，灵公问道："寡人令官吏禁止女人着男装，把她们的衣服衣带都撕破扯断了，破衣断带到处都是而风气依然不止，这是为什么？"

晏子答道："您让宫内的女人这样打扮，却禁止宫外的女人这样做，这好比门外挂的是牛头，而门内卖的是马肉。您为什么不让宫内的女人不着男装呢？这样宫外的女人也就不敢着男装了。"

灵公说："说得好。"令宫内女人不许着男装。不出一个月，都城里就没人着男装了。

齐人好毂击晏子绐以不祥而禁之第二

【题解】

　　齐国流行一种以车毂相撞的游戏，屡禁不止。晏子于是先以新车好马参加游戏，然后假说这种游戏不吉祥，带头退出游戏，这才禁止了。毂（gǔ）：车轮中心的圆木，外接辐条，中有圆孔以穿车轴。绐（dài）：欺骗。

　　齐人甚好毂击，相犯以为乐，禁之不止。晏子患之，乃为新车良马，出与人相犯也，曰："毂击者不祥，臣其祭祀不顺、居处不敬乎？"下车弃而去之，然后国人乃不为。

　　故曰：禁之以制，而身不先行，民不能止。故化其心，莫若教也。

【译文】

　　齐国人很喜欢玩"毂击"的游戏，以车毂相撞为乐，禁也禁不止。晏子对此很忧虑，于是备了新车好马，出去与人相撞，说："撞车毂的不吉祥，我难道是因为祭祀时不顺从鬼神旨意、平时对鬼神也不恭敬吗？"下了车弃车而走，此后齐国人才不玩毂击了。

　　所以说：光用命令来禁止，而自身不率先实行，民众那儿就不能禁止。因此要改变民心，不如以自身做榜样。

景公瞢五丈夫称无辜晏子知其冤第三

【题解】

齐景公打猎时,夜晚梦见五个男人,声称是屈死的冤魂。晏子想起齐灵公曾误杀了五个人,景公便将这五具尸骨隆重安葬了。齐国人不知原委,赞扬景公善良。瞢:通"梦"。

景公畋于梧丘①,夜犹早,公姑坐睡,而瞢有五丈夫北面韦庐②,称无罪焉。公觉,召晏子而告其所瞢。公曰:"我其尝杀无罪邪?"

晏子对曰:"昔者先君灵公畋,有五丈夫来骇兽,故并断其头而葬之,命曰'五丈夫之丘'③,此其地邪?"公令人掘而求之,则五头同穴而存焉。公曰:"嘻!"令吏厚葬之。

国人不知其瞢也,曰:"君悯白骨,而况于生者乎? 不遗余力矣,不释余知矣④。"

故曰:人君之为善易矣。

【注释】

①畋(tián):打猎。梧丘:挡在道路上的土丘。

②韦:"违"的古字,背。

③丘:坟墓。

④释:放,放置。知(zhì):同"智"。

【译文】

　　齐景公到一个挡道的土丘上打猎,夜色还早,他暂且坐着打盹,却梦见五个男人脸朝北背靠草屋,声称无罪。景公惊醒,叫来晏子并把梦中所见告诉了他。景公说:"我难道曾经杀过无罪的人吗?"

　　晏子回答说:"从前先君灵公打猎的时候,有五个男人过来把野兽吓跑了,所以灵公把他们的头全都砍断并埋葬了,名为'五丈夫之墓',可能就是这个地方吧?"景公命人挖掘寻找,果然有五颗人头埋藏在同一个墓穴里。景公说:"啊!"命令官吏隆重地安葬了他们。

　　国内人们不知道做梦的事,说:"君王连白骨都怜悯,更何况对活着的人呢? 我们应当把力气一点不留地使出来,把智慧一点不藏地用出来。"

　　所以说:君王要做善事是很容易的。

柏常骞禳枭死将为景公请寿
晏子识其妄第四

【题解】

  齐景公的宠臣柏常骞施展骗术，为景公除去了猫头鹰夜叫的烦恼，便声称能给景公益寿，想进一步以骗术赢得景公的信任。晏子应用其天文知识，揭穿了柏常骞的骗术。禳(ráng)：通过祭祀祷告以消除灾祸。枭(xiāo)：鸟名，即猫头鹰。

  景公为路寝之台^①，成，而不踊焉。柏常骞曰："君为台甚急，台成，君何为而不踊焉？"公曰："然，有枭昔者鸣^②，其声无不为也，吾恶之甚，是以不踊焉。"柏常骞曰："臣请禳而去之。"公曰："何具？"对曰："筑新室，为置白茅焉^③。"公使为室，成，置白茅焉。柏常骞夜用事。

【注释】

  ①路寝：古代君王处理政事的宫室，又称"正寝"。台：高台，上有宫殿楼阁，用以登临观赏朝拜娱乐等。

  ②昔：通"夕"，夜里。

③白茅：草名，古代常用以包裹充祭祀的礼物。

【译文】

　　齐景公修建路寝宫的高台，建成后，却不登上去。柏常骞问："您建台很急迫，现在台建成了，您为什么却不登上去呢？"景公说："是啊。有只猫头鹰在夜里直叫，那声音千奇百怪，我太讨厌了，所以不登上去。"柏常骞说："请让下臣祭祀祷告来除掉它。"景公说："要准备什么？"柏常骞说："建一所新房子，里面放置白茅。"景公派人修建房子，修好后，在里面放置白茅。柏常骞在晚上从事祭祀祷告。

　　明日，问公曰："今昔闻鸮声乎？"公曰："一鸣而不复闻。"使人往视之，鸮当陛①，布翼，伏地而死。公曰："子之道若此其明也，亦能益寡人之寿乎？"对曰："能。"公曰："能益几何？"对曰："天子九，诸侯七，大夫五。"公曰："子亦有征兆之见乎②？"对曰："得寿，地且动。"公喜，令百官趣具骞之所求③。

【注释】

　　①陛（bì）：官殿的台阶。

　　②见（xiàn）：同"现"。

　　③趣（cù）：赶快。

【译文】

　　第二天，柏常骞问景公："昨夜听到猫头鹰的叫声了吗？"景公说："叫了一声后，就没再听到什么了。"派人前去一看，只见猫头鹰就在殿阶上，张开翅膀，趴在地上死了。景公说："您的道术如此高明，也能增加寡人的寿命吗？"柏常骞说："能。"景公问："能增加多少？"柏常骞答道："天子增九岁，诸侯增七岁，大夫增五岁。"景公问："您能让增寿时出现征兆吗?"柏常骞答道:"得到所增的寿命,地就会震动。"景公很高兴,命令百官赶快置办柏常骞所要求的东西。

　　柏常骞出,遭晏子于涂^①,拜马前,辞。骞曰:"为君禳鸮而杀之,君谓骞曰:'子之道若此其明也,亦能益寡人寿乎?'骞曰:'能。'今且大祭,为君请寿,故将往以闻。"晏子曰:"嘻!亦善矣,能为君请寿也。虽然,吾闻之,维以政与德而顺乎神为可以益寿,今徒祭,可以益寿乎?然则福兆有见乎?"对曰:"得寿,地将动。"晏子曰:"骞!昔吾见维星绝^②,枢星散^③,地其动,汝以是乎?"柏常骞俯,有间,仰而对曰:"然。"晏子曰:"为之无益,不为无损也^④。汝薄敛,毋费民,且无令君知之。"

【注释】

①涂:同"途",道路。

②维星:星宿名,即北斗星中为"斗柄"的三颗星。绝:断绝,指三颗星不相连。

③枢星:星名,又名"天枢",北斗星的第一星。

④"为之"二句:意谓地本来就要动,与祭祀增寿没有联系。

【译文】

　　柏常骞出了门,在路上遇见了晏子,在马前作揖,晏子答谢。柏常骞说:"我为君王祈祷除去猫头鹰,杀死了它,君王对我说:'您的道术如此高明,也能增加寡人的寿命吗?'我说:'能。'今天将举行盛大的祭祀,为君王请求增寿,所以将要前去把这事告诉您。"晏子说:"哈!能为君王请求增寿,这也太好了。虽然这样,但我听说,只有以政治和道德顺应天神,才能增加寿命,如今只是祭祀,就可以增加寿命吗?那么能有得福的征兆出现吗?"柏常骞说:"得到所增的寿命,地就会震动。"晏子说:"柏常骞啊!夜里我见到维星不相连,枢星也离散了,这就是地将要震动的先兆,你就是根据这个说的吧?"柏常骞低下头,过了一会儿,抬头答道:"是的。"晏子说:"可见你祭祀也没什么益处,不祭祀也没什么害处。你要少征赋税,不要耗费民财,而且不要让君王知道这个真相。"

景公成柏寝而师开言室夕
晏子辨其所以然第五

【题解】

　　景公建成新宫,乐师根据琴声判断出房间方向偏西,工匠和司空都从技术的角度作了解释,而晏子的解释,则包含了尊崇周天子的政治倾向。柏寝:宫室名。今山东广饶有柏寝故址。按:文中说"景公新成",则柏寝建于景公时。又《史记·孝武本纪》:"少君见上,上有故铜器,问少君。少君曰:'此器齐桓公十年陈于柏寝。'已而案其刻,果齐桓公器。"据此,则建于齐桓公时。师开:乐师,名开。夕:夕阳西下。这里意为偏西。

　　景公新成柏寝之室,使师开鼓琴。师开左抚宫①,右弹商,曰:"室夕。"公曰:"何以知之?"师开对曰:"东方之声薄,西方之声扬。"

　　公召大匠,曰:"立室何为夕?"大匠曰:"立室以宫矩为之②。"

　　于是召司空③,曰:"立宫何为夕?"司空曰:"立宫以城矩为之。"

　　明日,晏子朝,公曰:"先君太公以营丘之封立城④,曷为夕?"晏子对曰:"古之立国者,南望南斗,北戴枢星⑤,彼安有朝夕哉⑥? 然而以今之夕者,周之建国,国之西方,以尊周也。"

公蹴然曰⑦:"古之臣乎!"

【注释】

①宫:我国古代五声音阶(宫、商、角、徵、羽)之一。

②矩:规矩,标准。

③司空:古代官名,掌管工程营造事务。

④太公:指姜太公,即吕尚,齐国的开国君主。营丘:地名,周武王封吕尚于齐,建都于此,后改名为临淄。封:疆界。

⑤枢星:星名,又名"天枢",北斗星的第一星。

⑥朝(zhāo):与"夕"相对,朝阳东升。这里意为偏东。

⑦蹴(cù)然:恭敬的样子。

【译文】

齐景公刚建成柏寝宫,叫乐师开弹琴。乐师开左手按着宫声,右手弹出商声,说:"房间偏西了。"景公问:"你怎么知道的?"乐师开答道:"因为东方的声音微弱,西方的声音高扬。"

景公召来工匠,问他:"修建房间为什么要偏西?"工匠答道:"修建房间是以宫殿为标准定方位的。"

景公于是召来司空,问他:"修建宫殿为什么要偏西?"司空答道:"修建宫殿是以城墙为标准定方位的。"

第二天,晏子上朝,景公问他:"我们的先君太公当年以营丘的疆界修建城墙,为什么要偏西?"晏子答道:"远古时修建都城,南边正对着南斗星,北边正顶着北斗星,它哪有偏东偏西的情况呢? 可是如今要偏西,是因为周王朝所建的都城,在我们国都的西方,所以偏西为了表示尊崇周王朝。"

景公恭敬地说:"真像是古代的臣子啊!"

景公病水瞢与日斗
晏子教占瞢者以对第六

【题解】

齐景公得了水肿病，梦见自己与两个太阳相斗，晏子对此作了巧妙的解释，但知道景公信任解梦人而不信任自己，便把自己的解释通过解梦人告诉景公。病水：患水肿病。占瞢：解释梦境附会吉凶征兆。瞢，通"梦"。

景公病水，卧十数日。夜瞢与二日斗，不胜。

【译文】

齐景公得了水肿病，卧床十几天了。有一天夜里他梦见自己和两个太阳相斗，没能取胜。

晏子朝，公曰："夕者吾瞢与二日斗，而寡人不胜，我其死乎？"晏子对曰："请召占瞢者。"立于闱①，使人以车迎占瞢者。

【注释】

①闺：宫中小门。

【译文】

晏子上朝时，景公说："夜里我梦见和两个太阳相斗，寡人没能取胜，我大概要死了吧？"晏子说："让我把解梦的人叫来。"于是他站在宫门边，派人用车子把解梦人迎来。

至，曰："曷为见召？"晏子曰："夜者公寶二日与公斗，不胜，恐必死也，故请君占寶，是所为也。"占寶者曰："请反具书①。"晏子曰："毋反书。公所病者，阴也；日者，阳也②。一阴不胜二阳，故病将已。以是对。"

【注释】

①书：指占梦的书。

②"公所"四句：古人把世间万物分为阴、阳二类，水、月等属阴，山、日等属阳。

【译文】

解梦人来了，问："叫我来做什么？"晏子说："君王夜里梦见和两个太阳相斗，不能取胜，他害怕自己一定会死，所以请您来解梦，叫您来就是为了这事。"解梦人说："请让我回家取解梦的书来看看。"晏子说："不必回家取书了。君王的病，属阴；太阳，属阳。一个阴胜不过两个阳，说明君王的病就要好了。您就这样回答他。"

占寶者入，公曰："寡人寶与二日斗而不胜，寡人死乎？"占寶者对曰："公之所病，阴也；日者，阳也。一阴不胜二阳，公病将已。"

【译文】

解梦人进了宫,景公说:"寡人梦见和两个太阳相斗而不能取胜,寡人要死了吧?"解梦人答道:"您的病,属阴;太阳,属阳。一个阴胜不过两个阳,这说明您的病就要好了。"

居三日,公病大愈。公且赐占瞢者,占瞢者曰:"此非臣之力,晏子教臣也。"公召晏子,且赐之。晏子曰:"占瞢者以臣之言对,故有益也;使臣言之,则不信矣。此占瞢之力也,臣无功焉。"

公两赐之,曰:"以晏子不夺人之功,以占瞢者不蔽人之能。"

【译文】

过了三天,景公的病全好了。景公将要赏赐解梦人,解梦人说道:"这不是下臣的功劳,是晏子教下臣的。"景公召来晏子,将要赏赐他,晏子说:"是解梦人用我的话回答您,所以才有效;如果是下臣自己说这些,您就不会相信了。这是解梦人的功劳,下臣我是没功劳的。"

景公对两个人都给了赏赐,说:"因为晏子不抢夺别人的功劳,也因为解梦人不掩盖别人的才能。"

景公病疡晏子抚而对之
乃知群臣之野第七

【题解】

齐景公背上长了毒疮,在回答景公关于毒疮形状的询问时,晏子的比喻描述,比其他两位大臣更加高雅美妙,博得景公的赞赏。疡(yáng):疮。

景公病疽①,在背,高子、国子请公曰②:"职当抚疡③。"高子进而抚疡。公曰:"热乎?"曰:"热。""热何如?"曰:"如火。""其色何如?"曰:"如未熟李。""大小何如?"曰:"如豆④。""堕者何如⑤?"曰:"如屦辨⑥。"

【注释】

①疽(jū):痈疽,一种毒疮。

②高、国:齐国两个家族,世代为齐国公卿。请:谒见,看望。

③职:职分,分内。

④豆:古代一种盛放食物的高脚小盆。

⑤堕(huī):毁坏。这里指毒疮溃裂。

⑥辨（bàn）：皮革中断。

【译文】

齐景公背上长了毒疮，高子和国子前来看望景公说："按职分我们应当为您抚摩毒疮。"于是高子就上前抚摩毒疮。景公问："毒疮热吗？"高子答："热。""热到什么程度？"高子答："像火一样。""颜色像什么？"高子答："像没成熟的李子。""大小像什么？"高子答："像高脚小盆子。""裂开像什么？"高子答："像鞋面的皮革裂开。"

二子者出，晏子请见。公曰："寡人有病，不能胜衣冠以出见夫子①，夫子其辱视寡人乎？"晏子入，呼宰人具盥②，御者具巾③，刷手温之，发席傅荐④，跪请抚疡。公曰："其热何如？"曰："如日。""其色何如？"曰："如苍玉。""大小何如？"曰："如璧。""其堕者何如？"曰："如珪⑤。"

【注释】

①胜：胜任，禁得起。

②宰人：官名，掌管君王膳食。

③御者：侍者。

④发：打开。傅：附着。荐：垫席，褥子。

⑤珪（guī）：古代帝王或诸侯所执的玉版。

【译文】

那两个人出去了，晏子前来看望。景公说："寡人有病，不能穿衣戴帽出去见先生，先生您还是屈尊来看望我吧？"晏子进门，叫膳食官准备盥洗的热水，侍者准备手巾，晏子把手洗净泡热，铺开席子垫上褥子，跪下请求给景公抚摩毒疮。景公问："毒疮热得像什么？"晏子答："像太阳。""颜色像什么？"晏子答："像青玉。""大小像什么？"晏子答："像玉璧。""它裂开像什么?"晏子答:"像玉版。"

晏子出,公曰:"吾不见君子,不知野人之拙也。"

【译文】

晏子出去了,景公说:"我没见到君子,就不知道粗人的笨拙。"

晏子使吴吴王命傧者称天子
晏子详惑第八

【题解】

晏子出使吴国，吴王施诡计，想诱骗晏子以觐见天子的礼节见他，晏子则以装傻对付，使吴王无法得逞。傧(bīn)者：接引宾客的人。

晏子使吴，吴王谓行人曰①："吾闻晏婴，盖北方辩于辞、习于礼者也。命傧者曰②：'客见则称天子请见。'"

【注释】

①行人：官名，掌朝觐聘问（类似于今之外交）事务。

②傧：通"傧"。

【译文】

晏子出使到吴国，吴王对外交官说："我听说晏婴，是北方能言善辩、熟悉礼仪的人，你交代迎宾的人说：'客人来见时，就声称天子有请会见。'"

明日，晏子有事，行人曰："天子请见。"晏子蹴然①。行人又曰:"天子请见。"晏子蹴然。又曰:"天子请见。"晏子蹴然者三,曰:"臣受命弊邑之君^②,将使于吴王之所,以不敏而迷惑,入于天子之朝。敢问吴王恶乎存?"

【注释】

①蹴(cù)然:恭敬的样子。

②弊邑:同"敝邑",对自己国家的谦称。

【译文】

第二天,晏子有事来见,外交官说:"天子有请会见。"晏子作出恭敬的样子。外交官又说:"天子有请会见。"晏子作出恭敬的样子。外交官又说:"天子有请会见。"晏子作了三次恭敬的样子后,说:"下臣我受鄙国君王的命令,要出使到吴王所在的地方,只因我不聪敏而迷惑,进了天子的朝廷。我斗胆请问,吴王在哪里?"

然后吴王曰:"夫差请见^①。"见之以诸侯之礼。

【注释】

①夫差:吴王的名字。

【译文】

于是吴王才说:"夫差有请会见。"按照诸侯的礼节会见了晏子。

晏子使楚楚为小门
晏子称使狗国者入狗门第九

【题解】

晏子出使楚国，楚君对他进行侮辱戏弄，晏子机智应对，反击了对方，维护了自己的尊严。

晏子使楚，楚人以晏子短，为小门于大门之侧而延晏子①。晏子不入，曰："使狗国者，从狗门入；今臣使楚，不当从此门入。"傧者更道，从大门入。

【注释】

①延：引进。

【译文】

晏子出使楚国，楚国人因为晏子身材矮小，在大门旁边开了个小门让晏子进去。晏子不进门，说："出使狗国的人，才从狗门进去；如今我出使楚国，不应当从这个门进去。"迎宾的人只好改了道，让他从大门进去。

见楚王，王曰："齐无人耶？使子为使。"晏子对曰："齐之临淄三百闾①，张袂成阴②，挥汗成雨，比肩继踵而在③，何为无人？"王曰："然则何为使子？"晏子对曰："齐命使，各有所主，其贤者使使贤主，不肖者使使不肖主④。婴最不肖，故宜使楚矣。"

【注释】

①临淄：地名，齐国国都，在今山东淄博东北。闾(lǘ)：古代以二十五家为一闾。

②袂(mèi)：衣袖。

③比：并。踵(zhǒng)：脚后跟。

④不肖：与"贤"相对，不贤。

【译文】

见了楚王，楚王说："齐国没人了吗？竟派您来做使者。"晏子答道："齐国的临淄城有几千户人家，人们张开袖子就成了阴天，挥洒汗水就成了大雨，肩并肩脚连脚地大有人在，怎么会没人？"楚王说："既然这样，怎么会派您来呢？"晏子答道："齐国所派的使者，都有各自所适宜访问的君主，贤良的人被派遣出访贤良的君主，不贤的人就被派遣出访不贤的君主。我晏婴最不贤，因此最适宜出访楚国。"

楚王欲辱晏子指盗者为齐人
晏子对以橘第十

【题解】

晏子出使楚国,楚王伴称捉到一个在楚国为盗贼的齐国人,想以此羞辱晏子和齐国。晏子将计就计,以橘、枳为喻,推出"楚之水土使民善盗"的结论,回驳了楚王。

晏子将至楚,楚闻之,谓左右曰:"晏婴,齐之习辞者也,今方来,吾欲辱之,何以也?"左右对曰:"为其来也,臣请缚一人,过王而行,王曰:'何为者也?'对曰:'齐人也。'王曰:'何坐①?'曰:'坐盗。'"

【注释】

①坐:犯……罪。

【译文】

晏子将要出使楚国,楚王听说后,对身边的人说:"晏婴是齐国善于辞令的人,如今他将要来访,我想羞辱他,用什么办法呢?"身边人回答说:"等他来的时候,让我捆绑一个人,从大王您面前走过,大王您问:

'这是什么人啊?'我就说:'是齐国人。'大王您问:'他犯了什么罪?'我就回答:'犯了盗窃罪。'"

　　晏子至,楚王赐晏子酒。酒酣,吏二缚一人诣王,王曰:"缚者曷为者也?"对曰:"齐人也,坐盗。"王视晏子曰:"齐人固善盗乎?"

　　晏子避席对曰①:"婴闻之,橘生淮南则为橘,生于淮北则为枳②,叶徒相似,其实味不同。所以然者何? 水土异也。今民生长于齐不盗,入楚则盗,得无楚之水土使民善盗耶?"

　　王笑曰:"圣人非所与熙也③,寡人反取病焉④。"

【注释】

①避席:古人席地而坐,离座起立,表示敬意。

②枳(zhǐ):植物名,又名"臭橘"。

③熙:通"嬉",嬉戏。

④病:诟病,羞辱。

【译文】

　　晏子来了,楚王招待晏子饮酒。饮酒正酣畅时,两个小吏绑着一个人来到楚王面前,楚王问:"被绑着的是什么人啊?"小吏回答说:"是齐国人,犯了盗窃罪。"楚王看着晏子说:"齐国人向来就善于盗窃吗?"

　　晏子离开坐席恭敬地说:"我听说,橘子生长在淮南就是橘子,如果生于淮北就成了枳,叶子徒然相似,它们的果实味道大不一样。为什么会这样呢? 因为水土不同。如今这个人生长在齐国不会盗窃,来到楚国就盗窃,莫非是楚国的水土使人善于盗窃吗?"

　　楚王笑着说:"对于圣明的人是不能和他开玩笑的,寡人反倒是自讨没趣啊。"

楚王飨晏子进橘置削
晏子不剖而食第十一

【题解】

楚王以橘子招待晏子，并准备了削皮的刀子，但晏子不削而连皮一起吃了，并为此作了得体合理的解释。削：一种长刃有柄的小刀。

景公使晏子于楚，楚王进橘，置削，晏子不剖而并食之。楚王曰："橘当去剖。"晏子对曰："臣闻之，赐人主前者，瓜桃不削，橘柚不剖。今者万乘之主无教令，臣故不敢剖。不然，臣非不知也。"

【译文】

齐景公派晏子出使楚国，楚王进献橘子，还备有一把剥皮的小刀，晏子不剖开而连皮带肉一起吃了。楚王说："橘子应当去皮剖开吃。"晏子回答道："下臣听说，在君王面前接受赏赐的，瓜类桃子不削皮，橘子柚子不剖开。如今大国之君没有命令，因此下臣我不敢剖开。否则就是我失礼，我不是不知道剥皮吃的。"

晏子布衣栈车而朝
田桓子侍景公饮酒请浮之第十二

【题解】

晏子以粗劣朴素的衣着车马前来朝见齐景公,田桓子认为这隐蔽君王的恩赐,要罚晏子的酒。晏子作了理正辞严的解释,得到景公的赞赏,并罚了田桓子的酒。栈车:用竹木制作的车子,较为简陋,为普通士人所乘。田桓子:人名,即田无宇,又叫"陈桓子"、"陈无宇",齐国大夫。其先陈完,原为陈国公子。陈国内乱,他出奔到齐国,改姓田(陈、田古音相近),被齐桓公任为卿。此后其家族势力渐强,到田无宇时,他以大斗出贷、小斗收进等办法,收买人心,觊觎王位。后来其后代果然弑齐君、专齐国之政,最终夺取齐国王位,史称"田氏代齐"。浮:罚酒。

景公饮酒,田桓子侍,望见晏子,而复于公曰①:"请浮晏子。"公曰:"何故也?"无宇对曰:"晏子衣缁布之衣、麋鹿之裘②,栈轸之车③,而驾驽马以朝④,是隐君之赐也。"公曰:"诺。"

【注释】

①复：复命，禀告。

②衣缁布之衣：前一“衣”字音“yì”，穿着。缁布之衣，古代用黑色布帛做的朝服。麋鹿之裘：用麋鹿皮所做的大衣。

③栈轸(zhěn)之车：即栈车。轸，车厢底部的横木。这里指代车子。

④驽(nú)马：劣马。

【译文】

齐景公饮酒，田桓子在一旁陪侍，他望见晏子来了，就禀告景公说："请罚晏子饮酒。"景公问："为什么？"田桓子答道："晏子穿着黑布朝服、麋鹿皮衣，乘着栈车，驾着劣马来上朝，这是隐蔽您的恩赐啊。"景公说："好吧。"

晏子坐，酌者奉觞进之①，曰："君命浮子。"晏子曰："何故也？"田桓子曰："君赐之卿位以显其身，宠之百万以富其家，群臣之爵莫尊于子，禄莫重于子。今子衣缁布之衣、麋鹿之裘，栈轸之车，而驾驽马以朝，则是隐君之赐也。故浮子。"

【注释】

①觞(shāng)：古代一种盛酒器。

【译文】

晏子入座，斟酒的人捧上酒杯说："君王要罚您饮酒。"晏子问："为什么啊？"田桓子说："君王赐予您卿相之位让您显贵，给您百万俸禄的恩宠让您家富裕，群臣中没有谁的爵位能比您更尊贵的了，也没有谁的俸禄比您更优厚的了。如今您穿着黑布朝服、麋鹿皮衣，乘着栈车，驾着劣马来上朝，这是隐蔽君王的恩赐，所以要罚您饮酒。"

晏子避席曰^①："请饮而后辞乎^②？其辞而后饮乎？"公曰："辞然后饮。"晏子曰："君赐之卿位以显其身，婴非敢为显受也，为行君令也；宠以百万以富其家，婴非敢为富受也，为通君赐也^③。臣闻古之贤君，臣有受厚赐而不顾其困族，则过之；临事守职，不胜其任，则过之。君之内隶、臣之父兄^④，若有离散，在于野鄙，此臣之罪也；君之外隶、臣之所职，若有播亡^⑤，在于四方，此臣之罪也；兵革之不完^⑥，战车之不修，此臣之罪也。若夫弊车驽马以朝，意者非臣之罪乎？且以君之赐，父之党无不乘车者^⑦，母之党无不足于衣食者，妻之党无冻馁者，国之简士待臣而后举火者数百家^⑧。如此者，为彰君赐乎，为隐君赐乎？"

公曰："善！为我浮无宇也。"

【注释】

①避席：古人席地而坐，离座起立，表示敬意。

②辞：说话。这里指辩白、解释。

③通：指传达给别人。

④隶：隶属。指君王直属的臣子。

⑤播亡：迁徙流亡。

⑥兵革：兵器甲胄。这里泛指武器。

⑦党：亲族。

⑧简士：一本作"闲士"，当指无业贫困的寒士。举火：生火做饭，即度日活命之意。

【译文】

晏子离开坐席恭敬地问："是让我先饮酒然后再解释呢？还是先解释然后再饮酒呢？"景公说："先解释而后再饮酒吧。"晏子说："君王赐予我卿相之位让我显贵,我不敢为了显贵而接受,而是为了执行君王的命令;给我百万俸禄的恩宠让我家富裕,我不敢为了富裕而接受,而是为了传达君王的恩赐。下臣我听说古时候的贤君,对于那些接受了厚重恩赐的臣子,不能照顾自己贫困族人的,就要责备他;治理国事身居要职,不能胜任的,也要责备他。君王的内臣、我的父兄之辈,若有流离散失,处在穷乡僻壤,这是下臣我的罪过;君王的外臣、我所管辖的官吏,若有迁徙逃亡,散在四面八方,这也是下臣我的罪过;国家武器不完备,战车不修整,这也是下臣我的罪过。至于乘着简陋的车子驾着劣马来上朝,我想这不是下臣我的罪过吧?况且我因为有了君王的恩赐,父系的亲族都能乘上车子,母系的亲族都能衣食丰足,妻子的亲族都没有受冻挨饿的,国内的寒士靠着我的接济而能吃上饭的有数百家。像这样,是彰显了君王的恩赐呢?还是隐蔽了君王的恩赐呢?”

景公说:“说得好! 给我罚田桓子饮酒。”

田无宇请求四方之学士
晏子谓君子难得第十三

【题解】

田桓子讥笑晏子孤身独处而不找饱学之士为友,晏子感叹君子难得、学无止境,并批评了田桓子日夜纵酒的行为。

田桓子见晏子独立于墙阴①,曰:"子何为独立而不忧? 何不求四方之学士可者而与坐?"

晏子曰:"共立似君子②,出言而非也。婴恶得学士之可者而与之坐? 且君子之难得也,若华山然③。名山既多矣,松柏既茂矣,望之相相然④,尽日不知厌。而世有所美焉,固欲登彼相相之上,仡仡然不知厌⑤。小人者与此异,若部娄之未登⑥,善,登之无蹊⑦,维有楚棘而已⑧;远望无见也,俯就则伤要⑨。婴恶能无独立焉? 且人何忧,静处远虑,见岁若月,学问不厌,不知老之将至,安用从酒⑩!"

【注释】

①阴:背阳处。

②共(gǒng):通"拱",拱手。

③华山:山名,"五岳"中的西岳,在今陕西省东部。

④相相(hū)然:高大的样子。

⑤仡仡(yì)然:奋勇的样子。

⑥部娄(pǒulóu):小土丘。

⑦蹊(xī):山路。

⑧楚棘:荆棘。

⑨要(yāo):"腰"的本字。

⑩从(zòng):同"纵"。

【译文】

　　田桓子见晏子独自站在墙阴处,就说:"您为什么独自站立而不忧虑?为什么不在各地的饱学之士中找一个觉得不错的和他一起坐坐呢?"

　　晏子说:"看你拱着手站着还像个君子,可一说出话来就不是了。我怎么能找到觉得不错的饱学之士一起坐坐呢?况且君子难得啊,就像华山一样。天下的名山太多了,松柏也很茂盛,远远望去十分高大,看它一整天也不知足。因而世人对此有所赞美,一定要登上那高高的山上,奋力攀登也不知。小人就与此不同,就好比是没攀登时的小山丘,觉得很好,可要攀登时却没有道路,只有荆棘而已;它让人远望无所见,俯身就会被刺伤腰身。我怎能不独自站立呢?再说人有什么可忧虑的,静心安处思虑长远,看一年就像一个月一样匆匆过去,勤学好问不知足,不觉得老年即将来到,哪里用得着纵酒呢!"

　　田桓子曰:"何谓从酒?"

　　晏子曰:"无客而饮,谓之从酒。今若子者,昼夜守尊①,

谓之从酒也。"

【注释】

①尊：酒樽，一种盛酒器。

【译文】

田桓子问："什么叫做纵酒？"

晏子答道："没有客人而饮酒，就叫做纵酒。就像您现在这样，日夜守着酒瓶，就叫做纵酒。"

田无宇胜栾氏高氏欲分其家
晏子使致之公第十四

【题解】

　　齐国贵族之间发生争斗,双方都想拉拢晏子,晏子不支持任何一方。当获胜的田桓子想瓜分失败的栾、高两家财产时,晏子激烈反对,说服田桓子把获得的财产交给齐景公。栾氏:栾施,字子旗。高氏:高强,字子良。

　　栾氏、高氏欲逐田氏、鲍氏①,田氏、鲍氏先知而遂攻之。高强曰:"先得君,田、鲍安往?"遂攻虎门②。二家召晏子③,晏子无所从也。从者曰:"何为不助田、鲍?"晏子曰:"何善焉? 其助之也!?""何为不助栾、高?"曰:"庸愈于彼乎④?"门开,公召而入。

【注释】

　　①鲍氏:鲍国,谥"文子"。

　　②虎门:宫门名。

　　③二家:指双方,即栾、高为一方,田、鲍为另一方。

④庸：岂，难道。愈：胜，强。彼：指田、鲍一方。

【译文】

栾氏、高氏想驱逐田氏、鲍氏，田、鲍两家事先知道了，便攻击栾、高两家。高强说："我们先把国君弄到手，田、鲍两家还能跑到哪里去？"于是他们便去攻打虎门。他们双方都想争取晏子，晏子对哪家都不听从。晏子的随从问："为什么不帮助田、鲍两家呢？"晏子说："他们有什么好呢？还去帮助他们！"随从问："为什么不帮助栾、高两家呢？"晏子说："这两家难道会比那两家好吗？"门开了，景公把晏子召了进去。

栾、高不胜而出。田桓子欲分其家，以告晏子，晏子曰："不可！君不能饬法①，而群臣专制，乱之本也。今又欲分其家、利其货，是非制也。子必致之公②。且婴闻之，廉者，政之本也；让者，德之主也。栾、高不让，以至此祸，可毋慎乎！廉之谓公正，让之谓保德，凡有血气者，皆有争心，怨利生孽③，维义为可以长存。且分争者不胜其祸④，辞让者不失其福，子必勿取！"

【注释】

①饬：整治。

②公：公室，即君王。

③怨（yùn）：通"蕴"，积。孽：妖孽，祸殃。

④胜：禁得起，受得了。

【译文】

栾、高不能取胜，就逃出了齐国。田桓子想瓜分栾、高两家的财产，把这个想法告诉晏子，晏子说："这不可以！君王不能整治国法，导致群臣专权，这是祸乱的根本。如今你们又要瓜分他们的家产，占有他们的财货，这不符合制度。你一定要把他们的家产交给君王。而且我听说，廉洁，是为政的根本；谦让，是德行的主体。栾氏、高氏不谦让，因而招致这场祸害，还不该谨慎吗！廉洁的意思就是要公正，谦让的意思就是要保全德行，凡是有血气的人，都有争斗之心，但积聚财利会滋生祸殃，只有道义才可以使自己永久不败。而且喜欢瓜分争夺的人禁不起所带来的灾祸，善于辞让的人不会失去所带来的幸福，你千万不要获取那些东西！"

桓子曰："善！"尽致之公，而请老于剧①。

【注释】

①剧：邑名，在今山东寿光南。

【译文】

田桓子说："说得好！"把获取的财产全部交给了景公，并请求到剧邑去养老。

子尾疑晏子不受庆氏之邑晏子
谓足欲则亡第十五

【题解】

  齐国相国庆封由于专权，遭到众大夫的攻击而逃亡，人们瓜分了他的财产，也分给晏子一些食邑，晏子不肯接受。大夫子尾不解其故，晏子告诉他，人的欲求不能充分满足，富贵要有限度，过分、超过限度，就要走向反面，导致灭亡，庆封就是这样。庆氏：即庆封，齐国大夫。齐庄公死，景公立，以庆封和崔杼为左右相。后庆封乘崔氏家族内乱之机，灭崔氏，崔杼自杀，庆封专权，又为国内其他大夫所联合攻击，逃亡到鲁国，后又逃亡到吴国。

  庆氏亡，分其邑，与晏子邶殿①，其鄙六十②，晏子勿受。子尾曰③："富者，人之所欲也，何独弗欲？"

  晏子对曰："庆氏之邑足欲，故亡。吾邑不足欲也，益之以邶殿，乃足欲；足欲，亡无日矣。在外，不得宰吾一邑。不受邶殿，非恶富也，恐失富也。且夫富，如布帛之有幅焉④，为之制度，使无迁也。夫民生厚而用利，于是乎正德以幅之,使无黜慢⑤,谓之幅利。利过则为败,吾不敢贪多,所谓幅也。"

【注释】

①邶(bèi)殿:邑名,在今山东昌邑。

②鄙:小邑。

③子尾:人名,齐国大夫。

④幅:布帛的宽度。纺织布帛,其宽度是规定好的,故下文的"幅",
引申为规范、限度之意。

⑤黜(chù):废弃,减损。慢:轻慢,任意。

【译文】

庆封逃亡后,人们瓜分了他的食邑,把邶殿之地给了晏子,共有六十个小邑,晏子不接受。子尾说:"富,是人们所欲求的,为什么您偏偏没这个欲求?"

晏子回答说:"庆封的食邑之多,充分满足了他的欲求,所以导致了他如今的逃亡。我的食邑数量不能充分满足欲求,如果增加了邶殿,就充分满足了欲求;充分满足了欲求,离逃亡就没多少日子了。如果逃亡在外,就连我原有的一个食邑也主宰不了。所以我不接受邶殿,不是厌恶富,而是害怕失去富。况且富,就好像布帛有规定的幅度一样,为它制定宽度,是使它不能有所变更。人们都想生活优裕财用富利,于是就要端正道德作为幅度,使人们对财富既不废弃减损也不任意无度,这就叫做有幅度之利。利过了头就要造成祸害,我不敢贪求多利,这就是我所说的幅度。"

景公禄晏子平阴与槁邑
晏子愿行三言以辞第十六

【题解】

齐景公要把平阴和槁邑赐予晏子做食邑，晏子批评景公骄奢淫逸而导致百姓的痛苦不满，因此他谢绝奖赏，表示并非不想富贵，但要先国家后自身，最好的奖赏，就是实行开放渔盐市场、减低农业税收、放松刑罚这三条利国利民的措施。禄：俸禄。这里意为赐以食邑。平阴：邑名，在今山东平阴东北。槁邑：邑名。

景公禄晏子以平阴与槁邑，反市者十一社[①]。晏子辞曰："吾君好治宫室，民之力弊矣；又好盘游玩好以饬女子[②]，民之财竭矣；又好兴师，民之死近矣。弊其力，竭其财，近其死，下之疾其上甚矣！此婴之所为不敢受也。"

【注释】

①反（fàn）：通"贩"，做买卖。社：古代地区单位之一，方圆六里或二十五家为一社。

②盘游：流连，游乐。玩好（hào）：喜好的玩物。饬：通"饰"，矫情巧

饰。女子:指后宫的嫔妃美女之类。

【译文】

　　齐景公把平阴和槁邑赐予晏子做食邑,其中有十一个社是贸易集市。晏子谢绝道:"我的君王喜欢修建宫室,百姓的力量已经困乏了;又喜欢到处游乐玩赏器物以及刻意打扮宫中美女,百姓的财货已经竭尽了;又喜欢兴兵打仗,百姓已经濒临死亡了。困乏民力,竭尽民财,使百姓濒临死亡,在下的民众已经非常痛恨在上的统治者了。这就是我不敢接受赏赐的原因。"

　　公曰:"是则可矣。虽然,君子独不欲富与贵乎?"

　　晏子曰:"婴闻为人臣者,先君后身。安国而度家①,宗君而处身,曷为独不欲富与贵也!"

【注释】

　　①度:居,处。

【译文】

　　景公说:"这话倒是不错。虽说这样,作为君子难道就偏偏不想富与贵吗?"

　　晏子说:"我听说做臣子的,要先君王后自身。安定国家而后安居自家,尊奉国君而后安处自身,为什么偏偏不想富与贵呢?"

　　公曰:"然则曷以禄夫子?"

　　晏子对曰:"君商渔盐,关市讥而不征①;耕者十取一焉;弛刑罚,若死者刑,若刑者罚,若罚者免。若此三言者,婴之禄,君之利也。"

　　公曰:"此三言者,寡人无事焉,请以从夫子。"

【注释】

①讥：稽查，即检查监督，防止欺诈霸道之类的行为。

【译文】

景公说："那么我拿什么赏赐先生您呢？"

晏子回答说："您让渔业盐业进入商品市场，对关卡集市只稽查不征税；对耕田种地的只收取十分之一的赋税；放松刑罚，若是死罪的改为徒刑，若是徒刑的改为罚款，若是罚款的就免除。所说的这三条实行了，就是对我的赏赐，也是您的利益所在。"

景公说："所说的这三条，寡人不过问，就请听从先生您吧。"

公既行若三言，使人问大国，大国之君曰："齐安矣。"使人问小国，小国之君曰："齐不我加矣①。"

【注释】

①加：凌驾，欺凌。

【译文】

景公实行了晏子所说的这三条，派人到大国询问，大国君王说："齐国安定了。"派人到小国询问，小国君王说："齐国不会欺凌我们了。"

梁丘据言晏子食肉不足
景公割地将封晏子辞第十七

【题解】

齐景公听宠臣梁丘据说晏子饭中肉食不多，要给晏子增加封地。晏子表示，他不以贫困为憾，而以贫困为师，谢绝了景公的封赏。

晏子相齐三年，政平民说。梁丘据见晏子中食而肉不足，以告景公。旦日，封晏子以都昌①，晏子辞而不受，曰："富而不骄者，未尝闻之；贫而不恨者，婴是也。所以贫而不恨者，以若为师也②。今封，易婴之师。师已轻，封已重矣，请辞。"

【注释】

①都昌：地名，在今山东昌邑。

②若：这，指贫。

【译文】

晏子任齐国的相国三年，齐国政治清平民众欢欣。梁丘据见晏子吃中饭而肉食不多，就把这个情况告诉了景公。第二天，景公要把都昌之地封给晏子,晏子推辞不接受,说:"富裕而不骄纵的人,我不曾听说过;贫困而不感到遗憾的人,我就是。之所以能贫困而不感到遗憾,是因为我以贫困为老师。如今您给我封赏,是更换了我的老师。老师被轻贱了,封赏被看重了,所以我请求辞谢封赏。"

景公以晏子食不足致千金
而晏子固不受第十八

【题解】

　　齐景公见晏子贫困得连饭都吃不饱，便送给他很多钱财，晏子表示君王的恩赐已经很优厚，他很满足了，坚决不接受。当景公以当年管仲不推辞封赏相讥时，晏子说，这正是自己高于管仲的地方。

　　晏子方食，景公使使者至，分食食之，使者不饱，晏子亦不饱。使者反，言之公。公曰："嘻！晏子之家，若是其贫也。寡人不知，是寡人之过也。"使吏致千金与市租①，请以奉宾客。晏子辞，三致之，终再拜而辞曰："婴之家不贫。以君之赐，泽覆三族②，延及交游，以振百姓③，君之赐也厚矣！婴之家不贫也。婴闻之，夫厚取之君而施之民，是臣代君君民也，忠臣不为也；厚取之君而不施于民，是为筐箧之藏也④，仁人不为也；进取于君，退得罪于士，身死而财迁于它人，是为宰藏也⑤，智者不为也。夫十总之布⑥，一豆之食⑦，足于中，免矣。"

【注释】

①市租：在集市上征收的税款。

②覆：遮盖，处于其下。三族：指父系、母系、妻系的亲族。

③振："赈"的本字，救济。

④箧（qiè）：小箱子。

⑤宰：家臣，管家。

⑥十总（zōng）之布：古代布帛在二尺二寸的幅宽内，以八十缕经线为一缕（又称为"升"）。细布是十五缕，所以"十缕"是较为粗疏的布。总，通"缕"。

⑦豆：古代一种盛放食物的高脚小盆。

【译文】

　　晏子正在吃饭，景公派遣的使者来了，晏子把饭分给他吃，使者没吃饱，晏子也没吃饱。使者回去后，告诉景公。景公说："嘿！晏子的家，贫困到这个地步了啊。寡人不知道，这是寡人的过错。"就让官吏给晏子送去千金和集市上的税款，让他用以招待宾客。晏子推辞，送了三次，最后晏子作了两拜辞谢道："我家不贫困啊。凭着君王的恩赐，我家三族都蒙受了恩泽，还延及朋友，并接济了百姓，君王的恩赐已经很优厚！我的家不贫困了。我听说，从君王那里获取很多而施于百姓，这是臣子取代君王统治百姓，这种事情忠臣不做；从君王那里获取很多却不施于百姓，这是筐子箱子的收藏行为，这种事情仁人不做；进身为官时从君王那里获取钱财，退隐后得罪于士人，死了以后钱财转移到别人手里，这是替人做管家的收藏行为，这种事情聪明人不做。一匹粗布，一盆饭食，我已心中满足，这些赏赐就免了吧。"

　　景公谓晏子曰："昔吾先君桓公，以书社五百封管仲①，不辞而受，子辞之何也？"

　　晏子曰："婴闻之，圣人千虑，必有一失；愚人千虑，必有

一得。意者管仲之失、而婴之得者耶？故再拜而不敢
受命。"

【注释】

①书社：古以二十五家为一社，把社内的人口土地书写登记在簿册
　　上，叫做"书社"。

【译文】

景公对晏子说："从前我们的先君桓公，把在册的五百社之地封给
管仲，管仲不作推辞就接受了，您这样推辞是为什么呢？"

晏子说："我听说，圣人千种考虑，必有一种失误；愚人千种考虑，必
有一种得当。我想这就是管仲的失误、我的得当之处吧？所以我两拜
辞谢而不敢接受您的命令。"

景公以晏子衣食弊薄使田无宇致封邑
晏子辞第十九

【题解】

齐景公看到晏子生活贫困衣食简朴，要给他增加封地。晏子批评了景公这种随意封赏土地的行为，坚决不接受封地。

晏子相齐，衣十升之布①，食脱粟之食、五卵、苔菜而已②。左右以告公，公为之封邑，使田无宇致台与无盐③。晏子对曰："昔吾先君太公受之营丘④，为地五百里，为世国长⑤。自太公至于公之身，有数十公矣⑥。苟能说其君以取邑，不至公之身，趣齐搏以求升土⑦，不得容足而寓焉⑧。婴闻之，臣有德益禄，无德退禄，恶有不肖父为不肖子⑨，为封邑以败其君之政者乎？"遂不受。

【注释】

①十升之布：古代布帛在二尺二寸的幅宽内，以八十缕经线为一升（又称为"缕"）。细布是十五升，所以"十升"是较为粗疏的布。

②脱粟：谷子去壳，即小米。苔菜：海苔。

③台、无盐：均为齐国地名。

④营丘：地名，周武王封姜太公（吕尚）于齐，建都于此，后改名为临淄。

⑤世国：诸侯国。诸侯之国，代代世袭，故称"世国"。长：尊长，首领。据《史记·齐太公世家》载，姜太公受封齐国，周成王时，有贵族叛乱，成王授予太公以征讨诸侯的特权，故称"为世国长"。

⑥有数十公：据史载，齐国自太公至景公，共十九代君王，说"有数十公"，是大略或夸张的说法。

⑦趣（qū）：奔赴。搏：攫取。升土：土地。

⑧容足：立足之地，形容地方狭小。

⑨不肖父、不肖子：意为如果接受了封邑，自己就是不贤德之人，对于儿子来说，就是不肖（不贤）之父；儿子将来继承了这些封邑，也是不肖之子。

【译文】

晏子任齐国的相国，穿的是粗布衣，吃的也不过是小米饭、五个蛋和海苔而已。他身边的人把这个情况告诉了齐景公，景公要封给他城邑，让田无宇把台和无盐这两个地方交给他。晏子回答说："从前我们的先君太公受封在营丘，方圆五百里之地，作为天下诸侯的首领。从太公传到您身上，已有几十代君王了。如果都能以取悦君王来得到封邑，没等传到您的身上，大家都跑到齐国来攫取土地，您就没有立足之地寄身了。我听说，臣子有德就增加俸禄，无德就减退俸禄，哪有不贤之父为了不贤的儿子，因为封邑而败坏君王的政治呢？"最终还是不接受封邑。

田桓子疑晏子何以辞邑
晏子答以君子之事也第二十

【题解】

　　齐景公要赐予晏子城邑，晏子推辞了。田桓子表示不理解，晏子告诉他，受赏有节制，居处安于俭朴，就能长久受宠美名传扬，这是君子所要做的事情。

　　景公赐晏子邑，晏子辞。田桓子谓晏子曰："君欢然与子邑，必不受以恨君，何也？"

　　晏子对曰："婴闻之，节受于上者，宠长于君；俭居于处者，名广于外。夫长宠广名，君子之事也，婴独庸能已乎①？"

【注释】

　　①庸：岂。已：停止，不为。

【译文】

　　齐景公赐予晏子城邑，晏子推辞了。田桓子对晏子说："君王高高兴兴地给您城邑，您坚决不接受以违背君王心意，这是为什么呢？"

　　晏子答道:"我听说,对上面赏赐的接受有节制,得到君王的宠爱就会长久;俭朴地安居在自己的处所,名声就会在外面传扬。长久受宠美名传扬,这是君子所要做的事情,为什么唯独我就可以不做呢?"

景公欲更晏子宅
晏子辞以近市得所求讽公省刑
第二十一

【题解】

　　齐景公想更换晏子的住宅，晏子以住宅靠近市场便于生活为由谢绝了。当景公问及物品市价时，晏子以假腿贵鞋子便宜，婉言批评了景公滥用酷刑的行为，使景公放宽了刑罚。

　　景公欲更晏子之宅，曰："子之宅近市，湫隘嚣尘①，不可以居，请更诸爽垲者②。"

　　晏子辞曰："君之先臣容焉③，臣不足以嗣之，于臣侈矣。且小人近市，朝夕得所求，小人之利也。敢烦里旅④！"

【注释】

①湫（jiǎo）：低洼。

②诸：即"之于"。爽：明亮。垲（kǎi）：干燥。

③君之先臣：晏子在景公面前对自己先人的谦称。

④旅：众。

【译文】

齐景公想更换晏子的住宅，说："您的住宅靠近集市，低湿狭小喧闹尘杂，不宜居住，请您换个明亮干燥的住宅。"

晏子推辞道："下臣的先辈住在这里，我不配继承它，它对于下臣来说已经很奢侈了。而且我靠近集市，早晚都能得到我所需要的东西，这对我是很有利的。岂敢烦扰乡里众人给我另建了！"

公笑曰："子近市，识贵贱乎？"

对曰："既窃利之[①]，敢不识乎！"

公曰："何贵何贱？"

是时也，公繁于刑，有鬻踊者[②]，故对曰："踊贵而屦贱。"

公愀然改容[③]。公为是省于刑。

【注释】

①窃：私下，自己。

②鬻(yù)：卖。踊：古代受过刖刑（断足）的人用以连接脚的装置，类似现在的假腿。有人卖假腿，说明齐景公滥用刖刑，断足的人很多。

③愀(qiǎo)然：表情悲悯凄怆的样子。

【译文】

景公笑道："您靠近集市，知道贵贱行情吗？"

晏子答道："既然自己得利于它，怎能不知道呢？"

景公说："什么贵什么便宜呢？"

当时景公滥用刑罚，集市上有人卖假腿，所以晏子答道："假腿贵鞋子便宜。"

景公面色变得凄怆悲悯。为此,景公减省了刑罚。

君子曰:"仁人之言,其利博哉! 晏子一言,而齐侯省刑。《诗》曰:'君子如祉,乱庶遄已。'①其是之谓乎!"

【注释】

①"君子如祉(zhǐ)"两句:所引诗句见《诗经》的《小雅·巧言》。祉,福。庶,庶几,差不多。遄(chuán),快速。

【译文】

君子评论说:"仁人的话,好处真大啊! 晏子一句话,就让齐君减省了刑罚。《诗》中说:'君子如果来造福,祸乱很快就消除。'大概说的就是这个吧!"

景公毁晏子邻以益其宅
晏子因陈桓子以辞第二十二

【题解】

　　齐景公趁晏子出使时，把他邻居的房子拆了以扩大他的住宅。晏子认为这是侵犯了邻居的利益，坚决不居住，并要求恢复邻居的住宅。

　　晏子使鲁，景公为毁其邻，以益其宅。晏子反，闻之，待于郊，使人复于公曰："臣之贪顽而好大室也，乃通于君①，故君大其居，臣之罪大矣。"

　　公曰："夫子之乡恶而居小②，故为夫子为之，欲夫子居之，以慊寡人也③。"

　　晏子对曰："先人有言曰：'毋卜其居，而卜其邻舍。'今得意于君者慊其居，则毋卜已；没氏之先人卜与臣邻④，吉，臣可以废没氏之卜乎？夫大居而逆邻归之心，臣不愿也，请辞。"卒复其旧宅。

　　公弗许，因陈桓子以请，乃许之。

【注释】

①通：通达，得志。

②乡：乡里。指所居住的环境。

③慊（qiè）：满足，惬意。

④没氏：当指被毁的邻居家族。

【译文】

晏子出使鲁国，齐景公把他邻居的住宅拆了，以便扩大他的住宅。晏子回国时，听说了这事，就呆在城外，派人禀告景公说："下臣我太贪婪顽劣而且喜好大房子，让君王您知道了，所以君王替我扩大了我的住宅，下臣的罪过太大了。"

景公说："先生您那地方环境恶劣而且房子很小，所以为先生这么做，想让先生居住，使寡人满足心愿。"

晏子答道："先人说过：'不图卜个好宅基，只图补个好邻居。'如今得志于君王的人很满意自己的住宅，就无需占卜了；没氏的先人经占卜与下臣为邻，很吉利，下臣可以废弃没氏的占卜吗？为扩大住宅而违背邻居的归向之心，下臣不愿意这么做，请恢复他们原有的住宅。"

景公不同意，晏子通过陈桓子请求，景公这才同意了。

景公欲为晏子筑室于宫内晏子称是以远之而辞第二十三

【题解】

齐景公要在宫内为晏子建个住处,以便朝夕相见。晏子认为,过于接近,反倒疏远,因此谢绝了景公的好意。

景公谓晏子曰:"寡人欲朝昔相见①,为夫子筑室于闺内②,可乎?"

晏子对曰:"臣闻之,隐而显,近而结③,维至贤耳。如臣者,饰其容止以待命,犹恐罪戾也。今君近之,是远之也④,请辞。"

【注释】

①昔:通"夕"。

②闺:宫中小门。

③结:约束,收敛。

④"今君"二句:意为自己德行不够,太接近君王,就不能自我约束,难免得罪君王,所以反倒是疏远了。

【译文】

齐景公对晏子说："寡人想与先生您朝夕相见,给您在宫中建个住处,可以吗?"

晏子答道："下臣听说,隐退时能使名声显扬,接近君王时能自我约束,这只有最贤德的人才能做到。像下臣这样的人,修饰自己的仪容举止以听候君王命令,还担心会有罪过呢。如果君王太接近我,这实际上是疏远我,请让我谢绝您的好意。"

景公以晏子妻老且恶欲内爱女
晏子再拜以辞第二十四

【题解】

　　齐景公见晏子的妻子又老又丑，想把自己的爱女嫁给晏子。晏子表示，老妻当年以漂亮之身托付于自己，共同生活了几十年，不能背弃，因而谢绝了景公的好意。

　　景公有爱女，请嫁于晏子。公乃往燕晏子之家①，饮酒酣，公见其妻曰："此子之内子邪？"

　　晏子对曰："然，是也。"

【注释】

　　①燕：通"宴"，宴饮。

【译文】

　　齐景公有个宠爱的女儿，他想把她嫁给晏子。景公于是到晏子家宴饮，饮酒酣畅时，景公看见了晏子的妻子，说："这是您的夫人吗？"

　　晏子答道："对，她是。"

公曰："嘻！亦老且恶矣。寡人有女少且姣，请以满夫子之宫①。"

晏子违席而对曰②："乃此则老且恶，婴与之居故矣，故及其少且姣也。且人固以壮托乎老，姣托乎恶。彼尝托，而婴受之矣。君虽有赐，可以使婴倍其托乎③？"再拜而辞。

【注释】

①满夫子之宫：这是景公请求嫁女给晏子为妻的自谦说法。

②违席：即"避席"，古人席地而坐，离座起立，表示敬意。

③倍：通"背"。

【译文】

景公说："嘿！又老又丑。寡人有个女儿又年轻又漂亮，请让她充实先生您的内室。"

晏子离开坐席回答道："如今她确实是又老又丑，可是我与她共同生活的时间很长了，过去也赶上她又年轻又漂亮的时候。况且人本来就是以少壮托付于年老的，以漂亮托付于丑陋的。她曾经托付于我，而我也接受了她的托付。虽然君王有所恩赐，但可以因此让我背弃她的托付吗？"晏子拜了两拜谢绝了。

景公以晏子乘弊车驽马使梁丘据遗之三返不受第二十五

【题解】

　　齐景公见晏子上朝时乘坐的是破车劣马，便派宠臣梁丘据给他送去豪华的车马。晏子几番推辞，告诉景公，自己是百官之长，如果带头奢侈，就无法禁止下属和百姓中的奢靡现象了。

　　晏子朝，乘弊车，驾驽马。景公见之曰："嘻！夫子之禄寡邪？何乘不佼之甚也①？"

　　晏子对曰："赖君之赐，得以寿三族②，及国游士③，皆得生焉。臣得暖衣饱食、弊车驽马以奉其身，于臣足矣。"

【注释】

　　①佼(jiǎo)：好。

　　②寿：保。三族：指父、母、妻三系的亲族。

　　③游士：一本作"交游"，指有交往的士人。

【译文】

　　晏子上朝，乘着破旧的车子，驾车的是劣马。景公看见了，说："嘿！

先生您的俸禄太少了吗？为什么乘着这么差的车马呢？”

晏子答道：“仗着您的恩赐，得以保全内外亲戚，连国内那些和我有交往的士人，都得以生存。下臣我能有暖衣饱食、破车劣马以奉养自身，对于下臣来说已经足够了。”

晏子出，公使梁丘据遗之辂车乘马①，三返不受。公不说，趣召晏子②。晏子至，公曰：“夫子不受，寡人亦不乘。”

晏子对曰：“君使臣临百官之吏③，臣节其衣服饮食之养，以先齐国之民，然犹恐其侈靡而不顾其行也。今辂车乘马，君乘之上，而臣亦乘之下，民之无义，侈其衣服饮食而不顾其行者，臣无以禁之。”遂让不受。

【注释】

①辂（lù）车乘（shèng）马：四马所驾的豪华大车。

②趣（cù）：赶紧，立即。

③临：监管。

【译文】

晏子出去后，景公派梁丘据给他送去四马所驾的豪华大车，晏子三次退回不肯接受。景公不高兴，立即召来晏子。晏子来了，景公说：“先生您不接受，寡人也不乘好车马了。”

晏子答道：“您让下臣监管百官群臣，下臣我节制他们的衣服饮食等方面的供养，以此作为齐国百姓的表率，就这样我还是担心他们生活奢靡而不顾及品行。如果这四马所驾的豪华大车，君王在上乘坐它，臣子在下也乘坐它，那么百姓中出现不讲仁义，在衣服饮食上追求奢靡而不顾及自己品行的，下臣我就没办法禁止了。”最终还是辞让车马而不肯接受。

景公睹晏子之食菲薄而嗟其贫
晏子称有参士之食第二十六

【题解】

　　齐景公亲眼看到晏子的饮食粗劣，为其贫困而感叹。晏子说，自己和一般士人相比，品行强不到一倍，饮食上却有三倍，已经很知足了。参（sān）：同"叁（三）"。

　　晏子相景公，食脱粟之食、炙三弋、五卵、苔菜耳矣①。公闻之，往燕焉②，睹晏子之食也。公曰："嘻！夫子之家如此其贫乎！而寡人不知，寡人之罪也。"

　　晏子对曰："以世之不足也，免粟之食饱③，士之一乞也④；炙三弋，士之二乞也；苔菜五卵，士之三乞也。婴无倍人之行，而有参士之食，君之赐厚矣，婴之家不贫。"再拜而谢。

【注释】

　　①脱粟：谷子去壳，即小米。炙（zhì）：烤。弋（yì）：射。这里指射杀的飞禽。

②燕：通"宴"，宴饮。

③免粟：即"脱粟"。

④乞：求，要求。

【译文】

晏子任齐景公的相国，吃的只是小米饭、三只烤鸟、五个蛋和海苔而已。景公听说了，就到晏子家里宴饮，亲眼看到了晏子的饭食。景公说："嘿！先生的家境这么贫困啊！可是寡人却不知道，这是寡人的罪过。"

晏子答道："因为世上食物还不充足，能吃饱小米饭，这是士人的第一个要求；有三只烤鸟，这是士人的第二个要求；有海苔和五个蛋，这是士人的第三个要求。我没有比别人强一倍的品行，却有士人的三种食物，您的恩赐已经很优厚了，我的家境不贫困。"作了两揖以表谢意。

梁丘据自患不及晏子
晏子勉据以常为常行第二十七

【题解】

　　梁丘据自叹到死也赶不上晏子，晏子勉励他，只要坚持努力，总能成功。梁丘据：人名，齐景公的宠臣。

　　梁丘据谓晏子曰："吾至死不及夫子矣！"

　　晏子曰："婴闻之，为者常成，行者常至。婴非有异于人也，常为而不置、常行而不休者，故难及也[①]？"

【注释】

　　①故：通"胡"，何。

【译文】

　　梁丘据对晏子说："我到死都赶不上先生您了！"

　　晏子说："我听说，做下去就总能成功，走下去就总能到达。我没什么与人不同之处，坚持去做而不放弃、坚持行走而不停止而已，有什么难以赶上的呢？"

晏子老辞邑景公不许
致车一乘而后止第二十八

【题解】

晏子告老时，要把封邑退还给景公，景公认为无此先例，不同意。晏子表示，自己年老德薄，而享受优厚的俸禄，是掩盖了君王的圣明、玷污了臣子的品行，因此坚决要求退回。

晏子相景公，老，辞邑。公曰："自吾先君定公至今①，用世多矣②，齐大夫未有老辞邑者。今夫子独辞之，是毁国之故、弃寡人也③，不可。"

晏子对曰："婴闻古之事君者，称身而食④，德厚而受禄，德薄则辞禄。德厚受禄，所以明上也；德薄辞禄，可以洁下也。婴老，德薄无能而厚受禄，是掩上之明、污下之行，不可。"

【注释】

①定公：齐景公的先君中，没有定公，当为"丁公"之音误。丁公，太
　公之子。

②用世：统治国家。

③故：旧法度，老规矩。

④称：称量，衡量。

【译文】

晏子任齐景公的相，告老时，要把封邑退还给景公。景公说："自从我的先君丁公到现在，历经许多朝代，齐国大夫中没有告老时退还封邑的。如今唯独先生您要退还，这是坏了国家的老规矩、抛弃了寡人，不可以的。"

晏子答道："我听说，古代侍奉君王的人，衡量自身来决定食禄，品德厚重就接受俸禄，品德微薄就退还俸禄。品德厚重而接受俸禄，是为了体现主上的圣明；品德微薄而退还俸禄，是为了使臣下廉洁。我老了，品德微薄却接受优厚的俸禄，是掩盖了主上的圣明、玷污了臣下的品行，这是不可以的。"

公不许，曰："昔吾先君桓公，有管仲恤劳齐国①，身老，赏之以三归②，泽及子孙。今夫子亦相寡人，欲为夫子三归，泽至子孙，岂不可哉？"

对曰："昔者管子事桓公，桓公义高诸侯，德备百姓。今婴事君也，国仅齐于诸侯，怨积乎百姓，婴之罪多矣，而君欲赏之，岂以其不肖父为不肖子厚受赏③，以伤国民义哉？且夫德薄而禄厚，智惛而家富④，是彰污而逆教也，不可。"

【注释】

①恤：忧虑。

②三归：历来有多种解释，今姑取一说，指三处住所。

③"岂以"句：意为如果接受了封赏，自己就是不贤德之人，对于儿

子来说,就是不肖(不贤)之父;儿子将来继承了这些封邑,也是不肖之子。

④惽(hūn):昏庸,糊涂。

【译文】

景公不答应,说:"从前我的先君桓公,有管仲为齐国忧虑操劳,当管仲老了时,赏赐他三处住所,福泽延及他的子孙。如今先生您也担任我的相,我想赐给先生三处住所,福泽延及您的子孙,难道不可以吗?"

晏子答道:"从前管子侍奉桓公,使桓公的仁义高出于天下诸侯,恩德遍施于全国百姓。如今我侍奉您,国家仅能同等于其他诸侯,百姓中积聚了怨恨,我的罪过太多了,可是您却要赏赐我,难道要让一个不贤德的父亲为他的不贤德的儿子接受优厚的奖赏,以损害国家百姓的道义吗?况且品德微薄而俸禄优厚,才智昏庸而家境富有,这是彰显污浊而违背教化的,不可以这样。"

公不许,晏子出。异日朝,得间而入邑①,致车一乘而后止②。

【注释】

①间(jiàn):间隙,机会。

②乘(shèng):一车四马。

【译文】

景公不答应,晏子退出了。过些天上朝时,他找了个机会把封邑交给景公,还归还了一套车马,这才了事。

晏子病将死妻问所欲
言云毋变尔俗第二十九

【题解】

晏子得病将死，嘱咐妻子不要改变了家风习俗。

晏子病，将死，其妻曰："夫子无欲言乎？"

晏子曰："吾恐死而俗变。谨视尔家，毋变尔俗也。"

【译文】

晏子得病，快要死了，他的妻子问他："先生您没什么话要说吗？"

晏子说："我担心我死后习俗会改变。你要小心看好你的家，不要改变家里的习俗。"

晏子病将死凿楹纳书
命子壮而示之第三十

【题解】

晏子临死前,在柱子里藏下一封遗书,让妻子等儿子长大后给他看。楹:柱子。

晏子病,将死,凿楹纳书焉,谓其妻曰:"楹语也,子壮而示之。"

及壮,发书,书之言曰:"布帛不可穷[1],穷不可饰;牛马不可穷,穷不可服[2];士不可穷,穷不可任;国不可穷,穷不可窃也[3]。"

【注释】

[1] 穷:竭尽,困窘。

[2] 服:役使。

[3] 穷不可窃:此句中"窃"字费解,诸家之说,均难圆通。今姑以原意试解:国家如果太困窘了,就没什么可窃的。意思是连窃国大盗都不想要了,更何况正常治理。

【译文】

晏子得病，快要死了，他把柱子凿开放进一封信，告诉妻子说："柱子里面的留言，等儿子长大了给他看。"

到了儿子长大后，打开信，信中所说的是："布帛不能竭尽，竭尽了就没什么可遮身蔽体了；牛马不能竭尽，竭尽了就没什么可役使的了；士人不能太困窘，太困窘了就没人可任用了；国家不能太困窘，太困窘了就连窃国大盗都不想要了。"

景公饮酒命晏子去礼晏子谏第一

【题解】

齐景公饮酒酣畅，想与臣子免除礼的约束，纵情一番。晏子劝谏道，人之所以不同于禽兽，就是因为有礼，强调了礼对国家社会家庭的重要性，并告诫景公，好礼必须从国君自身做起。

景公饮酒数日而乐，去冠披裳①，自鼓盆瓮，谓左右曰："仁人亦乐是夫？"梁丘据对曰②："仁人之耳目，亦犹人也，夫奚为独不乐此也？"公曰："趣驾迎晏子③。"

【注释】

①披：解开。裳(cháng)：下身的衣服，类似于裙子。

②梁丘据：人名，齐景公的宠臣。

③趣(cù)：赶快。

【译文】

齐景公饮了几天酒，很高兴，脱去帽子，解开下裙，亲自敲击着盆子瓦罐，对左右随从说："仁人也喜欢这样吗？"梁丘据答道："仁人的耳朵眼睛，也和常人一样，为什么偏就不喜欢这样呢？"景公说："赶快驾车把晏子接来。"

晏子朝服而至,受觞,再拜。公曰:"寡人甚乐此乐,欲与夫子共之,请去礼。"晏子对曰:"君之言过矣! 群臣皆欲去礼以事君,婴恐君子之不欲也。今齐国五尺之童子①,力皆过婴,又能胜君,然而不敢乱者,畏礼义也。上若无礼,无以使其下;下若无礼,无以事其上。夫麋鹿维无礼②,故父子同麀③。人之所以贵于禽兽者,以有礼也。婴闻之,人君无礼,无以临其邦④;大夫无礼,官吏不恭;父子无礼,其家必凶;兄弟无礼,不能久同。《诗》曰:'人而无礼,胡不遄死!'⑤故礼不可去也。"

【注释】

①五尺:古代一尺,约合今之七寸左右,五尺即相当于今之三尺五寸。

②麋鹿:动物名,鹿类,俗称"四不像"。

③麀(yōu):牝鹿。

④临:君临,统治。

⑤"人而无礼"两句:所引诗句见《诗经》的《鄘风·相鼠》。遄(chuán),快速。

【译文】

晏子穿着朝服来了,接过酒杯,作了两揖。景公说:"寡人很喜欢这样取乐,想和先生您共享,请免掉礼节。"晏子回答说:"您的话错了! 臣子们都想免掉礼节来侍奉您,我还担心您不愿意呢。如今齐国的五尺孩童,力气都能超过我,也能胜过您,可是没人敢于作乱,就是因为畏惧礼义。在上的人如果不讲礼,就无法支使在下的人;在下的人如果不讲礼,就无法侍奉在上的人。麋鹿就是因为没有礼,所以父子同配一只母鹿。人之所以比禽兽高贵,就是因为有礼。我听说,君王没有礼,就无法统治国家;大夫没有礼,下面的官吏就不恭敬;父子之间没有礼,其家庭必然遭殃；兄弟之间没有礼，就不能长久和睦共处。《诗》中说：'做人没有礼，何不快快死！'所以礼不能免除。"

公曰："寡人不敏，无良左右淫蛊寡人①，以至于此，请杀之。"晏子曰："左右何罪！君若无礼，则好礼者去，无礼者至；君若好礼，则有礼者至，无礼者去。"公曰："善。请易衣革冠②，更受命。"晏子避走，立乎门外。公令人粪洒改席③，召晏子，衣冠以迎。晏子入门，三让，升阶，用三献礼焉，嗛酒尝膳④，再拜，告餍而出⑤。公下拜，送之门，反，命撤酒去乐，曰："吾以彰晏子之教也。"

【注释】

①淫蛊：迷乱，蛊惑。

②革：改换。

③粪洒：打扫。

④嗛（xián）：同"衔"，衔在口中。这里当指品酒。

⑤餍（yàn）：饱。

【译文】

景公说："寡人不聪敏，那些不好的左右随从又蛊惑寡人，以至于这样，请让我杀了他们。"晏子说："左右随从有什么罪！君王如果不讲礼，那么爱好礼的人就会离去，不讲礼的人就会到来；君王如果爱好礼，那么讲礼的人就会到来，不讲礼的人就会离去。"景公说："说得好。请让我换了衣服帽子，再接受您的教诲。"晏子回避出去，站在门外。景公令人洒水扫地，更换坐席，召唤晏子，自己衣冠整齐地迎接。晏子进门，三次谦让，登上台阶，行三次敬酒之礼，品酒尝食，作了两揖，告以吃饱，便出了门。景公走下台阶，送到门口，再返回，命人撤去酒席和音乐，说："我要以此来显明晏子的教诲。"

景公置酒泰山四望而泣晏子谏第二

【题解】

齐景公一行在泰山上饮酒,眺望国土,为死亡而悲泣,晏子告诉他,生死盛衰,是客观规律,无须悲哀。景公又改口说是因为彗星出现,预示齐国有灾难,所以悲泣,晏子指出,景公骄奢淫逸,横征暴敛,滥杀百姓,这样下去,还会有更大的灾难。

景公置酒于泰山之上,酒酣,公四望其地,喟然叹,泣数行而下,曰:"寡人将去此堂堂国而死乎!"左右佐哀而泣者三人,曰:"臣细人也,犹将难死①,而况公乎!弃是国也而死,其孰可为乎②!"晏子独搏其髀③,仰天而大笑曰:"乐哉!今日之饮也。"公怫然怒曰④:"寡人有哀,子独大笑,何也?"晏子对曰:"今日见怯君一,谀臣三,是以大笑。"公曰:"何谓谀怯也?"晏子曰:"夫古之有死也,令后世贤者得之以息,不肖者得之以伏。若使古之王者如毋有死⑤,自昔先君太公至今尚在⑥,而君亦安得此国而哀之?夫盛之有衰,生之有死,天之分也;物有必至,事有常然,古之道也,曷为可悲?至老尚哀死者,怯也;左右助哀者,谀也。怯谀聚居,是故笑之。"

【注释】

①难死：以死为难事，即害怕死亡。

②为：指治理国家。

③搏：拍打。髀(bì)：大腿。

④怫(fèi)然：愤怒貌，因发怒而脸上变色的样子。

⑤如：而。

⑥太公：指姜太公，即吕尚，齐国的开国君主。

【译文】

齐景公在泰山上设酒宴饮，酒兴酣畅时，景公四面眺望他的国土，喟然长叹，流下几行眼泪，说："寡人将要离开这堂堂大国而死啊！"三名左右随从也陪着他哀伤地流泪，说："下臣都是卑微之人，也还害怕死去，更何况君王您呢！您抛弃了这个国家而死，还有谁能治理它啊！"唯独晏子拍着大腿，仰天大笑说："今天的宴饮，真快乐啊！"景公勃然大怒说："寡人有所哀伤，您却偏偏大笑，这是为什么？"晏子答道："今天见到了一位怯懦的君王，三位谄媚的臣子，所以大笑。"景公问："什么叫谄媚怯懦？"晏子说："自古以来就有死，才能让后世的贤良之人得以安息，不贤的人得以藏匿。如果让古代的人做了大王却不会死，远自从前的先君太公，到如今还健在，那么您怎么能拥有这个国家并且为之哀伤呢？有盛就有衰，有生就有死，这是上天的本分；万物都有必然的归宿，万事都有正常的规律，这是自古而有的道理，有什么可悲伤的呢？到老了还为死亡哀伤，这就是怯懦；左右随从陪着哀伤，这就是谄媚。怯懦谄媚凑在一起，所以我为此而笑。"

公惭而更辞曰："我非为去国而死哀也。寡人闻之，彗星出①，其所向之国君当之。今彗星出而向吾国，我是以悲也。"晏子曰："君之行义回邪②，无德于国。穿池沼，则欲其深以广也；为台榭，则欲其高且大也；赋敛如挐夺③，诛僇如仇雠。自是观之，莩又将出④。彗星之出，庸可惧乎！"

【注释】

①彗星：俗称"扫帚星"，古人认为它的出现会带来灾祸，是妖星。

②义："仪"的古字。仪，仪容，举止。回：曲，邪僻，不正直。

③扬（huī）夺：掠夺。

④莩（bèi）：即孛星，类似彗星。

【译文】

景公感到惭愧而改口说："我不是为离开国家死去而哀伤。寡人听说，彗星出现，它所指向的国家的君王就要承担它所带来的灾祸。如今彗星出现并指向我们国家，我是因此而悲伤。"晏子说："您的行为举止太邪曲，对国家没有仁德。开凿池塘，总想着又深又广；修建亭台楼阁，总想着又高又大；征收赋税就像是掠夺，诛杀百姓就像是对待仇人。以此看来，孛星也要出现了。出现彗星，有什么可怕的呢？"

　　于是公惧，乃归，寘池沼①，废台榭，薄赋敛，缓刑罚，三十七日而彗星亡。

【注释】

①寘（tián）：同"填"。

【译文】

于是景公很害怕，这才回去，填了池塘，拆了高台楼阁，减轻赋税，放宽了刑罚，三十七天后，彗星消失了。

景公曹见彗星使人占之晏子谏第三

【题解】

齐景公梦见彗星，认为是亡国之兆。晏子指出，景公荒淫无度，不听劝谏，已经是民怨沸腾，后果将更加严重。曹：通"梦"。

景公曹见彗星。明日，召晏子而问焉曰："寡人闻之，有彗星者必有亡国。夜者，寡人曹见彗星，吾欲召占曹者使占之①。"

晏子对曰："君居处无节，衣服无度，不听正谏，兴事无已②，赋敛无厌，使民如将不胜③，万民怼怨④，茀星又将见曹⑤，奚独彗星乎！"

【注释】

①占曹：解释梦境附会吉凶征兆。

②事：指兴建高台楼阁之类的大型土木工程。

③胜：任，经受。

④怼（duì）：怨恨。

⑤见（xiàn）：同"现"。

【译文】

齐景公梦见了彗星。第二天，他召来晏子询问道："寡人听说，有彗星出现，就一定会亡国。夜里，寡人梦见彗星，我想叫解梦的人来占卜一下。"

晏子答道："您日常生活没有节制，衣着服饰没有限度，不听从直言劝谏，大兴土木没完没了，征收赋税总不满足，役使百姓简直让他们无法承受，千千万万的百姓都在怨恨，孛星又要出现在您的梦中了，何止是彗星啊！"

景公问古而无死其乐若何晏子谏第四

【题解】

　　齐景公感叹要是自古人不死，那是多么快乐。晏子回答：如果这样，那也是古人的快乐，根本轮不到他。古而无死：景公的意思是，人会死亡是自古传下的规矩，所以自己也会死；假如没这个规矩，自己也就不会死。

　　景公饮酒，乐，公曰："古而无死，其乐若何！"

　　晏子对曰："古而无死，则古之乐也，君何得焉？昔爽鸠氏始居此地①，季蒴因之②，有逢伯陵因之③，蒲姑氏因之④，而后太公因之。古若无死，爽鸠氏之乐，非君所愿也。"

【注释】

　　①爽鸠氏：远古帝王少昊的司寇（掌管司法的官员）。

　　②季蒴（cè）：虞、夏时的诸侯。

　　③有：词头，加在专有名词前面，无义。逢伯陵：商代诸侯。

　　④蒲姑氏：商周之际时诸侯。

【译文】

　　齐景公饮酒，很快乐，说道："假如自古就没有死亡的事情，那该多快乐啊!"

　　晏子答道:"自古没有死亡,那就是古人的快乐了,您怎能有呢? 从前爽鸠氏最早居住在这里,季萴继承了他,逢伯陵继承了季萴,蒲姑氏继承了逢伯陵,然后姜太公继承了蒲姑氏。假如自古没有死亡,那是爽鸠氏的快乐,这不是您所想要的。"

景公谓梁丘据与己和晏子谏第五

【题解】

齐景公认为宠臣梁丘据与自己"和",晏子指出:那不是"和",而是"同"。所谓"和",就好比是烹调和音乐,不同的味道、不同的声音,相互和谐,才能制出美味的食物、美妙的音乐。君臣之间也是这样,求同存异,取长补短,和谐共处。而像梁丘据那样,对景公阿谀奉承,附和苟同,那就是毫无原则的"同",是不可取的。

景公至自畋^①,晏子侍于遄台^②,梁丘据造焉^③。公曰:"维据与我和夫!"

晏子对曰:"据亦同也,焉得为和!"

【注释】

①畋(tián):打猎。

②遄(chuán)台:台名。

③造:到来。

【译文】

齐景公从打猎的地方回来,晏子在遄台陪侍他。梁丘据来了,景公说:"只有梁丘据和我和啊!"

晏子答道:"梁丘据不过是同而已,哪儿算得上是和啊?"

公曰:"和与同异乎?"

对曰:"异。和如羹焉,水火醯醢盐梅①,以烹鱼肉,燀之以薪②,宰夫和之③,齐之以味④,济其不及⑤,以泄其过,君子食之,以平其心。君臣亦然。君所谓可,而有否焉,臣献其否⑥,以成其可;君所谓否,而有可焉,臣献其可,以去其否。是以政平而不干⑦,民无争心。故《诗》曰:'亦有和羹,既戒且平;鬷嘏无言,时靡有争。'⑧先王之济五味、和五声也⑨,以平其心、成其政也。声亦如味,一气、二体、三类、四物、五声、六律、七音、八风、九歌⑩,以相成也;清浊、大小、短长、疾徐、哀乐、刚柔、迟速、高下、出入、周疏⑪,以相济也。君子听之,以平其心,心平德和。故《诗》曰:'德音不瑕。'⑫今据不然,君所谓可,据亦曰可;君所谓否,据亦曰否。若以水济水,谁能食之? 若琴瑟之专一,谁能听之? 同之不可也如是。"

公曰:"善!"

【注释】

①醯(xī):醋。醢(hǎi):肉酱。梅:指用梅子制作的酸味调味品。

②燀(chǎn):炊。

③宰夫:厨子。

④齐(jì):同"剂",调配,调和。

⑤济:增益。

⑥献:进言,指出。

⑦干：犯，冲犯。

⑧"亦有和羹"四句：所引诗句见《诗经》的《商颂·烈祖》。"且"原作"既"，"嘏"原作"假"。戒，恭敬谨慎。騣（zōng），总。嘏（gǔ），通"假"，大。靡，无。

⑨济：成。五声：指中国音乐的五声音阶，即宫、商、角、徵、羽。

⑩一气：指人气。二体：指文舞和武舞。古代乐、舞不分，有舞即有乐。三类：指风、雅、颂三种乐调。四物：指四方之物。古代乐器依所用材料分为金、石、丝、竹、匏、土、革、木等八类（称为"八音"），这些材料非一处能备，故须杂用四方之物以成器。六律：指六阳律和六阴律。古人把一个八度的乐音分为黄钟、大吕、太簇、夹钟、姑洗、中吕、蕤宾、林钟、夷则、南吕、无射、应钟十二个不同音高的标准音，称为"十二律"，其中奇数六律为阳律，称为"六律"，偶数六律为阴律，称为"六吕"。通常所谓"六律"，是包括阴阳各六的十二律而言。七音：指五声再加变宫、变徵二声。八风：指八方之风。九歌：指传说中的一种远古乐歌名。一说，指歌颂"九功之德"的歌。

⑪周：密。

⑫德音不瑕：所引诗句见《诗经》的《豳风·狼跋》。

【译文】

景公说："和与同有区别吗？"

晏子答道："有区别。和就好比是做羹汤，有水、火、醋、酱、盐、梅子来烹调鱼肉，用薪柴烧煮，宰夫调配它，放入各种味道，增益不足的，减少太多的，君子吃了这种羹汤，于是心气平和。君臣之间也是这样。君王认为合适的，但其中也有不合适的，臣子指出其中不合适的，以成就其合适的；君王认为不合适的，但其中也有合适的，臣子指出其中合适的，以去除其不合适的。因此政治平和而无所冲犯，人们没有争斗之心。所以《诗》中说：'诸侯和顺像和美的羹汤，恭敬谨慎心平气和；先王总揽大政上下无怨言,此时天下没有纷争。'先王用调成五味、谐和五声的道理治国,于是心气平和、大政有成。声音也和味道一样,有一气、二体、三类、四物、五声、六律、七音、八风、九歌,这些相辅相成;还有清和浊、大和小、短和长、急和缓、哀和乐、刚和柔、慢和快、高和低、出和入、密和疏,这些相互补充。君子听了这样的音乐,于是心气平和,心气平和则道德和美。所以《诗》中说:'仁德之音完美无瑕。'如今梁丘据不是这样,您认为合适的,他也说合适;您认为不合适的,他也说不合适。这好比是以水加水,谁要喝呢? 又好比是琴瑟只弹一个音,谁要听呢? 同的不可取,道理就是如此。"

　　景公说:"说得好!"

景公使祝史禳彗星晏子谏第六

【题解】

齐景公想用祈祷祛除彗星，晏子告诉他，既然是天道，就不会因人而改变。彗星是扫除污秽的，如果德行不污，就不必祛除彗星；如果德行污秽，让彗星扫除它也没什么坏处；所以关键在于自身德行，祈祷是没有用的。祝史：祝官和史官，掌管祭祀祝祷之类事务。禳（ráng）：通过祭祀祷告以祛除灾祸。

　　齐有彗星，景公使祝禳之。晏子谏曰：“无益也，只取诬焉。天道不谄①，不贰其命②，若之何禳之也！且天之有彗，以除秽也③。君无秽德，又何禳焉？若德之秽，禳之何损？《诗》云：‘维此文王，小心翼翼，昭事上帝，聿怀多福，厥德不回，以受方国。’④君无违德⑤，方国将至，何患于彗？《诗》曰：‘我无所监，夏后及商，用乱之故，民卒流亡。’⑥若德回乱，民将流亡，祝史之为，无能补也。”公说，乃止。

【注释】

　　①谄(tāo)：疑。不谄，就是十分坚定明确，不会犹疑不定。

②贰:改变,背叛。

③除秽:彗星形如扫帚,俗称"扫帚星",所以说"除秽"。

④"维此文王"六句:所引诗句见《诗经》的《大雅·大明》。文王,指
　　周文王。昭,明,光明正大。聿,语助词,无义。怀,来。厥,他
　　的。回,通"违",邪恶,错失。方国,四方之国。

⑤违:邪恶,错失。

⑥"我无所监"四句:所引诗句不见于今本《诗经》,或为逸诗。监,
　　通"鉴",借鉴。夏后及商,指夏桀和商纣王,都是著名的暴君。
　　后,王。用,因。

【译文】

　　齐国上空出现了彗星,景公让祝官祭祀祈祷以祛除这个灾星。晏
子劝谏道:"这没什么好处,只是自取欺骗罢了。天道不犹疑,不会改变
它的成命,怎么能祛除彗星呢? 况且天有彗星,是扫除污秽的。您如果
没有污秽的德行,又何必祛除它呢? 如果德行污秽,祛除了它又能减损
什么呢?《诗》中说:'只有这个周文王,小心翼翼,光明正大地侍奉上
帝,得到许多福气,他的德行不邪恶,因此受到四方诸侯的拥戴。'您如
果没有邪恶的德行,四方诸侯必将前来归附,何必担忧彗星?《诗》中
说:'我没有什么借鉴,只有夏桀和商纣王,因为昏乱的缘故,百姓终于
流离逃亡。'如果您的德行邪恶昏乱,百姓也将流离逃亡,祝官史官的所
作所为,是无法补救的。"景公听了很高兴,就停止了祈祷消灾的事。

景公有疾梁丘据裔款请诛祝史
晏子谏第七

【题解】

　　齐景公得了重病，宠臣梁丘据和裔款认为是祝官和史官祈祷不力，主张杀了他们以谢鬼神。晏子指出，这不是祝官史官的过错。景公荒淫暴虐、肆无忌惮，祝官史官既不能向鬼神如实相告，又不能撒谎欺骗，就只好说些虚言空话，因此鬼神才不保佑。晏子更进一步指出，如今荒淫暴虐之风已经遍及齐国，百姓都在诅咒，如果祈祷有作用，那么诅咒也有作用，一两个祝官史官的祈祷，是抵不过亿万人的诅咒的，只有实行善政才是唯一的办法。梁丘据、裔款：景公的两个宠臣。

　　景公疥遂痁①，期而不瘳②，诸侯之宾问疾者多在。梁丘据、裔款言于公曰："吾事鬼神，丰于先君有加矣。今君疾病，为诸侯忧，是祝史之罪也③。诸侯不知，其谓我不敬，君盍诛于祝固、史嚚以辞宾④？"

　　公说，告晏子。晏子对曰："日宋之盟⑤，屈建问范会之德于赵武⑥，赵武曰：'夫子家事治，言于晋国，竭情无私，其祝史祭祀，陈言不愧；其家事无猜，其祝史不祈。'建以语康王⑦,康王曰:'神人无怨,宜夫子之光辅五君⑧,以为诸侯主也。'"

【注释】

①痁(shān):疟疾。

②期(jī):整年。瘳(chōu):病愈。

③祝史:祝官和史官,古代祭祀活动中掌祝祷记事的人。

④固:祝官的名字。嚚(yín):史官的名字。辞:谢罪。

⑤日:往日。

⑥屈建:人名,楚国令尹(相当于相)。范会:人名,晋国大夫,以贤德闻名。赵武:晋国大夫。

⑦语(yù):告诉。康王:楚国国君,谥"康"。

⑧五君:指晋国的文公、襄公、灵公、成公、景公五代君王。

【译文】

齐景公长了疥疮,后来又患了疟疾,整整一年了还不见好,前来探病的各诸侯国来宾大多留在齐国。梁丘据、裔款对景公说:"咱们侍奉鬼神,祭品比先君的还要丰厚。如今您的病很重,让各国诸侯担忧,这是祝官和史官的罪过。诸侯们不知内情,恐怕会认为是我们对鬼神不敬,您为何不杀了祝官固和史官嚚来向来宾们谢罪呢?"

景公听了很高兴,告诉了晏子。晏子答道:"先前在宋国会盟时,屈建向赵武询问关于范会品德的事,赵武说:'这位先生的家族事务治理得很好,在晋国说起话来,尽心竭诚没有私心,他的祝官史官祭祀时,说话诚信问心无愧;他的家族事务无可猜疑,因此他的祝官史官也不祈求什么。'屈建把这话告诉了楚康王,康王说:'鬼神和人们对范会都没有怨恨,那他能荣耀地辅佐五代君王,使他们成为诸侯盟主是理所当然的了。'"

公曰："据与款谓寡人能事鬼神，故欲诛于祝史，子称是语何故①？"

对曰："若有德之君，外内不废，上下无怨，动无违事②，其祝史荐信③，无愧心矣。是以鬼神用飨④，国受其福，祝史与焉。其所以蕃祉老寿者⑤，为信君使也，其言忠信于鬼神。其适遇淫君，外内颇邪⑥，上下怨疾，动作辟违⑦，从欲厌私⑧，高台深池，撞钟舞女，斩刈民力⑨，输掠其聚⑩，以成其违，不恤后人，暴虐淫纵，肆行非度，无所还忌，不思谤讟⑪，不惮鬼神，神怒民痛，无悛于心⑫。其祝史荐信，是言罪也；其盖失数美，是矫诬也；进退无辞，则虚以求媚，是以鬼神不飨，其国以祸，祝史与焉。所以夭昏孤疾者，为暴君使也，其言僭嫚于鬼神⑬。"

【注释】

①称：称引，举出别人的话。

②违：邪恶，错失。

③荐：进献，献辞。

④飨（xiǎng）：祭献给鬼神的食品。

⑤蕃：茂盛，兴旺。祉（zhǐ）：福。

⑥颇邪：偏斜，不正确。

⑦辟违：邪僻。

⑧从（zòng）：同"纵"，放纵。

⑨斩刈（yì）：斩断。这里意为剥夺、耗尽。

⑩输掠：掠夺。聚：积蓄。

⑪讟（dú）：怨言。

⑫悛（quān）：悔改。

⑬僭：虚假，不可信。嫚（màn）：轻慢，倨傲。

【译文】

　　景公说："梁丘据和裔款都认为寡人能侍奉鬼神，所以我才想杀了祝官和史官，您称引这些话是什么用意？"

　　晏子答道："如果是有德的君王，内外之事不荒废，上下无怨恨，举动不邪恶，他的祝官史官向鬼神进言诚信无欺，就没有愧疚之心了。所以鬼神享用祭品，国家受到福佑，祝官史官也沾了光。他们之所以能兴旺多福年长高寿，是因为他们是诚信的君王的使者，他们的话对鬼神忠诚信实。如果他们恰好遇上个荒淫的君王，内外之事偏颇不当，上下怨恨，举动邪僻，放纵欲望满足私心，楼台高筑池塘深挖，敲钟作乐美女舞蹈，竭尽民力，掠夺民财，以成就其邪恶之性，不体恤后人，暴虐荒淫，恣意无度，无所顾忌，不顾民怨，不怕鬼神，即使鬼神发怒百姓痛恨，也毫无悔改之心。他的祝官史官如果向鬼神进言实情，那就是直言罪过；如果掩盖过失数说美德，那就是欺骗撒谎。如此进退两难无言以告，就只好说些虚言空话以求媚讨好，因此鬼神不享用祭品，国家遭祸殃，祝官史官也受牵连。他们之所以夭折昏乱孤独患病，是因为他们是暴君的使者，他们的话对鬼神虚假轻慢。"

　　公曰："然则若之何？"

　　对曰："不可为也。山林之木，衡鹿守之①；泽之萑蒲②，舟鲛守之；薮之薪蒸③，虞候守之；海之盐蜃④，祈望守之。县鄙之人⑤，入从其政⑥，逼尔之关⑦，暴征其私；承嗣大夫⑧，强易其贿⑨；布常无艺⑩，征敛无度；宫室日更，淫乐不违⑪；内宠之妾肆夺于市，外宠之臣僭令于鄙；私欲养求⑫，不给则应⑬。民人苦病，夫妇皆诅。祝有益也，诅亦有损。聊、摄以东⑭，姑、尤以西⑮，其为人也多矣，虽其善祝，岂能胜亿兆人之诅！君若欲诛于祝史,修德而后可。"

【注释】

①衡鹿:职官名。下文的舟鲛、虞候、祈望等亦同。

②萑(huán)蒲:两种芦苇类的植物。

③薮(sǒu):草地。薪蒸:木柴。

④蜃(shèn):大蛤。

⑤县鄙:边远地区。春秋时,一些大国把新兼并而来的土地置为
县,所以多在边远地区。

⑥政(zhēng):通"征",赋税,征役。

⑦逼尔:邻近。尔,通"迩",近。

⑧承嗣:世袭。

⑨易:收买。贿:财物。

⑩布:颁布,施行。常:法令。艺:准则,限度。

⑪违:离去。

⑫养:长。

⑬给(jì):供给。应:通"膺",当,判处。意为讨伐、责罚。

⑭聊、摄:二地名,分别在今山东省的聊城西北和茌平西,是当时齐
国的西界。

⑮姑、尤:二水名,在今山东省的东部,是当时齐国的东界。以上两
句,即指整个齐国。

【译文】

景公说:"那么该怎么办呢?"

晏子答道:"已经不可治理了。山林中的树木,有衡鹿守着;沼泽里
的芦苇蒲草,有舟鲛守着;草地上的薪草木柴,有虞候守着;大海中的咸
盐蚌蛤,有祈望守着。边远地区的百姓,都要前来服从征税劳役;邻近
的关卡,在强横征收百姓私财;世袭的大夫们,强行收买百姓的财物;颁

布法令没有准则，横征暴敛没有限度；宫殿天天重修改建，过度享乐不肯放弃；宫中宠姬在集市肆意掠夺，宫外宠臣在边地假传君令；为私欲不断求取，不能满足就加罪于人。百姓痛苦疲病，匹夫匹妇都在诅咒。如果祝祷有益处，那么诅咒也会有所损害。如今自聊城摄城以东、姑水尤水以西，这里的百姓很多啊，即使祝官史官善于祝祷，怎能胜过亿万人的诅咒！您如果要诛杀祝官史官，只有把德行修好了以后才可以。"

公说，使有司宽政^①，毁关去禁，薄敛已责^②。公疾愈。

【注释】

①有司：主管某一事务的部门或官吏。

②责（zhài）：债。

【译文】

景公听了很高兴，让各主事官吏放宽政令，拆毁关卡解除禁令，减轻赋税废止债务。后来景公的病就好了。

景公见道殣自惭无德晏子谏第八

【题解】

　　齐景公遍赏后宫,连鹅、鸭都吃上了粮食,可是出门见到了饿死的人,他自愧无德。晏子趁势引导他,只要把对后宫姬妾、鹅鸭禽兽的仁德,推而广之,用到百姓身上,就会成为商汤、周武王那样的贤君,否则就会像夏桀、商纣王那样被推翻。殣(jìn):饿死。这里指饿死的人。

　　景公赏赐及后宫①,文绣被台榭②,菽粟食凫雁③。出而见殣,谓晏子曰:"此何为而死?"

　　晏子对曰:"此馁而死④。"

　　公曰:"嘻! 寡人之无德也甚矣。"

　　对曰:"君之德著而彰,何为无德也?"

　　景公曰:"何谓也?"

　　对曰:"君之德及后宫与台榭,君之玩物,衣以文绣⑤;君之凫雁,食以菽粟;君之营内自乐⑥,延及后宫之族,何为其无德! 顾臣愿有请于君⑦:由君之意、自乐之心,推而与百姓同之,则何殣之有! 君不推此,而苟营内好私,使财货偏有所聚,菽粟币帛腐于困府⑧,惠不遍加于百姓,公心不周乎万国,则桀、纣之所以亡也^⑨。夫士民之所以叛,由偏之也。君如察臣婴之言,推君之盛德,公布之于天下,则汤、武可为也^⑩,一殣何足恤哉!"

【注释】

①后宫:指后妃姬妾等人。

②文绣:绣着花纹的丝帛。被:覆盖。

③菽:豆子。粟:谷子。食(sì):喂,饲。凫(fú):鸭。雁:鹅。

④馁(něi):同"馁",饥饿。

⑤衣(yì):穿。

⑥营:谋求。

⑦顾:只是,不过。

⑧币帛:丝帛。囷(qūn):粮仓。府:存储财物的地方。

⑨桀(jié):即夏桀,夏代最后一位君王,暴虐无道,为商汤所灭。纣(zhòu):即商纣王,商代最后一位君王,暴虐无道,为周武王所灭。

⑩汤、武:指商、周两代的开国君王商汤、周武王。

【译文】

齐景公的赏赐施及后宫嫔妃姬妾,还用锦绣丝帛覆盖高台楼阁,豆子谷子饲养鸭子和鹅。他外出时看到一个饿死的人,问晏子道:"这个人为何而死啊?"

晏子答道:"他因饥饿而死。"

景公说:"嘿! 寡人太无德了。"

晏子答道:"您的仁德显著又昭彰,怎么会无德呢?"

景公问:"此话怎讲啊?"

晏子答道:"您的仁德已遍及后宫姬妾和高台楼阁,您所玩赏的东西,都穿上了锦绣丝帛;您的鹅鸭,都用豆子谷子饲养;您把谋求自身欢乐,延及后宫姬妾的亲属族人,怎么会无德! 不过下臣对您有点请求:从您的本意,把自求欢乐之心,推而广之与百姓共同享有,那怎么还会有饿死的人! 您不把这些推而广之,却苟且于谋求自身满足私欲,使财物被独占偏藏,豆谷丝帛腐烂在粮仓府库里,而恩惠不曾普遍地施加于百姓身上,您的关心也不遍及天下各国,这就是夏桀、商纣王之所以灭亡的原因。士人民众之所以背叛,就是由于财物被独占偏藏的缘故。您如果明察下臣我的话,把您的盛大仁德推而广之,公正广泛地施放于天下,那么您也可以成为像商汤、周武王那样的贤君,哀怜一个饿死的人又算什么呢?"

景公欲诛断所爱槐者晏子谏第九

【题解】

齐景公因为一株心爱的树被人折断了，就亲自下令捕杀那个人。晏子通过讲解君王服饰的典故，劝谏景公少见少管，慎重处事，多赦免人，而不要轻易判人死罪。

景公登箐室而望①，见人有断雍门之槐者②，公令吏拘之，顾谓晏子趣诛之③，晏子默然不对。公曰："雍门之槐，寡人所甚爱也，比见断之④，故使夫子诛之，默然而不应，何也？"

晏子对曰："婴闻之，古者人君出，则辟道十里⑤，非畏也；冕前有旒⑥，恶多所见也；纩纮充耳⑦，恶多所闻也；泰带重半钩⑧，舄履倍重⑨，不欲轻也⑩。刑死之罪，日中之朝⑪，君过之，则赦之，婴未尝闻为人君而自坐其民者也⑫。"

公曰："赦之，无使夫子复言。"

【注释】

①箐(jīng)室：一本作"青堂"，均未详何指。箐，竹名。

②雍门:城门名。楛(sù):树木名,即楸。

③趣(cù):赶快,立即。

④比:刚才。

⑤辟道:开道,清扫道路、驱除行人。

⑥旒(liú):冠冕前后悬垂的玉串。

⑦纩(kuàng):丝绵絮。纮(hóng):冠冕上的纽带。

⑧泰:大。古代"大"、"泰"往往通用。带:衣带。钧:古代重量单位,三十斤为一钧。一说:半钧,合十五斤,衣带重量如此,下句"舄履倍重",则鞋子三十斤,均不合常理,故"钧"疑为"斤"之误。

⑨舄(xì):古代一种复底的鞋子。倍重:双倍于衣带重量。

⑩轻:这里语意双关,既指重量轻,又指处事轻率。

⑪日中之朝:即市朝,集市。古代"日中为市",故称。古代处决犯人,多在集市上。

⑫坐:判罪。

【译文】

齐景公登上箐室远望,看见有人弄断了雍门的楸树,他命令小吏把这个人拘捕了,回头叫晏子马上杀了他,晏子沉默不回答。景公说:"雍门的楸树,是寡人非常喜欢的,刚才看见有人弄断了它,所以我令先生您杀了他,您却沉默不答,为什么啊?"

晏子回答道:"我听说,古代国君外出,就要开道十里,这并非因为害怕什么;冠冕前悬垂着玉串,是不让他看得太多;用丝绵冠带堵住耳朵,是不让他听得太多;宽大的衣带重达十五斤,鞋子重量加倍,为的是不让他想着'轻'。处决死罪犯人,在中午的集市上,国君如果从那儿经过了,就赦免他,我不曾听说身为国君而亲自给他的国人判罪的事。"

景公说:"赦免了那人,别让先生再说了。"

景公坐路寝曰谁将有此晏子谏第十

【题解】

　　齐景公为齐国将归于谁手而担忧,晏子预言齐国将归于田氏,并分析了田氏施惠于民、深得人心而得到齐国的必然性。路寝:古代君王处理政事的宫室,又称"正寝"。

　　景公坐于路寝,曰:"美哉室,其将谁有此乎?"
　　晏子对曰:"其田氏乎^①,田无宇为埠矣^②。"

【注释】

①田氏:指田无宇,又叫"陈桓子"、"陈无宇"、"田桓子",齐国大夫。
　其先陈完,原为陈国公子。陈国内乱,他出奔到齐国,改姓田
　(陈、田古音相近),被齐桓公任为卿。此后其家族势力渐强,到
　田无宇时,他以大斗出贷、小斗收进等办法,收买人心,觊觎王
　位。后来其后代果然弑齐君、专齐国之政,最终夺取齐国王位,
　史称"田氏代齐"。
②埠(hàn):水堤。这里比喻田氏已笼络人心,地位稳固。

【译文】

齐景公坐在正寝里,说:"多美的宫室啊! 谁将会拥有它呢?"

晏子答道:"大概是田氏吧! 田无宇已经形成气候了。"

公曰:"然则奈何?"

晏子对曰:"为善者,君上之所劝也,岂可禁哉! 夫田氏,国门击柝之家①,父以托其子,兄以托其弟,于今三世矣。山木如市②,不加于山③;鱼盐蚌蜃④,不加于海。民财为之归。今岁凶饥⑤,蒿种芼敛不半⑥,道路有死人。齐旧四量:四升为豆,豆四而区,区四而釜,釜十而钟⑦。田氏四量,各加一焉⑧。以家量贷,以公量收,则所以籴⑨,百姓之死命者泽矣。今公家骄汰⑩,而田氏慈惠,国泽是将焉归⑪? 田氏虽无德⑫,而有施于民,公厚敛而田氏厚施焉。《诗》曰:'虽无德与汝,式歌且舞。'⑬田氏之施,民歌舞之也,国之归焉,不亦宜乎!"

【注释】

①击柝(tuò):打更。柝,打更用的木梆。

②如:到。

③加:指价格贵出。

④蜃(shèn):大蛤蜊,一种贝壳类海味。

⑤凶:年产不好。

⑥蒿:消耗。芼(mào)敛:收取。

⑦釜十而钟:依此计算,一钟等于六百四十升。

⑧"田氏"二句:意为田氏私家的量具豆、区、釜、钟,都比齐国的公量加一个进位,即私量的一豆由公量的四升加为五升,私量的一区由公量的四豆加为五豆(即二十升),私量的一釜由公量的四区加为五区(八十升),私量的一钟由公量的十釜加为十一釜(八

百八十升），要比公量的钟多出二百四十升。按：《问下·晋叔向问齐国若何晏子对以齐德衰民归田氏第十七》作"田氏三量，皆登（加）一焉"，则仅豆、区、釜三种私量比齐国的公量加一个进位，而由釜至钟仍为十进位，这样一钟为八百升，比公量的钟多一百六十升，与本章略异。

⑨籴（dí）：买进粮食。

⑩公家：指王室。汰（tài）：通"泰"，骄奢。

⑪泽（shì）：通"释"，舍，除。是：指田氏。

⑫无德：指田氏收买人心、觊觎王室，是违背宗法传统伦理道德的行为。

⑬"虽无德与汝"两句：所引诗句见《诗经》的《小雅·车舝》。"汝"原作"女"。

【译文】

景公说："那么怎么办呢？"

晏子答道："做善事，是君王所鼓励的，岂能禁止啊！那田氏，原是都城门打更的人家，父传子，兄传弟，到如今三代了。山上的木料运到市场，价格却不高于山上；鱼盐蚌蛤运到市场，价格也不高于海边。人们的财富都归到他那儿去了。今年收成不好闹饥荒，耗费的种子收不到一半，道路上有饿死的人。齐国原有四种量器：四升为一豆，四豆为一区，四区为一釜，十釜为一钟。而田氏的四种量器都以加大一倍递升。他用私家的大量器借出，用公家的小量器收还，那么这种购买粮食的办法，是使濒临死亡的百姓得到了恩泽。如今王室骄横奢侈，而田氏慈善恩惠，除了他国家还会归谁所有呢？田氏虽然无德，但施惠于百姓，王室多收取而田氏多施惠。《诗》中说：'虽然对你无恩德，载歌载舞且欢乐。'田氏施惠，百姓为之载歌载舞，国家归他所有，不是很适宜吗？"

景公台成盆成适愿合葬其母
晏子谏而许第十一

【题解】

齐国人盆成适,因亡父的坟地在齐景公新建的官殿台阶之下,他无法将亡母与亡父合葬,请求晏子帮忙。晏子批评景公只图自己游乐观赏修建官殿,侵占了人家的坟地,使人当不成孝子,是不仁不义的行为,说服景公成全了盆成适的心愿。盆成适(kuò):人名。

景公宿于路寝之宫①,夜分,闻西方有男子哭者,公悲之。明日朝,问于晏子曰:"寡人夜者,闻西方有男子哭者,声甚哀,气甚悲,是奚为者也?寡人哀之。"

晏子对曰:"西郭徒居布衣之士盆成适也②,父之孝子、兄之顺弟也,又尝为孔子门人。今其母不幸而死,衬柩未葬③,家贫,身老,子孤④,恐力不能合衬,是以悲也。"公曰:"子为寡人吊之⑤,因问其偏衬何所在⑥。"

【注释】

①路寝:古代君王处理政事的官室,又称"正寝"。

②郭：外城。古代城墙有内外两层，内为城，外为郭。徒居：意为
　无业。

③祔（fù）：合葬。

④孺（rú）：同"孺"，孤弱。

⑤吊：哀悼，慰问。

⑥偏祔：先前已死、有待后死者前来合葬的死者坟地。这里指盆成
　适父亲的坟地。

【译文】

　　齐景公住宿在正寝的宫殿里，半夜时，听到西边方向有男子的哭
声，景公为之悲伤。第二天上朝时，他问晏子道："寡人半夜里，听到西
边方向有男子的哭声，声音很哀痛，气息很悲伤，这是什么样的人啊？
我很同情他。"

　　晏子答道："是住在西城门外的无业平民叫盆成适，盆成适是他父
亲的孝顺儿子、兄长的恭顺弟弟，又曾是孔子的门人。最近他的母亲不
幸去世了，要与亡父合葬的灵柩尚未安葬，家庭贫困，自身年老，儿子孤
弱，担心无力合葬，因此悲伤。"景公说："您替寡人前去哀悼慰问，顺便
问他亡父葬在什么地方。"

　　晏子奉命往吊，而问偏祔之所在。盆成适再拜，稽首而不
起①，曰："偏祔寄于路寝，得为地下之臣，拥札掺笔②，给事宫
殿中右陛之下③。愿以某日送，未得君之意也。穷困无以图
之，布唇枯舌④，焦心热中。今君不辱而临之⑤，愿君图之。"

　　晏子曰："然。此人之甚重者也，而恐君不许也。"盆成
适蹴然曰⑥："凡在君耳⑦！且臣闻之，越王好勇⑧，其民轻
死；楚灵王好细腰⑨，其朝多饿死人；子胥忠其君⑩，故天下皆
愿得以为臣；孝己爱其亲⑪，故天下皆愿得以为子。今为人

子,而离散其亲戚,孝乎哉? 足以为臣乎? 若此而得裓,是生臣而安死母也;若此而不得,则臣请挽尸车而寄之于国门外宇溜之下⑫,身不敢饮食,拥辕执辂⑬,木干鸟栖,袒肉暴骸,以望君愍之⑭。贱臣虽愚,窃意明君哀而不忍也。"

【注释】

①稽(qǐ)首:叩头至地,并停留多时。这是古人最恭敬的一种跪拜礼。

②拥、捴(shǎn):都是握、持的意思。札:竹简或木简。

③给(jǐ)事:供职。陛(bì):官殿的台阶。

④布:干枯。

⑤临(lìn):哭吊死者。

⑥蹶然:顿足的样子。

⑦凡:全,都。

⑧越王好勇:以"好勇"之事,此越王当指勾践。其在位期间,曾被吴王夫差击败,于是屈服求和,入臣于吴;回国后,卧薪尝胆,励精图治,训练军队,终于灭了吴国。但勾践在位,时间在公元前497至465年,而此时晏子已卒(前500)。

⑨楚灵王:春秋时楚国国君,原名围,即位后改名虔,公元前541至529年在位,是楚国历史上有名的暴君。

⑩子胥:即伍子胥,名员,原为楚国人,其父为楚平王所杀,他逃亡至吴国,助吴王阖闾夺取王位,治军攻楚。吴王夫差时,因劝夫差拒绝越王勾践求和等事,渐被疏远,最终被赐剑自杀。所谓"忠其君",当指在吴之事;但此事也发生在晏子卒后。

⑪孝己:商代君王武丁之子,古代著名的孝子。

⑫宇:屋檐。溜(liù):通"霤",屋檐滴水处。

⑬辂(hé):绑在车辕上以供牵挽的横木。

⑭愍（mǐn）：哀怜。

【译文】

晏子奉命前去哀悼慰问，并询问亡父安葬在什么地方。盆成适作了两揖，叩头至地多时不起，说："亡父暂时葬在正寝的地下，得以做个君王的地下臣子，手持竹简毛笔，供职于宫殿中右边台阶之下。我希望有一天能将亡母送去与他合葬，但不知道君王意下如何。我处境艰难无计可施，唇干舌燥，心中焦急上火。现在您不惜辱没身份前来哀悼，希望您为我想想办法。"

晏子说："好。这是人们很看重的事情，可是就怕君王不允许。"盆成适顿着脚说："一切全在您身上了！而且我听说，越王喜好勇力，他的百姓就不怕死；楚灵王喜好腰身细瘦者，他的朝中就多有饿死的人；伍子胥忠于他的君王，因此天下君王都希望能得到他做臣子；孝己爱他的父母，因此天下父母都希望能得到他做儿子。如今我做儿子的却让父母离散，这孝顺吗？这足以当个臣子吗？如果能得以合葬，这是让我活命又让亡母安息；如果不能合葬，那么就请让我拉着灵车，把它暂寄在都城门外的屋檐下，我自身不敢喝水吃饭，抱着车辕抓着把手，就像鸟儿栖止在干枯的木头上，袒露着皮肉形骸，以期望君王的哀怜。微贱的我虽然愚钝，私下里也认为贤明的君王会哀怜而不忍心的。"

晏子入，复乎公，公忿然作色而怒曰："子何必患若言而教寡人乎？"晏子对曰："婴闻之，忠不避危，爱无恶言。且婴固以难之矣。今君营处为游观，既夺人有，又禁其葬，非仁也；肆心傲听，不恤民忧，非义也。若何勿听？"因道盆成适之辞。

【译文】

　　晏子回宫，向景公回复。景公气得变了脸色说："您何必为他的话忧虑而来指教寡人呢？"晏子答道："我听说，忠心就不避危险，真爱就没有坏话。况且我本来就觉得这事难办。如今您建成了游乐观赏之所，既侵夺了人家所拥有的坟地，又不许他合葬，这是不仁的；放纵私心怠慢人言，不体恤百姓的忧愁，这是不义的。为什么不听我把话说完呢？"于是把盆成适的话说了出来。

　　公喟然太息曰："悲乎哉！子勿复言。"乃使男子袒免、女子髽者以百数①，为开凶门②，以迎盆成适。适脱衰绖③，冠条缨④，墨缘，以见乎公。

　　公曰："吾闻之，五子不满隅，一子可满朝⑤，非乃子耶！"盆成适于是临事不敢哭，奉事以礼。毕，出门，然后举声焉。

【注释】

　　①髽（zhuā）：古代妇女在举丧时的发髻，用麻和头发合打而成。

　　②凶门：为灵柩出入而在墙上另开的门。

　　③衰（cuī）：古代丧服，用极粗的生麻布制成，披于胸前。绖（dié）：丧服中的麻带，系于头上和腰间。

　　④条：繁体作"條"，当为"絛"字之形误。絛（tāo），"绦"的异体，意为用丝带编织的带子。缨：帽带。

　　⑤"五子"二句：当为古代谚语，意为不好的儿子再多也没用，好儿子一个就足够了。隅，屋角。

【译文】

景公喟然叹息说："真让人悲伤啊！您不要再说了。"于是他让数百个人，男子袒身脱帽，女子头编丧髻，还为此开了一扇凶门，以迎接盆成适。盆成适脱了丧服解了麻带，头戴丝带帽，身穿黑色边缘的衣服，来见景公。

景公说："我听说，五个不肖子站不满屋角，一个好儿子就充满朝廷，不就是你吗?"盆成适因此举办合葬时不敢哭泣，遵照礼仪行事。合葬完毕后，出了门，这才放声大哭。

景公筑长庲台晏子舞而谏第十二

【题解】

齐景公为修建长庲台，役民无度，晏子借饮酒歌舞，唱出了百姓的苦难，使景公停止了工程。长庲（lái）：台名。庲，房舍。

景公筑长庲之台。晏子侍坐，觞三行①，晏子起舞曰："岁已暮矣，而禾不获，忽忽矣若之何②！岁已寒矣，而役不罢，惙惙矣如之何③！"舞三，而涕下沾襟。景公惭焉，为之罢长庲之役。

【注释】

①觞：斟酒劝饮。三行：三遍。

②忽忽：忧愁的样子。

③惙惙（chuò）：忧愁的样子。

【译文】

齐景公修建长庲台。一次晏子正陪侍着他，劝酒三遍之后，晏子起身跳舞，唱道："已到年终了，庄稼不能收，忧愁啊怎么办！天已寒冷了，劳役还不停，忧愁啊怎么办！"歌舞三遍，泪水沾湿了衣襟。景公羞惭，为此停止了修长庲台的劳役。

景公使烛邹主鸟而亡之公怒将加诛晏子谏第十三

【题解】

　　一只鸟逃走了，齐景公就要杀那位名叫烛邹的看鸟人。晏子借数落烛邹的罪状，正话反说，讽刺批评了景公。

　　景公好弋①，使烛邹主鸟而亡之②，公怒，召吏欲杀之。晏子曰："烛邹有罪三，请数之以其罪而杀之。"公曰："可。"于是召而数之公前，曰："烛邹！汝为吾君主鸟而亡之，是罪一也；使吾君以鸟之故杀人，是罪二也；使诸侯闻之，以吾君重鸟以轻士，是罪三也。"数烛邹罪已毕，请杀之。公曰："勿杀！寡人闻命矣。"

【注释】

　　①弋(yì)：用带绳子的箭射杀飞禽。

　　②主：这里意为看管。

【译文】

　　齐景公喜好射鸟，让烛邹看管鸟而他却让鸟飞走了，景公发怒，叫来小吏想要杀了烛邹。晏子说："烛邹有三条罪状,请让我数说了他的罪状后再杀他。"景公说:"好。"于是晏子把烛邹叫来,在景公面前数说道:"烛邹!你为我们君王看管鸟却让鸟飞走了,这是第一条罪状;你使得我们君王因为鸟的缘故杀人,这是第二条罪状;让诸侯们听说了这事,认为我们君王重视鸟而轻视士人,这是第三条罪状。"晏子数说完了烛邹的罪状,请景公杀了他。景公说:"不要杀!寡人听从教诲了。"

景公问治国之患
晏子对以佞人谗夫在君侧第十四

【题解】

齐景公询问晏子治国最常见的祸患是什么。晏子指出,君王身边的佞人谗夫,互相勾结,陷害忠良,这是最常见的祸患。而且他们善于揣摩君王心理,表现出小诚小信,赢得君王的信任和保护,因此他们就像土地庙中的老鼠,很难去除。佞(nìng)人:善于以花言巧语献媚的人。谗夫:惯于说人坏话的人。

景公问晏子曰:"治国之患亦有常乎?"对曰:"佞人谗夫之在君侧者,好恶良臣,而行与小人①,此治国之常患也。"公曰:"谗佞之人,则诚不善矣;虽然,则奚曾为国常患乎?"晏子曰:"君以为耳目而好谋事,则是君之耳目缪也②。夫上乱君之耳目,下使群臣皆失其职,岂不诚足患哉?"

【注释】

①与:亲附,结交。

②缪(miù):谬误。

【译文】

齐景公问晏子：“治理国家，也有常见的祸患吗？”晏子答道：“在君王身边的谗佞之徒，喜欢诋毁陷害忠良之臣，与小人亲近结伙，这就是治理国家中常见的祸患。”景公说：“谗佞之徒，确实是很不好的；虽然这样，可他们怎么会是国家的常患呢？”晏子说：“君王把他们当成耳目并喜欢和他们谋划国事，这样君王的耳目就出现了谬误了。对上搅乱了君王的视听，对下使群臣都不能正确任职行事，岂不是确实让人担心吗？”

　　公曰：“如是乎！寡人将去之。”晏子曰：“公不能去也。”公忿然作色不说，曰：“夫子何少寡人之甚也①！”对曰：“臣何敢挢也②！夫能自周于君者③，才能皆非常也。夫藏大不诚于中者，必谨小诚于外，以成其大不诚。入则求君之嗜欲能顺之，君怨良臣，则具其往失而益之；出则行威以取富。夫何密近，不为大利变，而务与君至义者？此难见而且难知也。”

【注释】

①少：轻视。

②挢（jiǎo）：举起，翘起。这里引申为自大之意。

③周：周密，周全。意为处处讨好，无懈可击。

【译文】

景公说：“是这样啊！寡人要把他们除掉。”晏子说：“您除不掉他们。”景公愤愤然变了脸色，不高兴地说：“先生您怎么这么看不起我？”晏子答道：“下臣我怎么敢自大啊！那些能在君王面前周旋的人，他们的才能都是非同一般的。能把大奸大假藏在心里的人，必定把小诚小信表现在外表上，以此实现他的大奸大假。在朝廷中他们揣摩君王的嗜好欲望尽量顺从他，一旦君王怨恨忠臣，他们就列举忠臣以往的过失来加重君王的怨恨；在朝廷外，就作威作福去掠取财富。他们怎么会亲密接近君王而不受大利所动，而努力与君王达到义的境界呢？这是难以看出而且难以理解的。"

　　公曰："然则先圣奈何？"对曰："先圣之治也，审见宾客，听治不留①，患日不足，群臣皆得毕其诚，谗谀安得容其私！"公曰："然则夫子助寡人止之，寡人亦事勿用矣。"对曰："谗夫佞人之在君侧者，若社之有鼠也②。谚言有之曰：'社鼠不可熏，去此乃治矣。'谗佞之人，隐君之威以自守也，是故难去焉。"

【注释】

①留：滞留，拖延。

②社：土地神。这里指祭祀土地神的祠庙。下文的"社鼠"，指寄居在土地神庙中的老鼠。

【译文】

　　景公说："那么先代圣人是怎么做的？"晏子答道："先代圣人治国，审慎地对待来访的人，听政办事不拖延，唯恐时间不够用，群臣都能竭诚尽忠，哪能容得下谗谀之徒的私心！"景公说："那么先生您帮助寡人制止他们，寡人也着手不用他们了。"晏子答道："君王身边的谗佞之徒，就好像土地庙中的老鼠。谚语有这么一说：'庙中老鼠熏不掉，除掉它才万事吉。'谗佞之徒，就是隐藏在君王的权威中以保全自己的，因此难以除去。"

景公问后世孰将践有齐者
晏子对以田氏第十五

【题解】

　　齐景公问晏子将来谁会拥有齐国，晏子指出，齐国公室衰微，田氏上专国权，下得人心，将来必得齐国。晏子主张加强礼制，用礼来规范君臣上下伦理秩序，才能改变这个现状。践：即位为君。

　　景公与晏子立于曲潢之上①，望见齐国，问晏子曰："后世孰将践有齐国者乎？"晏子对曰："非贱臣之所敢议也。"公曰："胡必然也？得者无失，则虞、夏常存矣。"晏子对曰："臣闻见足以知之者，智也；先言而后当者②，惠也③。夫智与惠，君子之事，臣奚足以知之乎！虽然，臣请陈其为政。君强臣弱，政之本也；君唱臣和，教之隆也④；刑罚在君，民之纪也⑤。今夫田无宇，二世有功于国，而利取分寡，公室兼之，国权专之，君臣易施⑥，而无衰乎⑦！婴闻之，臣富主亡。由是观之，其无宇之后为几⑧，齐国，田氏之国也？婴老不能待公之事，公若即世⑨，政不在公室。"

【注释】

①曲潢(huáng)：当为水池名，其形状曲折。潢，积水池。

②当：相当，即应验、实现之意。

③惠：通"慧"。

④隆：重。

⑤纪：法纪。

⑥君臣易施：施，指施恩于国人，即上文"利取分寡"之事。意为施恩于孤寡贫困之事，本应由君王来做，田氏是大夫，不该施恩于国人，以免树立个人威望，故下文说"家施不及国"。可是如今该施恩的不施恩，不该施恩的却施恩了，故云"易施"。易，更易，颠倒。

⑦而(néng)：通"能"。

⑧几(jī)：相近，差不多。

⑨即世：去世。

【译文】

齐景公与晏子站在曲水池上，望着齐国土地，问晏子道："后世谁将登上王位拥有齐国啊？"晏子答道："这不是我这个微贱的臣子所敢于议论的。"景公说："何必这样啊？如果得到的永不失去，那么虞舜、夏禹之国就会永久存在了。"晏子答道："下臣我听说，看到现象就足以得知实质，这叫做智；事先能预言而后来能应验，这叫做慧。智与慧，是君子的事，我怎能得知将来的事情呢？虽说如此，还请让我陈说我的为政之道。君王强大臣子弱小，这是政治的根本之处；君王倡导臣子响应，这是教化的重点所在；刑罚大权掌握在君王手中，这是百姓所遵的法纪。如今那田无宇，两代有功于国家，而取得利益分给孤寡贫困的人，公室之利他兼有，国家大权他专擅，君臣关系就颠倒了，君权能不衰微吗！我听说，臣子富有了君主就衰亡了。由此看来，大概到田无宇的后代就差不多了，齐国，将是田氏的国家吧？我老了，不能为您听命办事了，如果您一旦去世，政权就不在公室了。"

公曰："然则奈何？"晏子对曰："维礼可以已之。其在礼也，家施不及国①，民不懈，货不移，工贾不变，士不滥②，官不谄③，大夫不收公利。"

【注释】

①家：指大夫。大夫领地称"家"。

②滥：虚浮，失实。

③谄(tāo)：僭越。

【译文】

景公说："那么该怎么办呢？"晏子答道："只有礼才能制止这一切。在礼的规范中，大夫的施恩不能遍及国人，民众不懈怠，财货不转移，工商不改行，士人不虚浮，官吏不僭越，大夫不收取公室之利。"

公曰："善！今知礼之可以为国也。"对曰："礼之可以为国也久矣，与天地并立。君令臣忠①，父慈子孝，兄爱弟敬，夫和妻柔，姑慈妇听②，礼之经也③。君令而不违④，臣忠而不二，父慈而教，子孝而箴⑤，兄爱而友，弟敬而顺，夫和而义，妻柔而贞，姑慈而从，妇听而婉，礼之质也。"公曰："善哉！寡人乃今知礼之尚也。"晏子曰："夫礼，先王之所以临天下也⑥，以为其民⑦，是故尚之。"

【注释】

①令：善。指品德美好。

②姑：丈夫的母亲，即婆婆。妇：指媳妇。

③经：常道，规范。

④违：邪恶，错失。

⑤箴（zhēn）：劝告，规诫。

⑥临：君临，统治。

⑦为：治理，管理。

【译文】

景公说："说得好！现在我知道礼是可以治国的了。"晏子答道："礼可以治国已经很久了，它和天地共同存在。君王德美臣子忠心，父亲慈爱儿子孝顺，丈夫和悦妻子温柔，婆婆仁慈媳妇顺从，这是礼的常规。君王品德美好而不邪恶，臣子忠诚而不怀二心，父亲慈爱而善于教导，儿子孝顺而敢于规劝，兄长仁爱友善，弟弟恭敬而和顺，丈夫和悦而仁义，妻子温柔而贞节，婆婆仁慈而随和，媳妇顺从而委婉，这是礼的实体。"景公说："说得好啊！寡人今天才知道礼的高尚。"晏子说："礼是先王用来统治天下的，用它来管理民众，所以崇尚它。"

晏子使吴吴王问君子之行
晏子对以不与乱国俱灭第十六

【题解】

晏子出使吴国，在回答吴王关于君子之行问题时表示，要顺从贤君，不与暴君共存亡。

晏子聘于吴，吴王问："君子之行何如？"

晏子对曰："君顺怀之，政治归之；不怀暴君之禄，不居乱国之位。君子见兆则退，不与乱国俱灭，不与暴君偕亡。"

【译文】

晏子出访吴国，吴王问他："君子的行为该是什么样？"

晏子答道："君王顺理就心向他，政治安定就归附他；不怀恋暴君的俸禄，不居于乱国的官位。君子看到混乱的征兆就该退隐，不和乱国共遭毁灭，不和暴君一同死亡。"

吴王问齐君慢暴吾子何容焉
晏子对以岂能以道食人第十七

【题解】

　　吴王讥讽晏子为什么要在残忍傲慢、粗野凶暴的齐王手下屈就容身。晏子谦虚地回答，因为自己能力有限，成不了大事，不能招致别人前来归附，又不能空讲大道理，所以只能这样。其实这是含蓄地嘲讽反击了吴王。慢（màn）：怠慢，傲慢。

　　晏子使吴，吴王曰：“寡人得寄僻陋蛮夷之乡①，希见教君子之行②，请私而无为罪。”晏子蹴然辟位③。吴王曰：“吾闻齐君盖贼以慢④，野以暴，吾子容焉，何甚也？”

　　晏子遵循而对曰⑤：“臣闻之，微事不通、粗事不能者，必劳；大事不得、小事不为者，必贫；大者不能致人、小者不能至人之门者，必困。此臣之所以仕也。如臣者，岂能以道食人者哉⑥！”

　　晏子出，王笑曰：“嗟乎！今日吾讥晏子，犹倮而訾高撅者也⑦。”

【注释】

①蛮夷:古代对边远落后地区的蔑称。吴国地处东方沿海,古为东
　夷之地。

②希:稀少。

③蹴(cù)然:恭敬的样子。辟(bì)位:即"避席",古人席地而坐,离
　座起立,表示敬意。

④贼:残忍。

⑤遵循:即"逡巡",欲进又止的样子。这里是形容晏子说话有所保
　留的谦恭之态。

⑥食(sì):饲养,拿东西给人吃。

⑦倮(luǒ):同"裸"。訾(zǐ):非议,诋毁。撅(guì):撩起衣服。这是
　很不恭敬的行为。

【译文】

　　晏子出使吴国,吴王说:"寡人寄居在偏僻荒蛮之地,很少受到君子
品行方面的教养,我想谈些私人问题请您别见怪。"晏子恭敬地离座起
立。吴王说:"我听说齐国君王既残忍又傲慢,既粗野又凶暴,先生您却
能在他手下容身,这太过分了吧?"

　　晏子谦恭小心地回答:"下臣我听说,细微之事不精通、粗笨之事又
不会的人,一定很劳累;大事做不成、小事又不做的人,一定很贫穷;既
不能做大称雄招致别人前来归附、又不能甘为小辈归附到别人门下的
人,一定很困窘。这就是下臣我出仕为官的原因。像下臣我这样的人,
岂能拿大道理给人当饭吃啊!"

　　晏子出门后,吴王笑着说:"今天我讥讽晏子,就好比是自己光着身
子还批评别人把衣服撩得高高的。"

司马子期问有不干君不恤民取名者乎晏子对以不仁也第十八

【题解】

晏子在回答司马子期关于士人行为的问题时表示,如果有能力治国安邦造福百姓而不肯作为,是不仁的。司马子期:楚平王之子,名结,字子期,官司马。干:求,进言献策以求重用。

司马子期问晏子曰:"士亦有不干君、不恤民、徒居无为而取名者乎?"

晏子对曰:"婴闻之,能足以赡上益民而不为者①,谓之不仁。不仁而取名者,婴未得闻之也。"

【注释】

①赡(dàn):通"澹",安定。

【译文】

司马子期问晏子:"士人中也有不向君王进言求官、不体恤民众、安居闲处无所作为而赢得名声的吗?"

晏子答道:"我听说,才能足以安定朝廷造福百姓却不肯作为的,叫做不仁。不仁而赢得名声的事,我从未听说过。"

高子问子事灵公庄公景公皆敬子
晏子对以一心第十九

【题解】

晏子曾先后侍奉齐灵公、庄公和景公三位君王，并且都得到敬重，大夫高子问他是不是有三样心。晏子回答，只要一心为国家，百位君王也能侍奉。

高子问晏子曰："子事灵公、庄公、景公[①]，皆敬子。三君之心一耶？夫子之心三也？"

晏子对曰："善哉问！事君，婴闻一心可以事百君，三心不可以事一君。故三君之心非一也，而婴之心非三心也。且婴之于灵公也，尽复而不能立之政[②]，所谓仅全其四支以从其君者也[③]。及庄公，陈武夫、尚勇力[④]，欲辟胜于邪[⑤]，而婴不能禁，故退而野处[⑥]。婴闻之，言不用者，不受其禄，不治其事者，不与其难[⑦]，吾于庄公行之矣。今之君，轻国而重乐，薄于民而厚于养，藉敛过量，使令过任，而婴不能禁，婴庸知其能全身以事君乎[⑧]！"

【注释】

①景公:"景公"是谥号,当时其人未死,没有此号,这是后人的笔误。但译文仍然沿此。

②复:禀告,陈言。

③全其四支:意谓保全自身性命。支,同"肢"。

④陈:宣扬。

⑤"欲辟"句:意谓齐庄公对武夫勇力过于嗜好,堪称偏执,非一般的邪僻可比。辟,邪僻,偏僻。胜,超过。

⑥退而野处:指齐庄公时,晏子曾辞官而东耕海滨之事。见《内篇杂上·庄公不说晏子晏子坐地讼公而归第一》。

⑦不与其难:指庄公时发生崔杼之难,晏子不为之自杀、逃亡之事。见《内篇杂上·庄公不用晏子晏子致邑而退后有崔氏之祸第二》。与,参与。

⑧庸:岂。

【译文】

高子问晏子:"您服事灵公、庄公、景公,他们都敬重您。是这三位君王的心一个样呢? 还是先生您的心三个样呢?"

晏子答道:"您问得好啊! 关于服事君王,我听说一心一意,百位君王也能服事;三心二意,一个君王也服事不了。所以既不是三位君王一样心,也不是我有三样心。况且我对于灵公,尽力进言也不被采用于政令,只能是所谓保全自身性命随从君王罢了。到了庄公时,他宣扬武夫、崇尚勇力,嗜好欲望的偏执超过了一般的邪僻,可是我不能制止他,所以辞了官隐居乡野。我听说,进言而不被君王采用的,就不能接受他的俸禄,不能为君王治理政事的,也就不必和他一起受难,我对庄公就是这么做的。如今的君王,轻视国家之事而重视自身的享乐,给百姓的很微薄而奉养自己的却很丰厚,征收赋税超过了常量,役使百姓超过了负担,而我不能制止他,我怎能知道能否保全自身来服事君王啊!"

晏子再治东阿上计景公迎贺
晏子辞第二十

【题解】

晏子治理东阿，政绩斐然，却招致齐景公的惩罚。后来他改用邪道把东阿治理得很差，在上报政绩时却得到景公的祝贺，晏子于是批评景公是非颠倒，提出辞职。东阿(ē)：地名，春秋时名"柯"、"阿"，是齐国的小邑，在今山东阳谷东。上计：古代官员在年终时，须将所治地方的赋税收入等情况呈报国君以考核政绩，称为"上计"。

晏子治东阿，三年，景公召而数之曰："吾以子为可，而使子治东阿，今子治而乱，子退而自察也，寡人将加大诛于子。"晏子对曰："臣请改道易行而治东阿，三年不治，臣请死之。"景公许之。

【译文】

晏子治理东阿，三年后，景公召见并数落他说："我认为您可以，才让您治理东阿，如今您治理得很混乱，您退下自我反省一下，寡人要加重惩罚您。"晏子答道："请让我改变方法治理东阿，如果三年治理不好，我请求死罪。"景公答应了。

于是明年上计，景公迎而贺之曰："甚善矣！子之治东阿也。"晏子对曰："前臣之治东阿也，属托不行①，货赂不至，陂池之鱼②，以利贫民。当此之时，民无饥者，君反以罪臣。今臣后之治东阿也，属托行，货赂至，并重赋敛，仓库少内③，便事左右④，陂池之鱼，入于权家。当此之时，饥者过半矣，君乃反迎而贺臣。臣愚，不能复治东阿，愿乞骸骨⑤，避贤者之路。"再拜，便辟⑥。

景公乃下席而谢之曰："子强复治东阿⑦，东阿者，子之东阿也，寡人无复与焉。"

【注释】

①属（zhǔ）：嘱托。

②陂（bēi）池：池沼。

③内（nà）：同"纳"。

④便：即，就。

⑤乞骸骨：意谓请求告老还乡。古人观念，做官就是把自己交给了君王，所以辞官退休就是向君王讨回自己的身体。

⑥辟（bì）：避开，退出。

⑦强：勉强，勉为其难。

【译文】

于是第二年上报政绩时，景公迎接晏子并祝贺道："您把东阿治理得很好啊！"晏子答道："前次我治理东阿，杜绝私人嘱托之风，不许收受钱财礼物，池沼中的鱼，用来给贫民牟利。在这段时间，百姓没有挨饿的，您反倒怪罪我。这次我治理东阿，私人嘱托之风盛行，允许收受钱财礼物,还加重赋税,但很少纳入官府仓库,就用来优待左右随从了,池沼中的鱼,都到了权贵家中。在这段时间,挨饿的人超过半数,您居然反倒迎接祝贺我。下臣我愚笨无能,不能再治理东阿了,希望能讨回这把老骨头,给贤能的人让路。"说完作了两揖,就要退出。

景公于是离座谢罪说:"请您不辞劳苦再去治理东阿,东阿,是您的东阿,寡人不再干涉了。"

太卜绐景公能动地
晏子知其妄使卜自晓公第二十一

【题解】

　　齐国的太卜欺骗景公说他能让大地震动，晏子根据天文知识，揭穿了太卜的骗术，但让太卜自己去和景公说明真相，这样既让景公免受惊吓，又使太卜免于一死。太卜：官名，掌占卜之事。绐（dài）：欺骗。

　　景公问太卜曰："汝之道何能？"对曰："臣能动地。"公召晏子而告之，曰："寡人问太卜曰：'汝之道何能？'对曰：'能动地。'地可动乎？"晏子默然不对，出，见太卜曰："昔吾见钩星在四、心之间①，地其动乎？"太卜曰："然。"晏子曰："吾言之，恐子之死也；默然不对，恐君之惶也。子言，君臣俱得焉。忠于君者，岂必伤人哉！"晏子出，太史走入见公②，曰："臣非能动地，地固将动也。"

【注释】

　　①昔：通"夕"。钩星：星名。四、心：星宿名，二十八宿中的房宿和心宿。房宿又称"天驷"，"四"与"驷"通。

②太史：当为"太卜"之误。

【译文】

　　齐景公问太卜："干你这一行的有什么能耐呢?"太卜答道："下臣能让大地震动。"景公召来晏子，把这事告诉他说："寡人问太卜：'干你这一行的有什么能耐?'他回答说：'能让大地震动。'人真的能让大地震动吗?"晏子默默不回答，出了门，去见太卜说："夜里我看到钩星处在房宿和心宿之间，这是大地要震动的征兆吧?"太卜说："是的。"晏子说："我要是直说了，恐怕你要被处死；我要是沉默不回答，又怕君王惶恐不安。你去直说，君臣都有好处。忠于君王，难道就一定要伤害别人吗?"晏子出去后，太卜跑步入宫见景公说："下臣我不会让大地震动，而是大地本来就要震动。"

　　陈子阳闻之①，曰："晏子默而不对者，不欲太卜之死也；往见太卜者，恐君之惶也。晏子，仁人也，可谓忠上而惠下也。"

【注释】

　　①陈子阳：人名，齐景公的臣子。

【译文】

　　陈子阳听了这事后说："晏子默不回答，是不想让太卜死；去见太卜，是怕君王惶恐。晏子真是仁人啊，真可称作是对上忠诚对下恩惠了。"

有献书谮晏子退耕
而国不治复召晏子第二十二

【题解】

晏子正直无私,于是有人向齐景公上书诋毁,景公听信谗言。晏子发觉后,提出辞职,隐居耕田。景公亲自治国,结果政治混乱,形势危急,只好又把晏子请回来。谮(zèn):进谗言。

晏子相景公,其论人也,见贤而进之,不同君所欲;见不善则废之,不辟君所爱;行己而无私,直言而无讳。有纳书者曰①:"废置不周于君前谓之专②,出言不讳于君前谓之易③。专易之行存,则君臣之道废矣,吾不知晏子之为忠臣也。"公以为然。

【注释】

①纳:进献。

②周:合。

③易:轻贱,轻视。

【译文】

晏子辅佐齐景公,他在用人方面,看到贤人就提拔进用,即使君王另有想法也不苟同;见到不好的人就废黜不用,即使君王有所偏爱也不回避;身体力行而无私心,有话直说而不隐讳。有人向景公上书进言:"废黜或使用人才不合君王之意就叫做专断,对君王直言不讳就叫做轻视。专断轻视的行为存在,君臣的伦理就废弃了,我不觉得晏子是个忠臣。"景公认为他说得对。

晏子入朝,公色不说,故晏子归,备载,使人辞曰:"婴故老悖无能①,毋敢服壮者事。"辞而不为臣,退而穷处②,东耕海滨,堂下生藜藿③,门外生荆棘。七年,燕、鲁分争,百姓惛乱④,而家无积。公自治国,权轻诸侯,身弱高、国⑤。公恐,复召晏子。

【注释】

①悖:惑乱,糊涂。

②穷处:处于困窘之境,意为隐居。

③藜(lí)藿(huò):都是杂草名。

④惛(hūn):昏庸,糊涂。

⑤高、国:指高氏和国氏,齐国两个家族,世代为齐国公卿,权势很大。按:以上数句,当有错简。刘师培认为当作:"……七年而家无积。公自治国,权轻诸侯,身弱高、国,燕、鲁分争,百姓惛乱。"此说当从。

【译文】

晏子上朝时,景公露出不高兴的脸色,因此晏子回家,装载好车马,派人向景公辞职道:"我晏婴本来就老迈糊涂又无能,不敢担当年轻人的事。"于是辞职不做景公之臣,退官隐居,到东边海滨耕田种地,房子的堂下长满野草,门外遍生荆棘,七年间家中没有积蓄。而景公亲自治理国家,权势被其他诸侯所轻视,自身地位比国内的高氏、国氏还低弱,燕国、鲁国都来瓜分争夺齐国土地,国内百姓困惑混乱。景公恐慌,又把晏子召回。

晏子至,公一归七年之禄,而家无藏。晏子立,诸侯忌其威,高、国服其政,燕、鲁贡职①,小国时朝。晏子没而后衰②。

【注释】

①职:赋税,贡品。

②没(mò):通"殁",死亡。

【译文】

晏子回来后,景公全数归还七年的俸禄,可是他家中没有私藏的钱财。晏子居于相国之位,各国诸侯害怕他的威望,高氏、国氏服从他的政令,燕国、鲁国前来进贡,其他小国也时常来朝见。晏子死后,齐国才逐渐衰败。

晏子使高纠治家三年而未尝弼过逐之第二十三

【题解】

高纠为晏子做了三年管家，因为从未批评纠正过晏子的过失，晏子就把他辞退了。弼(bì)：辅佐，匡正。

晏子使高纠治家^①，三年而辞焉。傧者谏曰^②："高纠之事夫子三年，曾无以爵禄而逐之，敢请其罪。"

晏子曰："若夫方立之人^③，维圣人而已；如婴者，仄陋之人也。若夫左婴右婴之人，不举四维^④，四维将不正。今此子事吾三年，未尝弼吾过也，吾是以辞之。"

【注释】

①高纠：人名，晏子的家臣。
②傧(bìn)者：接引宾客的人。这里泛指仆从。
③方立之人：以得道而立身的人。方，道。
④四维：维系人生价值的四个要点，指礼、义、廉、耻。

【译文】

　　晏子让高纠做管家，三年就把他辞退了。手下人劝道："高纠侍奉先生您三年，竟然没有提拔加薪还把他辞退了，斗胆请问他有什么罪过？"

　　晏子说："那种能得道立身的人，只有圣人而已；至于我晏婴，是个浅薄鄙陋的人。如果那些做我晏婴左右随从的人，不能张扬礼义廉耻，礼义廉耻就得不到端正。如今这位先生侍奉了我三年，却从不曾匡正我的过失，我因此辞退了他。"

景公称桓公之封管仲益
晏子邑辞不受第二十四

【题解】

齐景公想效法当年齐桓公重赏管仲的做法，要给晏子增加封地。晏子谦虚地表示，自己只是无罪之人，没有资格接受封赏；而且如果是大夫就要封赏，那么国家实力就要削弱。

景公谓晏子曰："昔吾先君桓公，予管仲狐与穀①，其县十七，著之于帛，申之以策，通之诸侯，以为其子孙赏邑。寡人不足以辱而先君②，今为夫子赏邑，通之子孙。"

晏子辞曰："昔圣王论功而赏贤，贤者得之，不肖者失之，御德修礼，无有荒怠。今事君而免于罪者，其子孙奚宜与焉③？若为齐国大夫者必有赏邑，则齐君何以共其社稷与诸侯币帛④？婴请辞。"遂不受。

【注释】

①狐、穀：地名，当是狩猎之地。

②不足以辱而先君：意为不能给晏子的父亲封赏。不足、辱，即没

资格、辱没之意，都是自谦的说法。而，你。先君，指晏子的父亲晏弱，曾为齐卿，死于齐灵公（景公之父）时。

③与（yù）：参与，相干。

④币帛：丝帛，古人多用做馈赠或祭祀的礼物。

【译文】

齐景公对晏子说："从前我的先君桓公，赠予管仲狐和榖之地，该地有十七个县，他把这事写在丝帛上，在简策上郑重申明，又通报各国诸侯，作为给他子孙的封赏领地。寡人没有资格辱没您的先君，现在把一些城邑封赏给先生您，好让您传给子孙。"

晏子推辞道："从前圣王给贤人论功行赏，贤明的人能得到，不贤的人就得不到，整治道德修习礼义，没有荒疏怠慢之处。如今我只是侍奉君王免犯罪过的人，我的子孙有什么理由参与封赏呢？如果说做了齐国大夫就一定要封赏领地，那么齐国君王拿什么来供给国家祭祀所需和交往诸侯的礼物呢？请让我谢绝。"最终还是不接受封赏。

景公使梁丘据致千金之裘
晏子固辞不受第二十五

【题解】

　　齐景公赐给晏子一件和自己那件一样的贵重皮袍,晏子坚决不接受,理由是自己身为百官之长,如果穿得和君王一样,就不能对下级和百姓进行身教。

　　景公赐晏子狐之白裘①,玄豹之茈②,其赀千金③,使梁丘据致之。晏子辞而不受,三反。公曰:"寡人有此二,将欲服之,今夫子不受,寡人不敢服。与其闭藏之,岂如弊之身乎?"晏子曰:"君就赐,使婴修百官之政。君服之上,而使婴服之于下,不可以为教。"固辞而不受。

【注释】

①狐之白裘:用狐狸腋下的白色毛皮制成的皮袍,十分名贵。

②玄:黑中带赤的颜色。茈:字当为"芘(pí)"的形误。芘,通"纰",
　　衣冠的镶边。

③赀(zī):通"资",财货,价值。

【译文】

　　齐景公赐给晏子一件白狐皮袍,上有黑色豹子皮的镶边,价值千金,让梁丘据送去。晏子推辞不接受,来回了多次。景公说:"寡人有两件这样的皮袍,想穿上它,如今先生您不肯接受,寡人也不敢穿了。与其把它封藏起来,难道不如在身上穿破吗?"晏子说:"君王您已经恩赐我了,让我统管百官的政事。您在上穿这个,又让我在下也穿这个,这就不能对别人进行身教了。"还是坚决推辞不接受。

晏子衣鹿裘以朝景公嗟其贫
晏子称有饰第二十六

【题解】

　　晏子身为相国,却穿着粗劣的衣袍上朝。齐景公为他的贫困大为感慨,他却认为自己身负家族重任,和他们相比,自己的穿着已经很奢华了。

　　晏子相景公,布衣鹿裘以朝①。公曰:"夫子之家,若此其贫也,是奚衣之恶也! 寡人不知,是寡人之罪也。"

　　晏子对曰:"婴闻之,盖顾人而后衣食者,不以贪昧为非;盖顾人而后行者,不以邪僻为累②。婴不肖,婴之族又不如婴也,待婴以祀其先人者五百家,婴又得布衣鹿裘而朝,于婴不有饰乎③!"再拜而辞。

【注释】

　　①鹿:当为"麤"字的省文。麤,"粗"的异体字。

　　②"盖顾人"四句:文意难通,可能多有脱误衍文。陶鸿庆(《读〈晏子春秋〉札记》)认为其中的"衣"字、第二个"盖"字以及两个"不"

字均为衍文，略有道理，可参。累，烦劳，有害。

③有饰：有所装饰，意为已经很奢华了。

【译文】

晏子辅佐齐景公，穿着布衣粗皮袄上朝。景公说："先生的家，如此贫困，这衣服多么粗劣啊！寡人不知情，这是寡人的罪过。"

晏子回答说："我听说，看看别人的穿衣饮食然后穿衣饮食，就会觉得贪图美味是错误的；看看别人的行为然后行动，就会觉得行为邪僻是有害的。我晏婴不贤德，我家族的人们又不如我，依靠我来祭祀先人的有五百家，我还能有布衣粗皮袄穿着上朝，对于我来说不是已经很奢华了吗？"说完作了两揖就告辞了。

仲尼称晏子行补三君而不有
果君子也第二十七

【题解】

　　孔子高度赞扬晏子有力地辅佐了三位君王，又对晏子不能使善政遍及全国而有微词。晏子辩解道，自己只能根据实际情况做点事情，不能空讲大道理。孔子于是赞扬晏子不自夸不自傲，是真正的君子。

　　仲尼曰："灵公污，晏子事之以整齐①；庄公壮②，晏子事之以宣武③；景公奢，晏子事之以恭俭，晏子，君子也！相三君而善不通下，晏子，细人也！"

【注释】

①整齐：这里当指严整齐正的礼仪规范。

②壮：这里指好勇，崇尚武力。按：本篇内容《孔丛子·诘墨篇》亦有类似文字，但此句作"庄公怯"，因此有注家认为"壮"为"怯"字之误。然从本书可见，齐庄公非但不怯，而且好勇。古人观念，好勇本身并无过错，问题在于是否符合仁义，故古人又有"止戈为武"之说，提倡武德，以正义之武去恶除暴。下句"晏子事之以

宣武",即为此意。本书开篇第一章《庄公矜勇力不顾行义晏子
谏第一》正可作注脚。

③宣武:宣明武德。

【译文】

孔子说:"齐灵公行为污秽,晏子以严整齐正的礼仪规范侍奉他;齐
庄公崇尚武力,晏子以宣扬武德侍奉他;齐景公浮华奢侈,晏子以谦恭
节俭侍奉他,晏子,是个君子啊! 晏子辅佐三位君王但善政不能遍及下
面的臣民,晏子,是个小人啊!"

晏子闻之,见仲尼曰:"婴闻君子有讥于婴,是以来见。
如婴者,岂能以道食人者哉! 婴之宗族待婴而祀其先人者
数百家,与齐国之简士待婴而举火者数百家①,婴为此仕者
也。如婴者,岂能以道食人者哉!"

【注释】

①简士:一本作"闲士",当指无业贫困的寒士。举火:生火做饭,即
　度日活命之意。

【译文】

晏子听到这话,去见孔子说:"我听说先生您对我有所讥评,所以来
见您。像我晏婴这样的人,岂能拿大道理给人当饭吃啊! 我的家族中
靠我来祭祀先人的有数百家,还有齐国的贫寒之士靠我救助而度日活
命的也有数百家,我是为这个才出仕的。像我晏婴这样的人,岂能拿大
道理给人当饭吃啊!"

晏子出,仲尼送之以宾客之礼,再拜其辱①。反,命门弟
子曰:"救民之姓而不夸②,行补三君而不有③,晏子,果君

子也！"

【注释】

①辱:辱没。这是自谦的说法,意指对方是屈尊来访。

②姓:命,性命。

③有:据有。这里指居功自傲。

【译文】

晏子告辞,孔子以贵宾的礼节送行,两次拜谢他的屈尊光临。返回后,教诲门下弟子说:"救助百姓的生存而不自夸,以品行补正了三位君王而不居功自傲,晏子,果真是个君子啊！"

仲尼见景公景公欲封之
晏子以为不可第一

【题解】

孔子到齐国面见齐景公，景公想以土地封赏他，晏子表示反对，并列举了儒家崇尚音乐、主张厚葬、服饰奇丽、礼仪繁琐等弊病。

仲尼之齐，见景公。景公说之，欲封之以尔稽①，以告晏子。晏子对曰："不可。彼浩裾自顺②，不可以教下；好乐缓于民③，不可使亲治；立命而怠事，不可使守职；厚葬破民贫国，久丧循哀费日④，不可使子民⑤；行之难者在内，而儒者无其外⑥，故异于服、勉于容，不可以道众而驯百姓⑦。自大贤之灭，周室之卑也，威仪加多，而民行滋薄；声乐繁充，而世德滋衰。今孔丘盛声乐以侈世，饰弦歌鼓舞以聚徒，繁登降之礼以示仪⑧，务趋翔之节以观众⑨；博学不可以仪世⑩，劳思不可以补民；兼寿不能殚其教⑪，当年不能究其礼⑫，积财不能赡其乐；繁饰邪术以营世君⑬，盛为声乐以淫愚民。其道也，不可以示世；其教也，不可以导民。今欲封之，以移齐国之俗,非所以导众存民也。"

【注释】

①尔稽:又作"尼谿",齐国地名。

②浩裾:倨傲。自顺:一切顺从自己,自大任性。

③缓:宽缓,放任。

④循哀:哀而不止。

⑤子民:以民为子,即做百姓的父母官。

⑥无:通"妩",美。

⑦道(dǎo):引导。驯:通"训",教育。

⑧登降之礼:登堂、下阶之礼,多用于朝见、交际、饮酒等场合中。

⑨趋翔之节:行走的步法节奏。

⑩仪:准则,表率。

⑪兼寿:两倍寿命。殚:尽。

⑫当年:壮年。

⑬营:通"瞀",惑乱。

【译文】

　　孔子到齐国,见景公。景公喜欢他,想把尔稽之地封给他,就把这个想法告诉了晏子。晏子说:"不可以。那个人倨傲自顺,不能教育下面的人;爱好音乐放纵百姓,不能让他亲自治民;安于天命怠慢处事,不能让他担当职务;主张厚葬而使百姓破财国家贫困,丧葬时久而让人哀伤不止浪费时日,不能让他为民父母;实行道义难在人的内心,可是儒者追求外在之美,所以服饰奇异,尽力整容修貌,不能引导民众教诲百姓。自从圣贤去世,周王室就衰微了,威严的礼仪增多了,可是百姓的行为却越发轻薄;声歌音乐繁多普及了,可是社会道德却越发衰败。如今孔丘鼓吹音乐使世风奢侈,修整管弦歌舞以聚集门徒,使登堂下阶之礼越发繁琐以显示仪节,致力于行走的步法节奏来向众人示范;他虽然博学但不能做世人的表率，劳神费心却无益于百姓；人们两辈子都学不尽他的学说，半辈子也无法搞清他的礼，积聚钱财也供不起他那些音乐；他只会繁缛地粉饰他的邪说来迷惑当代国君，大肆制乐作歌以侵淫蛊惑民众。他的道术，不可向世人显示；他的学说，不可用来引导民众。现在您想封赏他来改变齐国的世风，这不是引导民众安定百姓的做法。"

公曰："善。"于是厚其礼，留其封，敬见而不问其道，仲尼乃行。

【译文】

景公说："说得好。"于是对孔子以厚礼相待但不给封赏，恭敬地接见但不请教治国之道，于是孔子就走了。

景公上路寝闻哭声问梁丘据晏子对第二

【题解】

齐景公很欣赏孔子弟子鞠语重视丧礼、厚葬其母、服丧三年等行为。晏子认为,这样做对死者没好处,却对生者有害,并不可取。路寝:古代君王处理政事的官室,又称"正寝"。

景公上路寝,闻哭声,曰:"吾若闻哭声,何为者也?"梁丘据对曰:"鲁孔丘之徒鞠语者也①。明于礼乐,审于服丧,其母死,葬埋甚厚,服丧三年,哭泣甚疾。"公曰:"岂不可哉!"而色说之。

【注释】

①鞠(jū)语:人名,孔子弟子。

【译文】

齐景公上殿时,听到哭声,说:"我好像听到了哭声,这是谁啊?"梁丘据答道:"这是鲁国孔丘的门徒鞠语。他熟悉礼乐典章,精通服丧制度,他的母亲死了,埋葬时花费不少,守丧三年,哭得很哀痛。"景公说:"这难道不可以吗?"说着露出高兴的神色。

晏子曰："古者圣人,非不知能繁登降之礼、制规矩之节、行表缀之数以教民①,以为烦人留日②,故制礼不羡于便事③;非不知能扬干戚钟鼓竽瑟以劝众也④,以为费财留工,故制乐不羡于和民;非不知能累世殚国以奉死哭泣处哀以持久也⑤,而不为者,知其无补死者而深害生者,故不以导民。今品人饰礼烦事⑥,羡乐淫民,崇死以害生,三者,圣王之所禁也。贤人不用,德毁俗流,故三邪得行于世。是非贤不肖杂,上妄说邪,故好恶不足以导众。此三者,路世之政⑦,单事之教也⑧。公曷为不察,声受而色说之?"

【注释】

①表缀:表率,榜样。

②留:滞留,耗费。

③羡:多余。

④干戚:作为舞具的盾和斧。这里与下文的"钟鼓竽瑟"等乐器都泛指音乐舞蹈。

⑤累(lěi)世:历代。殚国:竭尽国力。

⑥品:众。

⑦路:通"露",衰败。

⑧单:通"瘅",病,危害。

【译文】

晏子说:"古代的圣人,并不是不懂得举行隆重的登堂下阶之礼,制定各种规矩仪节,推行楷模表率之理,来教导民众,但认为这些既烦扰又拖延时日,所以他们制定礼仪以便于行事为度;并不是不懂得大张乐舞来激励民众,但认为这些既费财又耗工,所以他们制定乐舞以调和民心为度;并不是不懂得竭尽历代家财国力来供奉死者并且哭泣哀伤旷日持久，可是他们不这样做，是知道这样对死者并没有益处却严重危害生者，所以不以这些来引导民众。如今众人修饰礼仪事务烦琐，滥制音乐侵淫民心，重视死者危害生者，这三条是圣王所禁止的。贤人不得任用，美德毁灭陋习流行，所以这三种邪习才得以流行于世。是与非、贤与不贤都混杂不清，在上的人愚妄昏昧喜好邪僻，所以他们的好恶取舍都不足以引导民众。这三条，是败世之政，害事之说。您为什么不加审察，听到哭声就面带喜色呢？”

仲尼见景公
景公曰先生奚不见寡人宰乎第三

【题解】

孔子认为晏子先后侍奉过三位君王,说明他有三心,所以到齐国时不见晏子。晏子解释说,不是他有三心,而是因为三位君王一条心,都希望国家安定,并批评孔子是非不分。宰:掌管王家内外事务、总领百官的长官,相当于后世的宰相。

仲尼游齐,见景公。景公曰:"先生奚不见寡人宰乎?"仲尼对曰:"臣闻晏子事三君而得顺焉[①],是有三心,所以不见也。"

【注释】

①事三君:晏子先后辅佐齐灵公、庄公、景公。

【译文】

孔子到了齐国,只见景公而不见晏子。景公说:"先生您为何不见见寡人的相国啊?"孔子答道:"下臣我听说晏子侍奉三位君王而都能顺服他们,这说明他有三心,所以我不见他。"

仲尼出，景公以其言告晏子，晏子对曰："不然。非婴为三心，三君为一心故。三君皆欲其国之安，是以婴得顺也。婴闻之，是而非之，非而是之，犹非也。孔丘必据处此一心矣①。"

【注释】

①此句"心"字当为衍文。

【译文】

孔子走了，景公把他的话告诉了晏子，晏子答道："不是这样的。不是我晏婴有三心，是三位君王同为一心的缘故。三君都想让国家安宁，所以我都能顺服。我听说，对的说不对，不对的说对，都是不对的。这二者中孔丘必居其一。"

仲尼之齐见景公而不见晏子
子贡致问第四

【题解】

孔子认为晏子先后侍奉过三位君王，说明人品不好，所以到齐国时只见景公而不见晏子。晏子辩解自己正是以一心侍奉三位君王，所以才能顺服，并尖锐批评孔子不了解情况就对他人妄加指责。子贡：孔子弟子，复姓端木，名赐，字子贡。按：据《史记·仲尼弟子列传》，子贡比孔子小三十一岁；又据《孔子世家》，孔子到齐国，时年三十五，则子贡才四岁（当然也可能孔子以后又到过齐国，但不见史载）。而文中晏子的议论，更明显与史实不合。

　　仲尼之齐，见景公而不见晏子。子贡曰："见君不见其从政者，可乎？"仲尼曰："吾闻晏子事三君而顺焉，吾疑其为人。"

【译文】

　　孔子到齐国，只见齐景公而不见晏子。子贡说："只见国君而不见他的执政大臣，合适吗？"孔子说："我听说晏子侍奉三位君王而都能顺服他们，我怀疑他的为人。"

　　晏子闻之，曰："婴则齐之世民也^①，不维其行，不识其过，不能自立也。婴闻之，有幸见爱，无幸见恶。诽誉为类，声响相应，见行而从之者也。婴闻之，以一心事三君者，所以顺焉；以三心事一君者，不顺焉。今未见婴之行，而非其顺也。婴闻之，君子独立不惭于影，独寝不惭于魂。孔子拔树削迹^②，不自以为辱^③；身穷陈、蔡^④，不自以为约^⑤；非人不得其故。是犹泽人之非斤斧、山人之非网罟也^⑥，出之其口，不知其困也^⑦。始吾望儒而贵之，今吾望儒而疑之。"

【注释】

①世民：意为世代都是平民。晏子祖上不见闻名，从他父亲晏弱开始为大夫，故他自称"世民"，有自谦之意。

②孔子拔树削迹：据《史记》的《孔子世家》和《宋微子世家》载，孔子周游列国时，路过宋国，"与弟子习礼大树下，宋司马桓魋欲杀孔子，拔其树"，"孔子微服去"。"拔树削迹"当指此事。但此事与下文的"身穷陈、蔡"，都在孔子周游列国时。据《史记》的《齐太公世家》和《孔子世家》载，齐景公四十八年（前500），齐、鲁两国举行夹谷之会，晏子即卒于当年。而孔子当时正任鲁大司寇，此后四年（鲁定公十四年，公元前496年），孔子方动身周游列国。如此则不应有本文这段议论。

③不自以为辱：桓魋要追杀孔子，弟子劝他逃走，他说："老天把品德赋予了我，那桓魋能把我怎么样？"

④身穷陈、蔡：穷，困厄。《史记·孔子世家》载：孔子一行来到陈国、蔡国之间，两国大夫合谋，"相与发徒役围孔子于野，不得行，绝粮"。

⑤不自以为约：约，窘迫。孔子一行绝粮于陈、蔡，弟子们饿得站不

起来，而孔子依然弹琴唱歌。弟子问他："君子也有困厄的时候吗？"孔子说："君子困厄还能坚定不移，而小人困厄就无所不为了。"

⑥斤：斧。罟(gǔ)：渔网。

⑦困：这里指困惑、无知。

【译文】

晏子听到这话后说："我晏婴只是齐国的世代平民，不能维持自己的品行，不能认识自己的过错，不能自立于世。我听说，幸运就被人喜欢，不幸运就被人厌恶。诽谤或赞誉是同类现象，都好像声音和回声相应一样，见到行为然后诽谤或赞誉就跟着来了。我听说，以一心侍奉三位君王就能顺服他们，以三心侍奉一位君王就不能顺服他。如今孔子还没见到我的行为，就指责我的顺服了。我听说，君子独自站立时对影子问心无愧，独自睡觉时对魂魄也问心无愧。孔子被人拔掉大树微服逃走，自己不感到羞辱；在陈国、蔡国身遭困境，自己也不觉得窘迫；可是批评别人却不了解实情。这就好比是水上的人批评山中人伐木的斧头、山中人批评水上人捕鱼的渔网一样，话从他们口中说出来，却没意识到自己的无知。原来我看到儒者就尊敬他们，如今我看到儒者却要怀疑他们了。"

仲尼闻之，曰："语有之：言发于尔①，不可止于远也；行存于身，不可掩于众也。吾窃议晏子而不中夫人之过②，吾罪几矣③！丘闻君子过人以为友，不及人以为师。今丘失言于夫子，夫子讥之，是吾师也！"因宰我而谢焉④，然仲尼见之⑤。

【注释】

①尔：通"迩"，近。

②中（zhòng）：切中。夫（fú）人：那个人，指晏子。

③几（jī）：差不多，将近。

④宰我：孔子弟子，姓宰名予，字子我。

⑤然：当作"然后"，"后"字脱。

【译文】

孔子听了这话说："常言道：话说在近处，但能传得很远而无法消除；行为在自己身上，但众人都能看见而无法掩盖。我私下议论晏子，却不能切中他的过错，我真是有罪啊！我听说，君子把不如自己的人当作朋友，把超过自己的人当作老师。如今我在晏子问题上说错了话，先生他批评了我，这就是我的老师啊！"于是孔子要弟子宰予向晏子道歉，然后会见了晏子。

景公出田顾问晏子
若人之众有孔子乎第五

【题解】

晏子认为，孔子不如古代舜帝，因为孔子善于显露自己的长处，而真正的高人不论在哪里都不显山露水，舜就是这样。田：通"畋"，打猎。

景公出田，寒，故以为浑①，犹顾而问晏子曰："若人之众，则有孔子焉乎？"

晏子对曰："有孔子焉则无有②，若舜焉则婴不识。"

【注释】

①浑：通"温"，暖和。

②"有孔子"句：第一个"有"字意义难通，陶鸿庆认为当作"若"，却因涉上文"有孔子焉"而误。可参。

【译文】

齐景公出去打猎，天气寒冷，却故作温暖的样子，还回头问晏子："如果有很多人，那么其中会有孔子那样的人吗？"

晏子答道："孔子那是没有的，要是说有没有舜这样的人，那我就不知道了。"

公曰："孔子之不逮舜为间矣^①，曷为'有孔子焉则无有，若舜焉则婴不识'？"

晏子对曰："是乃孔子之所以不逮舜^②。孔子行一节者也，处民之中，其过之识，况乎处君子之中乎^③？舜者处民之中，则自齐乎士；处君子之中，则齐乎君子；上与圣人，则固圣人之林也。此乃孔子之所以不逮舜也。"

【注释】

①间（jiàn）：有距离，远。

②逮：及。

③"处民"三句：文意不甚明了，从上下文看，晏子似乎是批评孔子好标榜显露，在常人中总要显得过人一筹，在君子中更是这样，不像舜，不论在哪里都能融合于众人。

【译文】

景公说："孔子不如舜一大截呢，什么叫'孔子那是没有的，要是说有没有舜这样的人，那就不知道了'？"

晏子答道："这就是孔子不及舜的地方。孔子只能做到一部分美，他处在常人中，他的过人之处就能看到，更何况处在君子之中呢？而舜处在常人之中，就和普通士人一样；处在君子之中，就和君子一样；往上与圣人一起，他本来就列于圣人群中。这就是孔子不及舜的地方。"

仲尼相鲁景公患之晏子对以勿忧第六

【题解】

　　孔子担任鲁国相国,齐景公为此担忧。晏子为景公设下计谋,使孔子无心在鲁又不得到齐,走投无路。相鲁:任鲁国的相国。按:据《史记·孔子世家》载,孔子官至大司寇,鲁定公十四年(前496),孔子五十六岁,"由大司寇行摄相事",即以大司寇之职代理相国之事。但这时晏子已死。在此之前的定公十年(前500),齐鲁夹谷之会,孔子临时总管鲁国一方的礼仪事务,也称"摄相事"。晏子即死于当年。篇中记载,也与史实不合,详见注释。

　　仲尼相鲁,景公患之,谓晏子曰:"邻国有圣人,敌国之忧也。今孔子相鲁,若何?"

　　晏子对曰:"君其勿忧。彼鲁君,弱主也;孔子,圣相也。君不如阴重孔子①,设以相齐。孔子强谏而不听,必骄鲁而有齐,君勿纳也。夫绝于鲁,无主于齐,孔子困矣。"

【注释】

　　①阴:暗中,私下。

【译文】

孔子担任鲁国相国,齐景公为此担忧,对晏子说:"邻国有圣人,是敌对国家的忧患。如今孔子担任鲁国相国,怎么办?"

晏子答道:"您就别担心了。那鲁国国君,是软弱的君主;孔子,是圣明的相国。您不如私下对他表示看重,假说让他担任齐国相国。孔子极力劝谏鲁君而鲁君不听,必定瞧不起鲁国而心向齐国,而您不要接纳他。与鲁国断了关系,在齐国又没有主子,孔子就陷入困境了。"

居期年①,孔子去鲁之齐,景公不纳②,故困于陈、蔡之间③。

【注释】

①期(jī)年:一周年。

②"孔子"二句:据《史记·孔子世家》,此事在孔子三十五岁时。

③故困于陈、蔡之间:据《史记》的《孔子世家》和《陈世家》载,孔子困于陈、蔡,时间在陈湣公十三年(前489),事因吴伐陈,楚救陈,听说孔子在陈,欲聘孔子,引起陈、蔡两国大夫恐慌,故合谋困孔子。本篇所说,时间、事由均与此出入甚大。

【译文】

过了一年,孔子离开鲁国到齐国,景公不接纳,因此孔子被困在陈国、蔡国之间。

景公问有臣有兄弟而强足恃乎
晏子对不足恃第七

【题解】

齐景公问晏子,一个国君是否可以依靠强有力的臣子和兄弟而不被灭亡,晏子作了否定的回答。

景公问晏子曰:"有臣而强,足恃乎?"晏子对曰:"不足恃。""有兄弟而强,足恃乎?"晏子对曰:"不足恃。"公忿然作色曰:"吾今有恃乎?"晏子对曰:"有臣而强,无甚如汤;有兄弟而强,无甚如桀。汤有弑其君,桀有亡其兄[1],岂以人为足恃,可以无亡也!"

【注释】

[1]"有臣"六句:这一段文字,涉及的史事多无考,文理难通,译文只能照字面直译。

【译文】

齐景公问晏子道:"有臣子而且很强,足以依靠吗?"晏子答道:"不足以依靠。""有兄弟而且很强,足以依靠吗?"晏子答道:"不足以依靠。"

景公生气地变了脸色说："我现在有依靠吗?"晏子答道："要论有臣子而且很强,没有人能超过商汤;要论有兄弟而且很强,没有人能超过夏桀。可是在商汤有杀害君王之事,在夏桀有流亡兄长之事,难道可以认为有了足以依靠的人,就可以不被灭亡吗?"

景公游牛山少乐请晏子一愿第八

【题解】

齐景公与晏子到牛山游玩，无聊之中，让晏子许愿以供取乐。牛山：山名，在齐国都临淄城南。

景公游于牛山，少乐，公曰："请晏子一愿。"晏子对曰："不①，婴何愿？"公曰："晏子一愿。"对曰："臣愿有君而见畏②，有妻而见归③，有子而可遗④。"

【注释】

①不(fǒu)：同"否"。

②见畏：畏于我。

③见归：嫁于我。归，女子出嫁。

④遗(wèi)：赠送。这里意为把东西赠送给儿子，即让儿子继承自己。按：本篇晏子所愿，是与齐景公的戏谑之语，又求合韵，所以在内容、字义上就不必拘泥。

【译文】

齐景公到牛山游玩，觉得缺少好玩之事，就说："请晏子说个心愿。"晏子答道："不要了，我能有什么心愿？"景公说："晏子说个心愿吧。"晏子答道:"下臣我愿有个君王害怕我,有个女人嫁给我,有个儿子继承我。"

公曰:"善乎! 晏子之愿也,载一愿①。"晏子对曰:"臣愿有君而明,有妻而材,家不贫,有良邻。有君而明,日顺婴之行;有妻而材,则使婴不忘;家不贫,则不愠朋友所识②;有良邻,则日见君子。婴之愿也。"

【注释】

①载:通"再"。

②愠(yùn):含怒,怨恨。所识:所认识的人。

【译文】

景公说:"晏子的心愿好啊! 再说个心愿。"晏子答道:"下臣我愿有个贤明的好君主,有个能干的好妻子,家里不要太贫苦,街坊邻居好相处。君主贤,我要干嘛他都没意见;妻能干,让我永远把她记心间;家不苦,不会得罪熟人和朋友;好邻居,让我天天都能见君子。这是我的心愿。"

公曰:"善乎! 晏子之愿也,载一愿。"晏子对曰:"臣愿有君而可辅,有妻而可去,有子而可怒。"公曰:"善乎! 晏子之愿也。"

【译文】

景公说:"晏子的心愿好啊! 再说个心愿。"晏子答道:"下臣我愿有个君王可辅佐,有个妻子可赶走,有个儿子可发火。"景公说:"晏子的心愿好啊!"

景公为大钟
晏子与仲尼柏常骞知将毁第九

【题解】

齐景公铸了一口大钟，晏子、孔子和柏常骞三人各从不同的角度预言大钟将一击即毁。

景公为大钟，将县之^①。晏子、仲尼、柏常骞三人朝，俱曰："钟将毁。"冲之^②，果毁。

公召三子者而问之，晏子对曰："钟大，不祀先君而以燕^③，非礼，是以曰钟将毁。"

仲尼曰："钟大而县下，冲之，其气下回而上薄^④，是以曰钟将毁。"

柏常骞曰："今庚申，雷日也，音莫胜于雷，是以曰钟将毁也。"

【注释】

①县（xuán）：悬挂。

②冲：撞击。

③燕：通"宴"，宴饮。古代君王贵族宴饮，要奏乐歌舞。

④薄：迫，压迫。

【译文】

齐景公铸了口大钟，要把它挂起来。晏子、孔子、柏常骞三人朝见景公，都说："这个钟即将毁坏。"一撞击，果然毁坏了。

景公召集这三个人询问缘故，晏子说："钟这么大，不先祭祀先君却用于宴饮娱乐，不合礼义，所以说钟即将毁坏。"

孔子说："钟大而悬挂在低处，撞击时，气流在下方回旋然后往上压迫，所以说钟即将毁坏。"

柏常骞说："今天是庚申日，是属雷之日，凡声音不能超过雷，而这口钟的声音比雷还大，所以说钟即将毁坏。"

田无宇非晏子有老妻
晏子对以去老谓之乱第十

【题解】

　　田无宇讥笑晏子身居高位还留着老妻。晏子回答说，抛弃老妻的叫做"乱"，娶进少妻的叫做"淫"，自己不能做违背道德的淫乱之事。

　　田无宇见晏子独立于闺内①，有妇人出于室者，发班白②，衣缁布之衣而无里裘③。

　　田无宇讥之曰："出于室何为者也?"

　　晏子曰："婴之家也。"

　　无宇曰："位为中卿，食田七十万④，何以老妻为?"

　　对曰："婴闻之，去老者，谓之乱;纳少者，谓之淫。且夫见色而忘义，处富贵而失伦，谓之逆道。婴可以有淫乱之行，不顾于伦，逆古之道乎?"

【注释】

　　①闺:内室，内室的门。

　　②班白:同"斑白"，花白。

③缁:黑色。裘:皮袄。

④食田:即采邑、食邑,古代诸侯封赐给卿、大夫作为世禄的田地。

　　七十万:古文无量词,这里当指粮食的数量。食田七十万,意为
　　能提供七十万钟粮食的食田。

【译文】

田无宇见晏子独自站在屋门内,有个女人从屋里出来,头发斑白,身穿黑布衣服而里面没有皮袄。

田无宇讥笑道:“从屋里出来的是谁啊?”

晏子说:“是我的内人。”

田无宇说:“您的爵位是中卿,拥有七十万钟的食禄,为什么还要这么老的妻子呢?”

晏子答道:“我听说,抛弃老妻的叫做乱,娶进少妻的叫做淫。而且见了美色就忘了大义,处于富贵就丧失人伦,这就叫做违背道义。我晏婴可以做淫乱之事,不顾人伦,违背传统道德吗?”

工女欲入身于晏子
晏子辞不受第十一

【题解】

　　有个从事手工的女子想做晏子的小妾，晏子以此反省，认为自己身负治国重任为民做主，却有女人前来私奔，说明自己一定有好色的表现，行为上有不廉正之处。

　　有工女托于晏子之家者，曰："婢妾，东廓之野人也①，愿得入身，比数于下陈焉②。"

　　晏子曰："乃今而后自知吾不肖也！古之为政者，士、农、工、商异居，男女有别而不通，故士无邪行，女无淫事。今仆托国主民③，而女欲奔仆，仆必色见而行无廉也④。"遂不见。

【注释】

①廓：通"郭"。古代城有内外两重，内城叫"城"，外城叫"郭"。野人：草野之人，即下层平民。

②比数：与众人同列。下陈：后列，内室。指众妻妾。

③仆：晏子自我谦称。托国：把国家委托于自己，即主理国政。

④色见：以好色而为人所见，亦即有好色表现。

【译文】

　　有个从事手工的女子想托身于晏子的家里，说："奴婢我是东城外的草民，想投身到您家，与您家众妻妾同列。"

　　晏子说："今天我才知道我的不贤德！自古治国从政，士人、农民、工匠、商人分别居住，男女有别而不相往来，所以男人没有邪恶之行，女人没有淫乱之事。如今我身负治国重任为民做主，却有女人想私奔于我，我一定有好色的表现而在行为上有不廉正之处了。"终于还是不见她。

景公欲诛羽人
晏子以为法不宜杀第十二

【题解】

齐景公长相俊美,羽人以色眼相看,景公觉得不敬,要杀了羽人。晏子劝谏景公,虽然羽人不敬,但依据法律他不宜被杀。羽人:官名,掌征收羽毛,以供各种装饰。

景公盖姣①,有羽人视景公僭者②。公谓左右曰:"问之,何视寡人之僭也?"羽人对曰:"言亦死,而不言亦死,窃姣公也。"公曰:"合色寡人也③?杀之!"

【注释】

①盖:表示不确定。姣:俊美,姣好。

②僭(jiàn):越礼犯上。这里指不敬。

③合:通"盍"。色:意动用法,以为色,即以色心对待。

【译文】

齐景公长相俊美,有个羽人很不敬地盯着景公看。景公对左右侍从说:"问问他,为什么这么不敬地盯着我看?"羽人答道:"我说了是死,不说也是死。我是私下欣赏君王的美貌呢。"景公说:"为什么要以色心对待寡人? 杀了他!"

晏子不时而入见曰①:"盖闻君有所怒羽人。"公曰:"然,色寡人,故将杀之。"晏子对曰:"婴闻拒欲不道,恶爱不祥,虽使色君,于法不宜杀也。"公曰:"恶! 然乎? 若使沐浴,寡人将使抱背②。"

【注释】
①不时:不按正常时间。

②抱:扶持。

【译文】
晏子没等上朝时间就进来见景公说:"我听说君王很生羽人的气。"景公说:"是的,他以色心对待寡人,所以我要杀了他。"晏子答道:"我听说拒绝别人的欲望是不合道义的,厌恶别人的爱意是不吉祥的。虽然他以色心对待您,但在法律上是不宜杀他的。"景公说:"啊! 是这样吗?那如果让他来伺候寡人沐浴,寡人就只能让他扶我的后背。"

景公谓晏子东海之中有水而赤
晏子详对第十三

【题解】

齐景公随意编造问题问晏子，晏子也随意编造答案应对齐景公。详(yáng)：通"佯"，诈假装。

景公谓晏子曰："东海之中，有水而赤，其中有枣，华而不实，何也？"

晏子对曰："昔者秦缪公乘龙舟而理天下①，以黄布裹烝枣②，至东海而捐其布。彼黄布，故水赤；烝枣，故华而不实。"

【注释】

①秦缪公：即秦穆公，春秋时秦国国君，五霸之一。缪，通"穆"。

②烝：通"蒸"。

【译文】

齐景公对晏子说："东海之中，有赤红色的水，其中有枣树，只开花不结实，这是为什么？"

晏子答道:"从前秦穆公乘着龙船规划天下,用黄布包着蒸熟的枣子,来到东海就把这布包扔下了。因为那是黄布,所以水就变赤红了;因为包的是蒸熟的枣子,所以只开花不结实。"

公曰:"吾详问子,何为对?"

晏子对曰:"婴闻之,详问者,亦详对之也。"

【译文】

景公说:"我是拿虚假的事情问您的,您怎么也回答呢?"

晏子答道:"我听说,拿假事来问,也用假事回答。"

景公问天下有极大极细
晏子对第十四

【题解】

齐景公问晏子关于天下极大极小的东西。晏子以高度的夸张,答以"北溟有鹏"和"东海有虫"。

景公问晏子曰:"天下有极大物乎?"

晏子对曰:"有。北溟有鹏①,足游浮云,背凌苍天②,尾偃天间③,跃啄北海,颈尾咳于天地④,然而漻漻乎不知六翮之所在⑤。"

【注释】

①溟(mǐng):海。

②凌:逾越。

③偃:伏,卧。

④咳:通"阂",阻隔。

⑤漻漻:通"寥寥",旷远的样子。六翮(hé):指翅膀。翮,鸟类翅膀上的大羽毛。

【译文】

　　齐景公问晏子道:"天下有极大的东西吗?"晏子答道:"有。北海上有大鹏鸟,脚在浮云上游走,背靠近苍天,尾巴搭在空中,跳起来在北海啄食,脖子挨着天,尾巴触着地,横隔在天地间,只见寥廓旷远却不知道翅膀在什么地方。"

　　公曰:"天下有极细者乎?"

　　晏子对曰:"有。东海有虫,巢于蚊睫,再乳再飞^①,而蚊不为惊。臣婴不知其名,而东海渔者命曰焦冥。"

【注释】

　　①乳:生育。

【译文】

　　景公问:"天下有极细小的东西吗?"晏子答道:"有。东海有一种虫,在蚊子的睫毛上做窝,两次生子两次飞走,可是蚊子不受惊动。下臣晏婴不知道它叫什么名字,而东海渔夫给它起名叫焦冥。"

庄公图莒国人扰
绐以晏子在乃止第十五

【题解】

　　齐庄公秘密策划攻打莒国，而国人以为发生了动乱，人心惶惶；后来庄公假说晏子在，这才安定了人心。莒(jǔ)：春秋时国名，在今山东莒县一带。国：都城。绐(dài)：欺骗。

　　庄公阖门而图莒①，国人以为有乱也，皆操长兵而立于衢间②。公召睢休相而问曰③："寡人阖门而图莒，国人以为有乱，皆操长兵而立于衢间，奈何？"休相对曰："诚无乱而国人以为有，则仁人不存。请令于国，言晏子之在也。"公曰："诺。"以令于国："孰谓国有乱者，晏子在焉。"然后皆散兵而归。

【注释】

①阖(hé)：关闭。

②衢(qú)：四通八达的道路。闾(lú)：里巷的大门。

③睢(suī)休相：人名，齐国大臣。

【译文】

　　齐庄公关起门来谋划攻取莒国之事,都城的人们以为发生动乱了,都手持长兵器站在大街巷口。庄公召来睢休相问道:"寡人关起门来谋划攻取莒国之事,都城的人们以为发生动乱了,都手持长兵器站在大街巷口,怎么办?"睢休相答道:"确实没有动乱而人们以为有,是因为仁德之人不在。请传令全城,就说晏子在。"庄公说:"好。"就传令全城:"谁说都城有动乱? 晏子在这里。"于是人们都撤了兵器回去了。

　　君子曰:"夫行不可不务也。晏子存而民心安,此非一日之所为也,有所以见于前信于后者。是以晏子立人臣之位,而安万民之心。"

【译文】

　　君子评论道:"人的品行是不能不认真追求的。晏子在,民心就安,这不是一天两天就能做到的,是人们先看到他的所作所为,然后才相信他的。所以晏子居大臣之位,就能安万民之心。"

晏子死景公驰往哭哀毕而去第十六

【题解】

　　晏子去世,齐景公在出游途中听说了,火速赶回,为失去一个诤友良臣而痛哭哀悼。

　　景公游于菑①,闻晏子死,公乘侈舆服繁驵驱之②。自以为迟,下车而趋③;知不若车之遬④,则又乘。比至于国者⑤,四下而趋。行哭而往,伏尸而号曰:"子大夫日夜责寡人,不遗尺寸,寡人犹且淫佚而不收⑥,怨罪重积于百姓。今天降祸于齐,不加于寡人,而加于夫子,齐国之社稷危矣,百姓将谁告夫!"

【注释】

①菑(zī):齐国地名。

②乘侈舆:当作"侈乘舆"。侈通"趚",趚同"趣"(cù),催促。乘舆,车马。服:驾。繁驵(zù):骏马名。

③趋:快步走。

④遬:同"速"。

⑤国：都城。

⑥淫佚：放纵。

【译文】

　　齐景公在蓸地游玩，听到晏子去世的消息，立即催促备车驾快马赶回去。自己觉得车马跑得慢，就下车跑；发现不如车马跑得快，又乘上车子。等到达都城，他先后四次下车快跑。他一路哭着赶去晏子家，趴在晏子的尸体上号哭着说："先生您日夜批评寡人，毫无遗漏，寡人还放纵不知收敛，在百姓中积下了深重的怨恨。如今老天把灾祸降到齐国，不加在寡人身上，却加给了先生，齐国的江山危险了，百姓将向谁求告啊！"

晏子死景公哭之称莫复陈告吾过第十七

【题解】

晏子去世,齐景公为从此再也没人直言相谏而不顾礼节痛哭哀悼。

晏子死,景公操玉加于晏子尸上而哭之,涕沾襟。章子谏曰[1]:"非礼也。"公曰:"安用礼乎? 昔者吾与夫子游于公阜之上,一日而三不听寡人[2],今其孰能然乎! 吾失夫子则亡,何礼之有?"免而哭[3],哀尽而去。

【注释】

①章子:人名,即弦章,景公的臣子。

②"昔者"二句:事见本书第一卷《景公游公阜一日有三过言晏子谏第十八》。公阜(fù),地名。不听,指批评。

③免:免冠。

【译文】

晏子去世了,齐景公手拿玉石放在晏子的尸体上并为之痛哭,泪水沾湿了衣襟。弦章劝谏道:"这于礼不合。"景公说:"哪还用得着礼啊? 从前我和先生在公阜上游玩,他一天三次批评我,如今谁能这样呢! 我失去了先生也要活不下去了,还要什么礼啊?"脱下帽子大哭,极尽哀悼后才离开。

晏子没左右谀弦章谏景公赐之鱼第十八

【题解】

这是晏子死后的事情。齐景公射箭,明明没射中,而大臣们却齐声叫好,景公很失望;大臣弦章坦率地告诉景公,那些人谄媚奉承,根源就在景公自己身上。景公因此赏赐给弦章很多鱼,弦章接受后,想起当年晏子推辞赏赐以讽谏的事迹,觉得自己有失晏子廉正风范。没(mò):通"殁",死亡。

晏子没十有七年①,景公饮诸大夫酒。公射,出质②,堂上唱善,若出一口。公作色太息,播弓矢③。

【注释】

①十有七年:据《史记·齐太公世家》载,景公死于晏子死后十年,与此说不同。

②质:箭靶。

③播:抛弃,扔掉。

【译文】

晏子去世十七年后,有一天齐景公和诸大夫们饮酒。酒宴中景公射箭,射出了靶子,堂上的人们齐声叫好,就好像是出自同一张嘴。景公变了脸色叹息，扔下了弓箭。

　　弦章入，公曰："章！自吾失晏子，于今十有七年，未尝闻吾不善。今射出质，而唱善者若出一口。"弦章对曰："此诸臣之不肖也，知不足以知君之不善，勇不足以犯君之颜色。然而有一焉。臣闻之，君好之则臣服之，君嗜之则臣食之。夫尺蠖①，食黄则其身黄，食苍则其身苍。君其犹有诌人言乎？"公曰："善。今日之言，章为君，我为臣②。"是时海人入鱼，公以鱼五十乘赐弦章。

【注释】

①尺蠖（huò）：一种昆虫，幼虫爬行时，身体弯曲，尾部就着头部，然后头部再往前伸，像人用手指度量尺寸，故称。

②"章为君"二句：意为弦章是正确的，我应当听从。

【译文】

　　弦章进来了，景公说："弦章！自从我失去了晏子，到如今十七年了，从来没有听见说我不好的话。今天我射箭出了靶子，可是叫好声却像出自同一张嘴。"弦章答道："这就是各位大臣不贤之处，他们的智慧不足以看出君王的缺点，勇气不足以冒犯君王的脸面。可是有一点。我听说，君王喜欢穿什么，臣子就给他穿什么；君王嗜好吃什么，臣子就给他吃什么。那尺蠖，吃黄色的东西身子就是黄色，吃青黑色东西身子就是青黑色。君王您是不是也有爱听诌媚之徒的好话的时候啊？"景公说："说得好。今天的话，你是君王，我是臣子。"当时有海边人送鱼来，景公赐给弦章五十车鱼。

　　章归，鱼乘塞途，抚其御之手曰："曩之唱善者，皆欲若鱼者也。昔者晏子辞赏以正君，故过失不掩。今诸臣谄谀以干利^①，故出质而唱善，如出一口。今所辅于君，未见于众，而受若鱼^②，是反晏子之义，而顺谄谀之欲也。"固辞鱼不受。

【注释】

①干：求。

②若：这些。

【译文】

弦章回家，鱼车把道路堵塞了，弦章按住车夫的手说："先前那些叫好的人，都是想得到类似这些鱼的赏赐。从前晏子推辞赏赐以便匡正君王，所以不掩盖君王的过失。如今那些大臣谄媚阿谀是为了求利，所以即使君王射箭出了靶子也叫好，就像出自同一张嘴。现在我辅助君王的地方，众人没有看到，却接受了这些鱼，这就违背了晏子的道义，而顺同于那些谄媚阿谀者的贪欲了。"弦章坚决推辞不接受鱼。

君子曰："弦章之廉，晏子之遗行也。"

【译文】

君子评论道："弦章的廉正，正是晏子的遗风。"

中华经典名著
全本全注全译丛书
（已出书目）

唐才子传

大明律

廉吏传

徐霞客游记

读通鉴论

宋论

文史通义

鬻子·计倪子·於陵子

老子

道德经

帛书老子

鹖冠子

黄帝四经·关尹子·尸子

孙子兵法

墨子

管子

孔子家语

曾子·子思子·孔丛子

吴子·司马法

商君书

慎子·太白阴经

列子

鬼谷子

庄子

公孙龙子(外三种)

荀子

六韬

吕氏春秋

韩非子

山海经

黄帝内经

素书

新书

淮南子

九章算术(附海岛算经)

新序

说苑

列仙传

盐铁论

法言

方言

白虎通义

论衡

潜夫论

政论·昌言

风俗通义

申鉴·中论

太平经

伤寒论

周易参同契

人物志

博物志